特色课程建设丛书

丛书主编　杨四耕

周慧静◎主编

生长性课程

看见儿童生长的力量

华东师范大学出版社

·上海·

图书在版编目（CIP）数据

生长性课程：看见儿童生长的力量/周慧静主编
. —上海：华东师范大学出版社，2021
（特色课程建设丛书）
ISBN 978 - 7 - 5760 - 1430 - 3

Ⅰ.①生… Ⅱ.①周… Ⅲ.①学前教育-课程改革-
研究 Ⅳ.①G612

中国版本图书馆 CIP 数据核字（2021）第 046246 号

特色课程建设丛书

生长性课程： 看见儿童生长的力量

丛书主编 杨四耕
主　　编 周慧静
责任编辑 刘　佳
项目编辑 林青荻
责任校对 邱红穗　时东明
装帧设计 卢晓红

出版发行 华东师范大学出版社
社　　址 上海市中山北路 3663 号　邮编 200062
网　　址 www. ecnupress. com. cn
电　　话 021 - 60821666　行政传真 021 - 62572105
客服电话 021 - 62865537　门市(邮购)电话 021 - 62869887
地　　址 上海市中山北路 3663 号华东师范大学校内先锋路口
网　　店 http://hdsdcbs. tmall. com/

印 刷 者 江苏扬中印刷有限公司
开　　本 787×1092　16 开
印　　张 17
字　　数 252 千字
版　　次 2021 年 4 月第 1 版
印　　次 2021 年 4 月第 1 次
书　　号 ISBN 978 - 7 - 5760 - 1430 - 3
定　　价 52.00 元

出 版 人 王　焰

（如发现本版图书有印订质量问题，请寄回本社客服中心调换或电话 021 - 62865537 联系）

编委会

丛书总序　走向课程自觉

这是一个焦虑的时代,每一个人都忙忙碌碌;这是一个无坐标的时代,很多人都不知身处何方;这是一个看不见路的时代,大家都不知该如何去面对新的情境;这是一个感觉模糊的时代,对很多事我们缺乏了应有的自觉和反思。

面对这样一个时代,我们需要有起码的文化自觉。在费孝通先生看来,文化自觉是生活在一定文化历史圈子里的人对其文化有"自知之明",并对其发展历程和未来有充分的认识。换言之,文化自觉就是文化的自我觉醒、自我反省和自我创建。

要提升学校课程品质,实现立德树人根本任务,文化自觉是不可或缺的。在我看来,课程领域的文化自觉就是课程自觉,它是人们基于对课程的理性认识,为着课程品质的提升而有清晰的目标意识和科学的路径观念,自觉参与课程变革实践的理性之思与理性之行。

课程自觉是一种有密度的自觉,它不是一个简单概念,而是一种思想、一种行动、一种文化,包含课程自知、课程自在、课程自为、课程自省以及课程自立等基本构成。推进特色课程建设,我们需要怎样的课程自觉呢?

1. 清晰的课程自知。课程自知是人们对特定课程情境的自觉理解,对课程理念和愿景的清晰判断,对课程内容和框架的基本认识,对课程实施路径和方位的整体把握。认识课程,认识自我,这不是一件容易的事。对一位校长来说,课程自知意味着对学校课程规划的整体理解,自觉研判学校文化与课程建构的关系、育人目标与课程架构的关系、资源调配与课程实施的关系;对一位教师来说,课程自知意味着对学科课程群建设的自觉思考,自觉跳出"课程即科目""课程即教学内容"等狭隘的课程观,建立与立德树人要求相适应的崭新课程观。

2. 透彻的课程自在。萨特说:存在先于本质。他曾将存在分为自在的存在和自为的存在,自在的存在是物体同其本身等同的存在,自为的存在是同意识一起扩展的存在。课程自觉需要深刻理解课程自在的文化,需要完整把握课程自在的处境,需要清晰认识课程变革的制度环境和现实可能,进而意识到哪些是可为的,哪些是不可为的;哪些是必须做的,哪些是可选择的;哪些是自己即可为的,哪些是需要制度支持的。

3. 积极的课程自为。按照萨特的观点,自为的存在是自我规定自己存在的。意识是自为的内在结构,自为的存在就是意识面对自我的在场。对课程变革而言,课程主体按照课程发展规律,通过自身的自觉行为和实践实现课程品质的提升,就是课程自为。课程自为意味着我们对课程自在的不满足,意味着我们开动脑筋思考课程变革的空间,意味着我们通过直面本己的课程实践培育新的课程文化,意味着我们在积极的卷入中推进课程深度变革。

4. 深刻的课程自省。课程自省即课程反思。杜威(1933)曾将反思解释为“思,我所思(thinking about thinking)”,他鼓励专业人士审思每一个专业判断之下的潜在逻辑。课程变革是一种反思性实践,需要对实践进行反思,再将反思带到新的实践中去。反思性实践是一种主动且持续地审视理论、信念和假设的过程,它可以帮助我们在课程实践中更好地理解自我与他人,选择合适的方式应对可能的情境。课程反思是凌驾于思维之上的更高层次的反思。当你站在既定的框架里去检查这些规则的时候,是无法发现这些规则的问题的;如果你可以跳脱出来,不带评判和预设地去分析这些规则,其中的不妥之处就会被你看到。课程反思是一种能力,当你掌握了这项能力的时候,你就像“觉醒”了一样,一样的世界,你却会有不一样的“看法”。这就是哈贝马斯所谓的“沟通理性”概念,提升课程品质特别需要这样一种理性:反省、批判和论证。

5. 持守的课程自立。《礼记·儒行》:“力行以待取。”每一个人只有在自己的行动中,才能发现自己,才能向世界宣布他具有怎样的价值。课程自立是一个人认识到课程变革是自己的事,要有自己的立场、自己的创见,自持自守,不为外力所动,不随波逐流,进而“回到粗糙的地面”(维特根斯坦语),自觉参与到课程变革中来。课程自立本质上是在课程自知、课程自在、课程自为以及课程自省的作用之下,依靠自己的自觉和力量对课程实践有所贡献,并在此过程中逐渐提升自己的课程能力和专业成熟度,确证自己的“课程人”地位,成为“自己的国王”。

当我们有了清晰的课程自知、透彻的课程自在、积极的课程自为、深刻的课程自省以及持守的课程自立的时候，我们便作为"有创见的主体"主动地介入到课程设计、实施、评价与管理的全过程之中了，学校课程深度变革便自然而然地发生了。

费孝通先生说："文化自觉是一个艰巨的过程。"让课程意识从"睡眠状态""迷失状态"到"自觉状态"，也是一个艰难而痛苦的过程。可喜的是，本套丛书的作者秉持课程自觉之精神，聚焦特色课程建设，在课程自知、课程自在、课程自为、课程自省和课程自立方面掘进，迎来了课程变革的新境界！

杨四耕

2020 年 7 月 3 日于上海市教育科学研究院

目 录

第一章 生活,在彼此情感流淌的时光中 ／ 1

课程从生活中来,却用生活重新形塑。当孩子们把快乐的小触角伸向生活的每一个角落,生活便焕然重生。老师和儿童在对话中寻找彼此的创造空间,每个孩子都会感受到,虽然仅仅是在一起生活,而在彼此情感流淌的时光中,所有的一切都发生了。这样的生活,一定是幸福和满足的;这样的课程,一定是饱满而有韵味的。

第二章　游戏,赋予儿童诗般的遐想和创造 / 33

风在吹,云在飘,孩子游戏的身影每天都洒满幼儿园的每一个角落,微风调皮地吹过他们的发梢,游戏中的他们是喜悦满足的。幼儿天生就会游戏,天性就喜欢游戏。游戏就是上天赐予孩子的礼物,这个礼物是孩子看得懂的、喜爱的、会欣赏的。游戏中的孩子们享有对游戏的自主设计、自行布局、自由选择的机会。赋予游戏新的生命和灵性,就是赋予孩子们诗般的遐想和创造。每个人的童年都离不开游戏。

第三章　运动,让每个孩子拥有自己的高光时刻 / 67

在运动游戏中,每个幼儿都是英雄,每个幼儿都拥有自己的高光时刻,取得胜利后孩子会大声地欢呼、雀跃,那是简单、纯粹、原始的乐趣……运动游戏让孩子们体会到生活中冒险无处不在,慢慢地,孩子们开始享受到沉浸在一件事情中的专注感,感受全力拼搏带来的酣畅淋漓感,这些都是比输赢更重要的体验,这种愉快体验和自信勇敢的记忆将伴随着他们的一生。

第四章　自然,毫无保留地展现在儿童面前　/　101

陈鹤琴先生说:"大自然、大社会都是活教材。"世界上没有比大自然更好的老师,它将万事万物毫无保留地展现在孩子们面前,让他们去听、去看、去发现、去探索。孩子们在田野间、在森林里、在沙滩上、在农场中都有足够的空间与大自然建立深度的联系,在其中他们可以真实地融入、观察、热爱自然,焕发出别样的生命力。

第五章　家乡,这片诗意栖居的家园　/　129

家乡的风,家乡的云,收聚翅膀,睡在我的双肩。家乡是那么让人依恋和动情。我的家乡瓯海,既有蓬勃发展的中心区,又有田园牧歌式的特色乡镇。在这片诗意栖居的家园,孵化出浓浓乡味的课程。家乡成为了儿童思考一切的起点,就好像把一块石头丢在水面上所发生的一圈圈的涟漪,让孩子通过双手和感官了解家乡的一草一木,家乡滋养了孩子的内心,孩子们说:我的家乡真美!

第六章　阅读，唤醒其所蕴藏的伟大和神奇　/ 163

每一个生命都是一粒神奇的种子，蕴藏着不为人知的神秘。阅读，则给予种子以美好滋养，唤醒其所蕴藏的伟大和神奇。孩子与书本互动，就像迈向新世界去旅行，充满好奇、充满想象、充满力量。成人用自己的口，将这些文字一句一句地说给孩子听，就像一粒一粒地播种种子。当一粒种子在孩子的心中扎根时，师生之间就建立起亲密无间的关系。相信种子，相信岁月，一起阅读，静待花开。

第七章　探究，最奇妙的打开世界的方式　/ 201

抬头仰望，地球是人类的天使；低头凝视，一花一叶是大自然的馈赠。科学探索是孩子们认识周围世界、探索世界最美好的打开方式。在孩子们眼中，一切都是那么美好、那么神奇，充满了无穷的魅力，探究课程看见儿童独特的兴趣爱好和学习方式，照亮孩子脚下的思维之路，为孩子们天马行空的创想保驾护航，指引孩子们到达成功的彼岸。

序

　　杜威认为,教育即生活,教育即生长,教育即经验的不断改造。我的理解是,生活就是故事,生长就是成长,经验就是智慧的增长。课程,作为承载受教育者生活、成长、智慧不断增长的有机体,也同时记录了教育者自身不断成长、发展、完善的轨迹。撰写、记录、阅读、研究这些课程案例,便是感受、领略、欣赏、借鉴一群痴迷于学前教育的教师的心路成长历程。正如杜威所指出的,"在各种不确定的情况中,有一种永恒不变的东西可以作为我们的参考,那就是教育与个人经验之间的有机联系"。

　　以经验为基础的教育,其中心问题是从各种现时经验中选择那种在后来的经验中能富有成效并具有创造性的经验。一方面,共享现有的经验,以弥补个人直接经验的狭隘性,这是教育的必要组成部分;另一方面,教育又不仅仅囿于经验,而是"作为经验的重构"。加拿大学者坷勒尼(Connelly)和克兰丁尼(Clandinin)也正是从这些观点出发指出,"重述和重写那些能够导致觉醒和变迁的教师和学生的故事,以引起教师实践的变革"。周慧静老师主编的《生长性课程:看见儿童生长的力量》一书,正是在"重述"和"重写"那些能够导致教师智慧觉醒、经验变迁的故事。

　　阅读书中的文字,能够使我们感受到来自教育教学一线的真实、朴实和踏实,真实地反映了来自一线的教学场景,不加修饰和伪装,没有过多的"铅华",这也烘托出了一种植根于日常、闪光于"田野"的可贵气质。

　　阅读书中的文字,能够使我们感受到实践者的那份自信、才思和聪颖。鲜活的素材、生动的描述、鲜明的观点、独到的见解,源自教育工作的认真追求和不懈努力,体现了教师们聪明的才智和丰富的经验,经历了实践、反思、再实践、再反思的思维火花反复撞击的过程。

　　阅读书中的文字,能够使我们感受到瓯海学前教师的激情与速度,以及良好的职业素养与宽广视野,看到了他们对事业无限的爱和对儿童发展无限的情,从谋篇布局到行文风格，从素材积累到策略思考，从宏观判断到问题查找，都给人留下了诸多肯定和期望。

教育，源于我们对生活的热爱、发现和感悟，源于我们对儿童有着超越父母般的情怀，源于我们对自我永不停止的思考和追问。儿童从家庭和社区进入幼儿园，并不是一张白纸，他们带着对这个世界认识的经验和个人观点来到教师面前。只有在教师的引导下，沿着课程所勾勒的踪迹，通过师生共同参与的亲身体验，让儿童自己发现已有经验与新发现的现象或事实之间的不一致甚至矛盾冲突之处，他们才会心悦诚服地审视、反思并修正自己的经验和认识，提出或重建新解释、新假设、新概念。这是学习者自主建构的过程，是"顺应"与"同化"两方面统一的过程。在这一过程中，儿童自主建构起来的这些新解释、新假设、新概念，才是真正属于儿童的认知结构的、真正有意义的和有效力的"活知识"。这种建构不可能由其他人代替。

所以，儿童学习的过程，就是看见儿童生长的过程；教学的力量，就是看见儿童生长的力量。相信《生长性课程：看见儿童生长的力量》一书会对广大幼儿园园长和教师，在实践新课程、构建新课堂、拓展新空间、实现新发展等方面带来一定的启迪和帮助。期望今后的思考和探索能够不断地向纵深发展，期望有更多的教师参与到形而上的教学研究中来。

我始终相信，事业成功属于积极的探索者，教育规律的把握青睐不懈的学习与实践，教育理论的大厦并不虚幻和难以把握。课程改革给我们提出了挑战，也给每一位教师带来了专业发展的机遇。只要我们善于学习、思考，就能发现和进步，只要我们敢于实践、质疑，就能创新。

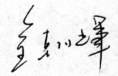

温州市瓯海区教育局党委书记、局长

2020 年 12 月

前言 看见儿童生长的力量

　　1837年,德国著名教育家福禄贝尔在家乡附近的勃兰根堡开办了一个幼儿教育机构,并于1840年将它正式命名为幼儿园,意指儿童的花园,比喻儿童像花草树木一样,在这座花园里自由成长。美国哲学家、教育家杜威提出了"教育即生长",强调学校教育的价值在于能否运用适当的方法为学生创造不断的"生长欲望"。在这个基础上,他又提出了"儿童中心主义"的教育原则,强调了教育在儿童本能生长方面的本质作用,提倡教育要遵循儿童生长规律,顺应儿童发展的需要。

　　自第一个幼儿园创办到现在,关于幼儿教育的理论与实践在全世界范围内得到了充分的发展,不但各种教育模式与教育方法精彩纷呈,而且幼儿园的物质环境日新月异,教师的专业素养在持续提高,制度规范日趋完善。面对这些人们很容易感受到学前教育发生的显著变化,而这些变化也影响着幼儿园课程建设的方向与实践,更对我们在一日活动中进行课程建设、不断探究课程建设的核心有着莫大的启示。

　　为全面促进课程改革,2017年浙江省推出了《关于全面推进幼儿园课程改革的指导意见》,温州市也颁布了《关于全面推进幼儿园课程改革的实施意见》,在这些文件精神的指引下,为进一步提升瓯海学前教育质量,瓯海区推出了《关于全面推进学前教育课程改革实施方案》。瓯海课改倡导的核心理念是"看见儿童生长的力量",强调幼儿园教育要以爱与尊重为基调,给予孩子宽松自由的空间与心理环境,相信幼儿内在蕴藏着一种强大的精神能量和发展潜质,给幼儿提供发展的条件与环境,从而见证幼儿自我生长的力量。为此,我们进行了一些有益的尝试和探索。

一、"生长性课程"的问题聚焦

瓯海区是温州市四大主城区之一。据古籍《山海经》载："瓯居海中。"瓯海之名由此而来。区内现一共有 162 所幼儿园，其中公办幼儿园 43 所，全区专任教师 2 420 人。近三年时间，瓯海的学前教育扩容提质得到跨越发展，三年建成 30 所公办幼儿园，不断深化校地合作，加强园本教研，由此推进学前教育质量的整体提升。

2018 年我们对全区的幼儿园开展了专项课改调研，调研结果显示：

1. 课程观念"缺乏科学"，无法看见生长

教师的儿童观、课程观相对滞后，找不到专业定位，捕捉课程生长点的能力较弱，缺乏对幼儿的信任、理解与尊重，不敢放手，导致幼儿被动学习，失去了主动思考的机会和想象的空间。部分农村薄弱幼儿园还存在教学内容和教学方式"小学化"的倾向。

2. 课程实施"教师主导"，无法支持生长

教师在课程实施中多习惯性地以预设和集体活动为主，不注重儿童活动的生成性，缺乏对幼儿的主动观察，活动过程没有充分考虑幼儿的已有经验，虽然满足了幼儿的需要或已经捕捉到了幼儿的兴趣点，但缺少对幼儿核心经验及学习品质的关注与支持。调研视导发现许多教师对儿童在课程中生成的话题没有很好的应对策略，缺乏有效的支持策略和教育理念支撑。

3. 课程评价"缺少方法"，无法持续生长

课程评价缺少理性的分析和思考，存在为了评价而评价的"形式主义"现象，大部分教师反映评价缺少方法，实践中无法触及幼儿心灵、挖掘智慧潜能，缺少针对幼儿情感、认知、学习方式、思维品质、长远发展的深度评价分析，导致幼儿在遇到困难时，更多的是寻求老师的帮助，不会尝试着去探究解决问题的方法，课程评价丧失了促进幼儿深度学习的重要功能。

针对我区调研中发现的这些现象,分析和梳理这三个目前存在的主要问题,我们提出了"生长性课程"建设的"四对基因"配置策略。

二、"生长性课程"的实践探索

(一)覆盖基因:让"生长性课程"更具全面性和适宜性

1. "三阶六步"主题审议使课程更加园本化

我们通过主题审议的方式使幼儿园现使用的省编教材能够更适于幼儿园的实际情况,使课程与幼儿园现有的资源相融合,使基础课程园本化,主题活动更优化。为此,我们借鉴了西方课程专家诺伊的课程审议六阶段模式,提炼了"三阶六步"主题审议研修策略。"三阶六步"主题审议是基于教材原有主题的优化与园本化,"三阶"就是主题课程的前审议、中审议和后审议,"六步"包含了公众共享、聚焦问题、解释立场、关注改变、协商共识、后续实践六个步骤。以瓯海区三垟第一幼儿园开展的大班"春天"主题为例(见表1)。

表1　大班"春天"主题审议表

三阶段	六步骤	具　体　审　议　过　程
前审议	公众共享	以省编教材《春天》的主题活动为审议蓝本,教师进行了前审议交流,包括审教材理顺逻辑、审儿童把握核心、审资源优化内容等。基于"课程是儿童的"和"课程即生长"的教育理念,老师们提出主题应来源于儿童生活,基于儿童立场,借助幼儿园周边的"城市绿肺"——三垟湿地——的生态文化资源展开。
	聚焦问题	在年段审议时,发现教师对大班幼儿核心经验并不清晰,还是按部就班地把已有教材中的集体活动进行拼凑,没有过多思考。活动内容虽多,但没有发挥在地资源的优势,致使幼儿表达机会不充分、表达内容不深入、表达方式不丰富,不能给予幼儿深度的学习。"怎样利用周边特有的资源构建以儿童为中心的主题内容"成为当下亟待解决的典型性问题。

三阶段	六步骤	具 体 审 议 过 程
中审议	解释立场	结合理论研究，教师表达并解释自己的立场，明确了应该更多地从人与自然的角度引导幼儿去观察、游戏和个性化学习。
	关注改变	在头脑风暴中筛选、调整、重构"春天"主题的线索，理清了具体活动在主题行径线索中的位置与作用。从春天里人们的游戏生活切入，设计了"我的春游计划"和"春天的树"两个项目活动，孩子们自己制定春游计划，如在湿地公园寻找十片不同的叶子、深呼吸吹动蒲公英，在行走学习中进一步感知春天的特征，感受与大自然亲密接触的惬意，品味三垟特有的生态文化魅力。
后审议	协商共识	反思前期的顶层架构和追随儿童推进的实践过程，如预期目标与幼儿的已有经验水平的偏差在哪里，如何选取适合大班幼儿的具体学习方式等，聚焦儿童的学习风格和学习特点，教师再思考回归儿童的相应支架和策略。
	后续实践	对实施情况如成功、失败、困惑等做反刍总结式的审议，建立资源库为下一次实施积累经验，并把共识或策略带到后续的实践活动中，将新的儿童观渗透在主题活动、区域游戏等幼儿一日生活中。

2. "生长性课程"蓝本的建设使课程更加适宜化

各幼儿园基于自己的实际情况自主开发园本课程。我们调查、梳理了全区范围内的幼儿园课程方案，由下至上根据幼儿园自己构建的园本课程方案总结了相对不同类型的四个课程设计蓝本，包括乡土课程、生活课程、游戏课程和"领域＋"课程，当然这四种类型课程仅仅是我区幼儿园课程构建中所生发的比较有倾向性的课程"样本"，并不代表所有幼儿园课程建设类型，它们实际是可交叉融合的。我们是想通过对这四类课程的研究以点带面，促使幼儿园课程建设更加适宜儿童，促进从"特色课程"转向"园本课程"的建设探索。

因此，我们成立课程研修学习共同体，针对每一种类型的课程聚焦不同内容进行研究。如乡土课程组主要是对本地资源的开发和利用，注重筛选本土适宜儿童经验与学习发展的资源，在乡土文化中凸显儿童韵味，使儿童感受文化的传承；生活课程组着重在一日生活中的细节优化和儿童阶段劳动教育的研究，让幼儿做自己生活的主人；游戏课程组主要针对自主游戏、室内运动游戏、建构游戏等不同游戏的研究开发，在游戏中聚焦行为观察,及时发现幼儿的游戏需求、游戏水平和游戏体验,深入挖掘游戏价值点。

(二)持续基因:让"生长性课程"更具探究性和深入性

"生长性"主题活动设计较传统的主题活动而言,更突出幼儿内在动机的发挥,支持幼儿在生活环境中自主探究,获得有益的经验,真正成为学习的主人,体现了"以儿童为中心"的课程理念。为了能让"生长性课程"扎根土壤,适宜儿童,我们梳理了"生长性课程"的四大特点和课程实施的四步操作路径。

1."生长性课程"的四大特点

一是立足儿童。立足儿童兴趣、来源儿童生活、从儿童本位出发选择主题源,满足幼儿自身的探究兴趣和发展需求,以开发和实施课程为抓手,带动和促进"生长性课程"不断走向丰富、多元、轻盈、灵动,促使课程回归儿童本位,促进儿童学习品质的良好养成和全面成长。

二是回归自然。"生长性课程"的打开方式是我们正在迎来哪些季节,我们可以从大自然中学到什么。大自然是"活教材",儿童是天生的创造家。"生长性课程"中小果园、小花园、小农田和自然角的开辟,周边自然生态资源的充分发挥,是为在城市中成长的孩子们打开了一扇了解大自然的大门,用有温度、会呼吸的教育探寻课程的生长力。

三是融合生活。一日生活皆课程,课程就在儿童的生活中,就在儿童的行动中,就在发现和解决问题的过程中。"生长性课程"围绕幼儿一日生活中的真实问题,通过直接感知、亲身体验、实际操作,让幼儿去领悟生活所蕴含的深刻道理,解读生命的真谛,从而学会学习、学会生活、学会劳动、学会交往,帮助幼儿实现生活经验的重塑与再造。

四是渗透文化。儿童是文化的传承者,也是文化的创造者,儿童的学习与发展脱离不了文化的渗透。"生长性课程"根植于温州传统文化,以儿童发展为核心,强调课程与文化的深度契合,通过多元的学习方式引导幼儿感受家乡的历史文化和富饶美丽,激发爱祖国爱家乡的情感。

2."生长性课程"的操作路径

第一步:共享共探,确定主题。活动主题来源于幼儿一日生活中寻常时刻的话题,当幼儿对某一问题或者话题产生浓厚兴趣时,教师应及时捕捉幼儿的兴趣和需要,分析其中的教育价值,生成系列活动以促进幼儿更加有效地学习与发展。主题开展初期,教师会组织幼儿开展关于"我想知道"的调查,了解幼儿对主题的认知程度及兴趣方向,及时进行价值判断,梳理主题目标,同时准备相关的资源库备用。主题的确定是完整活动的第一步,如何有条不紊地进行呢? 我们提出了如图1所示的具体可参考的步骤,作为实施第一环节的指引。

步骤一	步骤二	步骤三	步骤四	步骤五
教师在一日生活中及时捕捉到幼儿的兴趣和需要	教师与幼儿对感兴趣的话题发表看法	调查幼儿与话题相关的前期经验与想要了解的问题	分析话题中蕴含的教育价值及活动实施的可行性	主题确立

图1 主题确定指引图

第二步:理清脉络,立点梳线。教师基于幼儿的兴趣需要和发展进行思考,对收集到的信息进行分析和诊断,发现具有教育意义的问题,梳理预设主题脉络,形成主题预设思维网络图,通过集体(小组、个别)探究、日常观察、阅读分享、行走实践、表达表现等途径开展课程。在主题课程开展过程中,主题网络图的设立是整个活动的核心,它决定"做"的内容及实施途径。为了帮助教师进一步梳理主题网络图所蕴含的信息要素和领域要素,我们探索出如图2所示的六个步骤。

第三步:预设生成,灵动调整。预设与生成是构建活动的基点,预设诱发生成。预设活动有助于达成既定的儿童发展目标,而生成活动则是着眼于幼儿在主题行进中的兴趣萌发,更加注重儿童主体性的发挥。教师应基于主题探究的真实情境,及时观察捕捉幼儿的行为表现,解读幼儿的需要和感兴趣的事物,进行价值判断,不断调整活

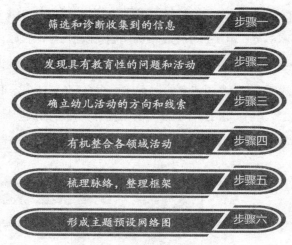

图2 主题网络图的设立步骤

动内容、教学形式,对已有方案进行再设计,同时采用层次性、驱动性问题,巧妙运用各种方式,引发幼儿根据自己的兴趣和疑惑扩展出更深层次的学习活动,促进儿童的动态发展。

第四步:整理故事,助力生长。教师协助幼儿将主题活动中的调查问卷、记录表、绘画作品等图文并茂的素材进行加工整理,并用简单、描述性的语言记录活动过程中有意义的事件信息,形成属于幼儿自己独一无二的课程故事。这种评价方式是动态、全面、发展的,它将幼儿置于中心位置,给予幼儿主动权,不仅关注儿童的行为,而且关注行为背后的意义。同时,它更是一种以幼儿为中心、师幼同步探究的思维和行为方式,教师也能从幼儿的学习和发展中看到自己教育工作的意义,并不断建构与深化自己对教育的理解,实现专业素养的提升。

(三)改良基因:让"生长性课程"更具研究性和实践性

1. 四层级课程建设学习共同体的构建

课程建设小组的四个层级分别是:第一层级是课程专家组,邀请高校的专家团队定期合作指导,把握课程建设方向,提供教育理论支撑;第二层级是课程核心研修小组,每月一次研究探讨,分析解决各小组反馈的问题,梳理提炼课程建设经验;第三层级是四个核心项目小组,针对四种不同类型的课程,两周一次开展小组头脑风暴活动,实现经验共享;第四层级是各幼儿园成立的课程建设小组,在实践中不断完善课程方案,创新课程实施,激发教师研究潜力,体验研究的幸福感。四个层级相辅相成、双向循环,构成了区域推进课程建设学习共同体,聚焦共性,彰显个性,实现教师与课程共生长。

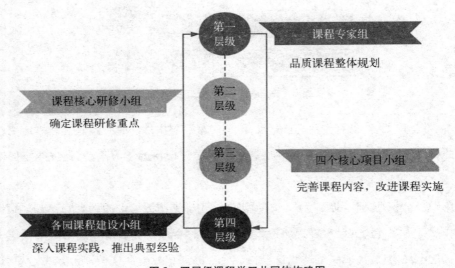

图3 四层级课程学习共同体构建图

这种双向运行的研修方式,将园级课程建设小组提炼的教育实践中的问题或困惑输送到区级课程核心研修小组进行研究,寻找解决问题的策略和理论支撑,借助课程核心研修小组的骨干力量带动全区教师的课程执行能力;同时采用自上而下的通道,由区级课程专家组进行课程整体规划,把握课程建设方向,课程核心研修小组确定课程研究重点,四个核心项目小组带领组内各幼儿园完善课程内容,改进课程实施方式,推出幼儿园课程建设中的优秀典型经验。

2. 三大研修模式的创新

一是模块组合式,体现在基于儿童立场的冷静审视中:主要帮助教师重塑课程观、儿童观。依据对"生长性课程"的解读和规划,我们提炼聚焦了四类课程蓝本各自的研究方向,有针对性地进行更深入更细致的研究和探讨。例如:我们在"乡土课程"的内容里提取了"传统文化和周边资源"作为重点研修项目,即"乡土@在地资源"模块组合和"乡土@传统文化"模块组合,通过线上线下的深度研讨与交流,采用各园课程实践、项目小组集中研讨、课程建设核心小组课程故事分享等方式推进课程改革,从而达到优化课程的目的。模块组合方式的研修项目效果显著,构建了基于温州传统文化及幼儿园周边资源的六大课程资源库,沿着文化的脉络逐步呈现儿童学习与生活的轨迹,我们期待在实践摸索中寻找到传统文化和儿童文化之间的那把钥匙,并由此重塑教师的课程观、儿童观、教育观。

二是生本解读式,体现在对儿童行为的理性观察中:旨在帮助教师明晰观察解读策略。在课改调研中,我们发现教师在游戏时缺乏对幼儿的主动观察,游戏过程没有追寻幼儿经验,虽满足了幼儿需要或已经捕捉到了幼儿的兴趣点,但缺少对幼儿核心经验及学习品质的解读与支持。针对这一问题,我们游戏课程组进行了基于幼儿原有经验、追随儿童兴趣需求的游戏观察技巧和策略的研究,通过游戏观察案例辨析会、幼儿作品解读评析会等形式要求老师在观察幼儿游戏时,首先要对生本进行深入分析,解读幼儿行为背后的原因,从生命的角度对孩子的文化产生认同。

生本解读有三步三引,以大班建构游戏"纸杯大世界"为例,我们引导教师进行生本解读。第一,了解幼儿已有经验,把握生长点。引问:"在活动前幼儿已经积累了哪些关于'纸杯'以及建构的经验? 案例中幼儿发生了哪些学习行为?"以此引发教师在观察游戏视频后基于幼儿已有经验的分析(幼儿已经积累的关于"纸杯"的经验有:纸杯的形状、纸杯的稳定性等特点),之后再客观描述幼儿学习行为,发现幼儿的新建构经验,解读兴趣点和生长点。第二,追随幼儿兴趣需要,探寻生长力。引言:"你认为教师采用了什么支持策略? 是否适宜?"这是对教师助推幼儿生长的支持策略研究,如材料支持、时空支持、行为支持等,并对其适宜性进行审辨,提出改进建议。第三,搭建幼儿生长平台,引发深度学习。引言:"案例中幼儿获得了哪些发展?"这是对该游戏的价值和幼儿发展水平的整体分析,将案例置身于课改背景下去理解、去分析、去研究,培养教师的课程回归意识，回到儿童本位，回到童年世界，有效实现知识经验、情感态度的自我转化和提升。每一次对生本解读的过程就是认识儿童、走进儿童思维的过程，只有基于儿童游戏行为的观察解读才能真正让教育变得真实、灵动而富有意义。

三是细节剖析式，展现在与儿童心灵的智慧对话中：主要解决课程评价缺少方法的问题。生活课程研究主要聚焦"幼儿一日生活"和"劳动教育"，在一日环节的优化中，我们看到了老师最为可贵的研究意识，教师通过一个个鲜活生动的案例，用专业的眼光解读孩子的情绪需求、生理表现、认知经验以及能力水平。案例剖析模式立足于发生在幼儿身上的故事，教师在专家引领、同伴共探的过程中梳理、总结出具体有效的评价策略，如游戏故事评价、幼儿表达评价、作品解析评价等，让幼儿的学习看得见，让教师的评价有支点。教师将共同的智慧带到真实的教育情境中去验证，这是集体智慧内化的过程，又是新问题产生的过程，这时候的新问题就是原有问题的深化。

在优化幼儿园一日活动案例剖析中，我们看到了很多来自一线老师基于问题解决的感性策略，那一个个源自寻常时刻的思考，体现出的是老师不寻常的敏锐。如：很多幼儿园都不约而同聚焦一日活动中"过渡环节"的研究，在教师眼中，既要从容宽松，又不能消极拖沓，既要井然有序，又不能高控拘泥，这其中"度"的把握就是教育的艺术，也是教师对孩子在园时间的珍视。此外，还有"时间密码""安全约定""晨锻'整理侠'""'入区卡'的设计与运用""劳动小达人""下雨天我们能玩什么"，等等，看似平凡简单的课程故事里凝聚了教师的智慧。

（四）保障基因：让"生长性课程"更具制度性和评价性

1. 制度保障

我们每年组织开展先进教研组评比、优秀园本研修基地考核、民办幼儿园课程建设项目奖励、园本研修示范校评审、课程规划与精品课程评选等活动，对课程建设、研修成绩突出的幼儿园给予一定的物质奖励，并与幼儿园发展性评价考核挂钩。我们构建10所园本研修基地，采用网格式管理培训体系，将研修的视角下放，实现全区所有教师研训的全覆盖深卷入,所有教师按照自己专业所需选择不同的主题进行培训。这种菜单主题式的培训模式有效激发了教师的学习内驱力,全区教师研修氛围浓厚,使每一位教师成为幸福的行动研究者。目前,全区共有 17 所幼儿园与温州大学、宁波大学、浙江师范大学等高校建立课程合作协议,建立"1+2+4"的名师孵化机制,通过高校专家引领、名师梯队建设,整体提升园长课程领导力和教师课程执行力。

2. 人文关怀

为每位教师搭建展示自己的平台,如通过课程故事交流、课程现场呈现、典型经验引领、课程成果经验推介会等方式推进课程共享,实现教师间的互动、分享、交流,调动教师参与课程建设的积极性、主动性和创造性。疫情期间更是创新"四朵云"研修模式,充分利用网络直播的科技手段,丰富园本研修方式,通过"云读书—云分享—云研讨—云故事",让业务园长每月"带读"一本书,这种卷入推动的云上研修模式有效助推教师专业发展,并使全区的幼儿教师形成良好的阅读氛围。

我区在瓯海学前教研公众号上及时宣传成功的课改经验、优秀课程案例,树立课程改革先进典型,努力营造我区幼儿园课程改革的良好氛围。今年我们在公众号上推出了"ten minutes of love"(10 分钟爱的连接)栏目,通过家园互动的方式,让家长参与到幼儿园的课程建设中,每周一与家长相约在家园空间站,由瓯海幼教精英、热爱教育工作的各界人士引领广大家长开启高质量的家教之旅,让家长成为课程建设有力的同盟军。针对农村薄弱民办幼儿园,推出了"1+1 牵手成长"计划,每一位二级及以上业务园长牵手一位三级幼儿园业务园长,通过这批业务园长的先行成长带动其他教师以滚雪球的方式共同提升农村薄弱幼儿园整体保教质量,不让每一个孩子落下,让每一个孩子都能在家门口享受童年的幸福和欢乐!

实践是最有力量的,儿童所有的经历是最生动的教材,我区从儿童生长的原点出发,建构立足儿童、回归自然、融合生活、渗透文化的生长性课程体系,在开发、建构、整合、实施、反思课程的过程中,区域推进幼儿园课程改革,进一步提升学前教育质量,促进每一位儿童健康快乐成长。

第一章

生活,在彼此情感流淌的时光中

　　课程从生活中来,却用生活重新形塑。当孩子们把快乐的小触角伸向生活的每一个角落,生活便焕然重生。老师和儿童在对话中寻找彼此的创造空间,每个孩子都会感受到,虽然仅仅是在一起生活,而在彼此情感流淌的时光中,所有的一切都发生了。这样的生活,一定是幸福和满足的;这样的课程,一定是饱满而有韵味的。

第一节 "瓯之味"课程：烹饪童年好味道

瓯海区南瓯幼儿园以生活为特色，以培养"乐玩、乐创、乐生活"的幸福幼儿为目标，逐步开展了"生活课程"，并在此基础上开设了儿童厨艺工作室。瓯越饮食文化源远流长，日常饮食习惯、节日饮食习俗和民俗活动饮食都非常具有地方特色。为了传承瓯越饮食文化，我园开发了适合大班的"瓯之味"课程，在幼儿园内开展以瓯越饮食文化、温州特色食材、瓯菜的烹饪方法为主要学习内容的活动；以小组操作、自主劳动以及社会活动为主要形式，从"瓯味冷盘、瓯味小吃、瓯味热菜、瓯味传情"四大板块入手，让幼儿走进厨房，通过制作、品尝、分享温州特色美食，感受和体验瓯菜的魅力，了解家乡的地域特色美食和饮食文化特点。

一、课程背景

（一）园本"生活课程"深化发展的需求

我园秉承陶行知先生的"给生活以教育，用生活来教育"基本观念和杜威的"教育即生长"教育理念，为提高幼儿的生活能力，促进幼儿全面发展，落实"生活教育"理念，挖掘生活教育资源，于2011年开展并实施了"生活课程"。在厨艺课程的实践中，我园积累了一些厨艺活动的案例、研究方法和实施策略。为了进一步深化幼儿厨艺课程，我们开发了"瓯之味"课程，试图拓宽"生活教育"思路，丰富"生活教育"内容，深化"生活教育"内涵，并将厨艺课程做得更细、更深、更符合幼儿的需求。

（二）幼儿了解温州本土饮食文化的需求

温州的饮食文化源远流长，迄今已有两千多年的历史。温州的饮食习俗别具一格，传承瓯越文化教育要从娃娃抓起，要让"瓯越饮食文化"在娃娃心中生根发芽，这使我们更加确信开展"瓯之味"课程研究有必要性和有效性。让幼儿走进厨房，以瓯越美食为抓手，感受和体验瓯菜的魅力，了解家乡的地域特色美食和饮食文化特点。

二、课程理念

基于幼儿园"幸福生活，快乐生长"的教育理念，为了落实"乐玩、乐创、乐生活"的育人目标，课程组通过研究，形成了"烹之有味　味燃童心"的课程理念，具体体现在以下三个方面。

（一）"寻"味："瓯之味"课程是幼儿以厨"求知"的学园

"瓯之味"课程是可以让幼儿了解瓯越特色冷盘、小吃、热菜的课程。教材所汇编的活动都是以瓯越饮食文化为抓手的主题内容。因此，这是一门充满瓯越之味的课程，是幼儿喜欢的课程。在这里，幼儿可以通过寻、尝、做，全方位感受原汁原味的瓯越传统饮食魅力。因而，"瓯之味"课程是幼儿了解传统饮食文化的学园。

（二）"趣"味："瓯之味"课程是幼儿以厨"习艺"的乐园

"瓯之味"课程是有趣的课程，是好玩的课程。在厨艺活动中，幼儿能使用真实的厨房用具,对于同一种材料可以用不同的形式制作各种美食,能用常见的几何形体有创意地拼搭和做出食物的造型,使美食作品更具美感,更具趣味。"瓯之味"课程遵循幼儿的天性和发展的特点。在这里,幼儿可以把厨房当作游戏场所,尽情地释放天性;可以把洗菜、切菜、揉面、翻炒等活动当作玩来进行,玩得开心,习之有味。因而,"瓯之味"课程成了幼儿丰富烹饪技能的乐园。

（三）"妙"味："瓯之味"课程是幼儿以厨"立德"的家园

"瓯之味"课程是幼儿想做、能做、乐做的课程。该课程围绕"烹之有味 味燃童心"的核心理念,使幼儿通过厨艺活动体验,建立自我认同感,找到集体归属感,体会自我成就感。在这里,幼儿可以快乐、积极地参加厨艺活动,可以与他人合作、分享、交流自己的厨艺作品和情感体验,能关注别人的需要,并给予力所能及的帮助;乐意分享劳动成果,为大家提供服务。因而,"瓯之味"课程是推动幼儿自能发展的家园。

三、课程目标

课程目标的设置主要是基于这样的考虑:首先,"瓯之味"课程共安排了"瓯味冷盘、瓯味小吃、瓯味热菜、瓯味传情"四个板块的课程内容,符合大班幼儿爱玩耍、喜探索、好挑战、乐分享的学习特点;其次,课程三维目标将"情感、知识、技能"融合在一起,能清晰地为幼儿指明每一板块内容所达到的目标,这符合大班幼儿的思维水平。因此,我们研制了课程内容与三维目标相融的课程目标,具体如下:

① 掌握四种瓯味冷盘的调味、摆盘方法,并在摆盘中感受与欣赏食物的色、香、味之美。

② 通过观看视频,乐意制作四种瓯味小吃,在过程中习得筛、揉、搓、剁、包的烹饪技能。

③ 从学做、照做、会做、创做四个方面，小组合作做四道瓯味热菜，学会自主，学会合作，学会创新。

④ 会制作四种传统节日美食，通过传情行动分享劳动成果，传播童心之爱，传承传统美德。

四、课程内容

（一）课程框架

"瓯之味"课程是指在幼儿园内开展的符合幼儿实际年龄特点和发展需要的，以瓯越饮食文化、温州特色食材以及瓯菜的烹饪方法为主要学习内容，让幼儿园的孩子们走进厨房，通过制作、品尝、分享温州特色美食，了解瓯越饮食文化的一项综合实践课程。

课程组将原有的厨艺教材进行筛选和创编，将大班段的内容进行梳理，提炼出"瓯之味"课程的内容。课程内容主要包括"瓯味冷盘、瓯味小吃、瓯味热菜、瓯味传情"四大板块，以小组操作、自主劳动以及社会活动为主要形式，详见图1-1-1。

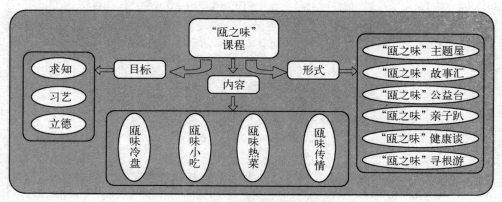

图1-1-1 "瓯之味"课程结构图

（二）课程设置

经过集体讨论，我们将原有的教材进行筛选、改编和创编，将大班段的内容汇集、整理，提炼出"瓯之味"课程内容（见表1-1-1）。

表1-1-1 大班"瓯之味"课程进度表

单　元	主　题	课题	活　动　目　标	课时	实　施
第一单元："玩"味	瓯味冷盘	鱼饼	初步了解家乡美食鱼饼，萌发对家乡的热爱之情；了解鱼饼由鱼肉制作而成，掌握制作鱼饼冷盘的基本技能；体验共同品尝的乐趣。	1课时	"瓯之味"主题屋
	瓯味冷盘	什锦拼盘	了解什锦拼盘在生活中的意义及重要性；能利用各种凉菜制作什锦拼盘，培养审美能力及创造力。	1课时	"瓯之味"主题屋
	瓯味冷盘	胶冻	知道胶冻是温州特有的凉拌菜，并尝试将胶冻切成均匀的长条状，用大蒜末、酱油、醋、麻油等调料调味；知道放调料的先后顺序会影响食物的香味和口感。	1课时	"瓯之味"主题屋
	瓯味冷盘	五香干	认识五香干，知道五香干是温州瑞安特产。会一片一片地把五香干穿成串，发展手眼协调能力和手部精细动作。	1课时	"瓯之味"主题屋
第二单元："调"味	瓯味小吃	松糕	锻炼动手能力，培养耐心；引发对参加集体活动的兴趣；了解松糕的制作过程，感受劳动的快乐。	1课时	"瓯之味"主题屋
	瓯味小吃	县前汤圆	知道冬至是我国的传统节日，温州人在冬至要吃汤圆；知道温州的县前汤圆是温州的百年特色名点；能根据水、面粉的适当比例来和面，会搓小汤圆。	1课时	"瓯之味"主题屋
	瓯味小吃	薄饼	知道温州人有端午节吃薄饼的习俗；了解薄饼的制作过程，尝试将豆芽、韭菜、肉丝放在薄饼上，铺成长条，用卷的方法包薄饼。	1课时	"瓯之味"主题屋
	瓯味小吃	馄饨	了解制作温州特色小吃馄饨所需要的材料；学习在包馄饨时的捏、翻、压等动作；体验动手操作的乐趣。	1课时	"瓯之味"主题屋

续　表

单　元	主　题	课题	活　动　目　标	课时	实　施
第三单元："挑"味	瓯味热菜	学做	敲虾	了解家乡的美食，萌发爱家乡的情感；掌握制作敲虾的基本技能，培养动手实践能力。	1课时	"瓯之味"主题屋
	瓯味热菜	照做	敲鱼	了解家乡的美食，萌发爱家乡的情感；掌握制作敲鱼的基本技能，培养动手实践能力；乐意和同伴一起合作，并感受制作美食的乐趣。	1课时	"瓯之味"主题屋
	瓯味热菜	会做	鱼丸	联系生活实际，了解温州的风味小吃，从而更多地了解温州，培养热爱温州的感情；了解温州的饮食文化，体会它们对人们生活的影响。	1课时	"瓯之味"主题屋
	瓯味热菜	创做	狮子头	初步了解梅菜的制作过程，知道梅菜制作的不易，知道爱惜食物，尝试用梅菜、肉末、鸡蛋等材料制作狮子头。	1课时	"瓯之味"主题屋
第四单元："妙"味	瓯味传情		春茶迎新春	了解家乡的民风习俗，萌发对家乡的热爱之情；掌握制作春茶的基本方法，培养动手实践能力；乐意和同伴一起合作，并感受制作美食的乐趣。	1课时	"瓯之味"公益台
	瓯味传情		粽香端午情	了解端午节的名称、来历和有关习俗，知道端午节是中国的传统节日之一；尝试用糯米、粽叶等材料制作粽子；体验中国民间节日特有的韵味，感受中国的社会文化。	1课时	"瓯之味"公益台
	瓯味传情		月饼品中秋	了解中秋节的来历，知道月饼的意义；感受动手的快乐，体验厨房的魅力。	1课时	"瓯之味"公益台
	瓯味传情		麻糍暖冬至	初步认识自己的大拇指和食指，锻炼手眼协调能力；巩固搓汤圆的技能，感受劳动的乐趣。	1课时	"瓯之味"公益台

五、课程实施

　　大班开展的"瓯之味"课程一学期四个单元，每周一次活动，每个集体活动时间为35分钟。

"瓯之味"课程更多的是以实践为主，根据大班幼儿的年龄和学习特点，我们采取多样的学习方式推进课程的开展，具体有："瓯之味"主题屋、"瓯之味"故事汇、"瓯之味"公益台、"瓯之味"亲子趴、"瓯之味"健康谈、"瓯之味"寻根游。

（一）单元递进教学，让课程更规范

"瓯之味"课程实施对象是幼儿园大班儿童，实施方式为"小组教学和生活实践"相结合。第一单元至第三单元由教师对班级幼儿分两批进行小组教学，通过单元阶梯式递进学习，达到教师放手、幼儿自主烹饪的目标。第四单元升华为生活实践，幼儿可以结合传统节日制作传统美食，通过"生活实习场"进行爱心义卖等"瓯越传情"行动。为规范课程实施，提高教学效率，课程组提炼了四种递进式教学模式，即"识材玩做、动态学做、图示导做、自主创做"。

1. 识材玩做——瓯味冷盘

在第一单元的"瓯味冷盘"中选择瓯味熟食，只需幼儿使用切、摆、拼、调的烹饪方式进行制作，简单易上手。在摆盘的过程中幼儿可以自由发挥、尽情摆弄，激发乐意参与瓯之味厨艺活动的兴趣，体验成功摆出美丽冷盘所带来的成就感。我们的做法如下：

品尝冷盘——→认识食材——→自由玩做——→赏析品尝

2. 动态学做——瓯味小吃

在第二单元的"瓯味小吃"中选择面点类食材（松糕、县前汤圆、薄饼、馄饨），这类面点分别需要幼儿使用到筛、搓、剁、包等烹饪方式，制作过程需要一定的步骤与技巧，因而，我们录制了瓯味小吃系列微视频，在厨艺活动中循环播放相应的视频，让幼儿可以动态学做瓯味小吃。若在制作过程中，幼儿忘记其中的步骤，可以随时通过观看视频自行调整。操作方式如下：

童谣导入——→微课导学——→独立学做——→同伴共享

3. 图示导做——瓯味热菜

在第三单元的"瓯味热菜"中选择具有瓯越特色的敲虾、敲鱼、鱼丸、狮子头作为课程活动内容。这四类食物都需要新鲜食材，需要了解挑选方法；在烹饪技法上要用到敲、打、剁、捏、煮，步骤较多。因而，我们选择以图片形式呈现挑选的方法、制作的步骤，为幼儿自主学做、小组合作提供明确导向。由于本单元四种热菜的制作步骤是类似的，因此，幼儿完全可以通过"学做敲虾—照做敲鱼—会做鱼丸—创做狮子头"达到以点带面、一隅三反的教学效果。我们采用以下方式来进行：

范例引路——▶图示导做——▶小组合作——▶互尝互评

4. 自主创做——瓯味传情

"瓯之味"课程不仅有技能、知识、文化的学习，更有爱的体验、味的提升。经过前面三个单元的活动体验，幼儿已具备了一定的厨艺基础，在第四单元的"瓯味传情"中，幼儿可以根据自己的想法，分工合作，自主创作出别样的传统美食。在传统节假日来临之际，将这些有心、有爱、有暖的瓯越传统美食，通过义卖等形式送给身边的人，表达自己的友善和爱意。操作方式如下：

创设平台——▶创作激发——▶分工合作——▶实践行动

这四种模式是层层递进、螺旋上升的，它们的关系如图 1-1-2 所示。

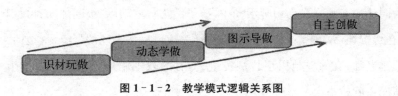

图 1-1-2　教学模式逻辑关系图

（二）主动式教学方法，让课程更有效

根据"学习金字塔"理论，"瓯之味"课程组对原来以听讲、模仿为主的学习活动进行改进，大大增加了教授给他人、实践、讨论等有助于幼儿主动学习的教学策略，帮助

幼儿更有效地理解和留存所学内容，建立良好的学习习惯。

师徒关系是一种非常积极的互动关系，且从图1-1-3所示的"学习金字塔"中，我们可见"教授给他人"是最有效的主动学习的方式，可以将学习内容保留90%，因此我们尝试让孩子们"好为人师"，"好为人徒"。

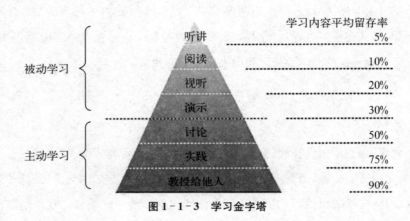

图1-1-3　学习金字塔

成为自己的老师。在未来，"谁能更快地捕获信息，谁就离成功更近一步"，所以孩子的自学能力对孩子未来的发展至关重要。课程组提倡在厨艺活动中让孩子主动学，针对不同主题单元教学需求设计微视频、步骤图示，并将视频、图示应用于幼儿课前预习、课中自学、课后复习，让孩子成为自己的老师。

成为同伴的老师。在小厨师活动中，孩子们常常主动以"小老师"的角色教身边的同伴，如在包馄饨活动中，一位幼儿总是不能完成最后一个塞的步骤，身边的小伙伴们立马当起小老师，有的教她用小竹签挑进去，有的教她用另一只手的大拇指塞进去。类似的情况不胜枚举。

成为家长的老师。我们请家长来园，开展"请进来的一节课学生"活动，让幼儿成为爸爸妈妈的老师。这样的学习方式，既符合了幼儿喜欢模仿老师的年龄特点，又帮助幼儿与同伴、老师、家长形成了良好的互动关系，使幼儿在"教"中学，在体验成功、获得理解和认可的过程中建立自信，并且将所"教"内容迅速内化，大大提升了学习的有效性。

在培养幼儿"好为人师"的同时，老师们还积极培养幼儿"好为人徒"的精神，不知道的、不清楚的多向身边的人求助，多问多做，帮助幼儿主动寻找和发现身边的"老师"，这些"老师"就是孩子学习最好的"资源"。

（三）多维度统整，让课程更厚实

我园在"瓯之味"课程活动的组织实施过程中注重情景化与生活化，依据活动的内容以及幼儿学习的特点，合理灵活地应用多种形式、手段和途径，除了常规的瓯菜厨艺课教学活动、瓯菜游戏活动和瓯菜社会实践活动以外，我们还开发了具有我园特色的"瓯之味"系列活动，使"瓯之味"课程形式更丰富，使"瓯之味"课程更生活化，更具社会意义。

1. "瓯之味生活实习场"——我的餐点我做主

在尝试"瓯之味"课程一学期后，幼儿对温州的瓯菜文化有了一些了解，对瓯菜的制作也积累了一些经验，他们希望能在幼儿园中为自己和同伴准备午餐和点心，自己的餐点自己做主。

课程组经过讨论，决定支持幼儿的想法，让孩子借助"瓯之味"课程，开展生活"实习"，帮助幼儿实现为自己服务、为同伴服务的愿望。于是，各班就开始了"我的餐点我做主"的活动计划征集，经过各班幼儿的集体讨论和投票，各班确定了自己的主题，并根据制定的计划开展活动。大（1）班的午餐营养丰富，孩子们分工合作，一组幼儿每人制作梅菜狮子头，一组幼儿负责洗切小白菜、香菇并制作银鱼炖蛋，蒸、炒等加热部分由生活老师帮助完成。每个人制作的量都是两人份的，动作快的幼儿还可以切哈密瓜。就这样，两组完成全班的午餐：梅菜狮子头、银鱼炖蛋、香菇炒白菜、哈密瓜。配上香喷喷的白米饭，孩子们吃着自己做的饭菜，脸上是满满的自豪与满足。大（3）班的自主午餐是：花蛤炖蛋、泡酱菜头、蒸酱油肉、瓯柑。大（4）班的孩子做得也很丰富：美极花蛤、敲鱼、虾子盘菜和凉拌西红柿。大（2）班做了猪油膏配凉粉，大（5）班做了薄饼、水花腐当下午的点心。这样的群策群力，幼儿自发、自主的生活活动提高了幼儿的问题解决能力和集体意识，让幼儿真正地走入"生活实习场"，感受准备一顿完整的午餐和点心的不容易，也感受劳动和分享的乐趣。

2. "瓯之味亲子瓯粉团"——我们都是瓯菜迷

温州本土的饮食文化历史悠久,温州美食色美味鲜。随着课程的不断开展,越来越多的家长被吸引,加入到我们的课程活动中来,他们纷纷出谋划策,成立了"瓯之味亲子瓯粉团",他们带着孩子们,怀着对瓯菜的浓厚兴趣,四处寻访,在老师的帮助下完成了有趣、有乐、有深度的"瓯粉团"系列亲子活动:"瓯之味亲子扒""瓯之味寻根游""瓯之味年夜饭""瓯之味故事汇""瓯之味健康谈""参观瓯菜博物馆"等。"瓯粉团"的积极参与,让"瓯之味"的探寻更深入温州的各个角落,拓宽了"瓯之味"的课程视野,也让"瓯之味"的成员对瓯菜的历史文化、人文特点有了近距离的感知和认识。

3. "瓯之味"公益活动——我的瓯菜有暖有爱

在开展"瓯之味"课程的这两年中,每个学期每个班级的小厨师们都会轮流组织"瓯之味"义卖活动,孩子们把自己制作的美食进行义卖,所有的收入都作为善款捐给慈善基金会,用于帮助有困难的人。"瓯之味"的小厨师们还善于用美食表达对身边人的爱:重阳节,小厨师们邀请社区的爷爷奶奶到幼儿园,为爷爷奶奶制作可口的点心;端午节,为弟弟妹妹们制作"彩蛋""薄饼";七巧节为爸爸妈妈制作香甜的"巧食"。孩子们用自己的劳动,将有爱、有暖的美食送给了身边的人,表达自己的友善和爱意,我们期待善良的种子在孩子们心中慢慢发芽,伴随孩子们一起成长。

六、课程评价

在课程开发与实施的过程中,我们发现课程评价太单一,不能激发幼儿的学习兴趣,于是,我们结合大班幼儿的年龄特点和"瓯之味"课程的特点,构建了一套"三位一体"多元主体评价体系,这套评价体系实用性非常强,操作起来也很方便,它既有幼儿档案袋评价,还有家长对课程评价,将评价贯穿始终。

多元主体评价能从多个方位对课程进行评价,包括幼儿评价、教师评价、家长评价,从而更好地把握过程和进度,促进幼儿发展和教师成长。教师、家长和幼儿运用照片、录像、文字等形式,共同描述幼儿发展的历程,并对幼儿发展的水平、过程及趋势进行评估。

1. 幼儿评价

我们设计了幼儿自我评价表(如表 1-1-2 所示),让幼儿针对每次活动自己的完成度、喜好度进行自我评价,帮助教师切实了解幼儿在课程中的喜好。表格中的参与

表 1-1-2 "瓯之味"课程幼儿自我评价表

课时	主题	我完成			我喜好	我参与	我成长
1	鱼饼	👍👍👍( )	👍👍( )	👍( )	❤❤❤	( )	
2	什锦拼盘	👍👍👍( )	👍👍( )	👍( )	❤❤❤	( )	👍( )
3	胶冻	👍👍👍( )	👍👍( )	👍( )	❤❤❤	( )	❤( )
4	五香干	👍👍👍( )	👍👍( )	👍( )	❤❤❤	( )	
5	松糕	👍👍👍( )	👍👍( )	👍( )	❤❤❤	( )	
6	县前汤圆	👍👍👍( )	👍👍( )	👍( )	❤❤❤	( )	👍( )
7	薄饼	👍👍👍( )	👍👍( )	👍( )	❤❤❤	( )	❤( )
8	馄饨	👍👍👍( )	👍👍( )	👍( )	❤❤❤	( )	
9	敲虾	👍👍👍( )	👍👍( )	👍( )	❤❤❤	( )	
10	敲鱼	👍👍👍( )	👍👍( )	👍( )	❤❤❤	( )	👍( )
11	鱼丸	👍👍👍( )	👍👍( )	👍( )	❤❤❤	( )	❤( )
12	狮子头	👍👍👍( )	👍👍( )	👍( )	❤❤❤	( )	
13	春茶迎新春	👍👍👍( )	👍👍( )	👍( )	❤❤❤	( )	
14	粽香端午情	👍👍👍( )	👍👍( )	👍( )	❤❤❤	( )	👍( )
15	月饼品中秋	👍👍👍( )	👍👍( )	👍( )	❤❤❤	( )	❤( )
16	麻糍暖冬至	👍👍👍( )	👍👍( )	👍( )	❤❤❤	( )	

度、单元完成度、喜好度帮助教师分析阶段性发展目标的达成情况，课程组成员可以通过统计、分析幼儿的自我评价表，调整制定下一阶段的内容和措施，这一过程不断循环往复直至学期发展目标达成。同时，在活动中，教师为幼儿安排幼儿互相评价的机会和平台，让幼儿大胆表达自我，促进其表达能力的发展，如请幼儿互相评价厨艺作品等。

2. 教师评价

活动中教师走近幼儿、观察幼儿、了解幼儿、诊断幼儿，发现幼儿的最近发展区，引发幼儿的兴趣，让幼儿尽可能地表现，达到了解幼儿真实水平的目的。教师设身处地地理解孩子的视野，对其成长变化过程做富有个性的描述。通过课程观察记录表，教师可从幼儿与自我、与群体、与期望标准三个不同的视域来对其综合素质进行客观评价，全面把握幼儿发展的情况及个别差异，并再次制定个体近期发展目标。在实际操作中，教师利用课程观察记录表，针对观察记录的情况进行有目的、有层次的观察记录并进行评价，在一定程度上提高了教师对幼儿评价的质量。通过观察记录中教师教学画面的重现，完善评价指标，将评价精细化、准确化，为之后的阶段性评价做好坚实的后盾。

3. 家长评价

在课程评价过程中，家长也应该参与进来。当前，家长在课程评价中的积极性及所发挥的作用正在提升。家长作为评价主体，主要是通过对课程本身和实施中的某些内容与状况的了解，对课程做出评判。家长可以把每日接送孩子时的交谈评价和网络交流相结合，教师也可利用"家园桥"之类的张贴栏、亲子活动、家长客座，以及请家长到幼儿园"助教"，为家长提供参与幼儿园课程评价的途径。

七、课程成效

（一）促进幼儿的全面发展

经过两年的"瓯之味"课程实验活动，小厨师们成长迅速，我们针对幼儿进行比较测试，发现小厨师们各方面较之前有明显的优势。

1. 促进孩子的语言表达

在课程活动进行中，孩子们了解并掌握了各种烹饪方法和流程，同时通过绘画、照片等方式进行记录并向同伴或者家长做介绍。孩子们在参与制作食物的过程中，有很多惊喜的发现，遇到许多真实的问题。在活动结束后，孩子们有着不同的感想，会用他们最朴实、最童真的语言表达出来。对此我们做了调查，如图1-1-4所示。

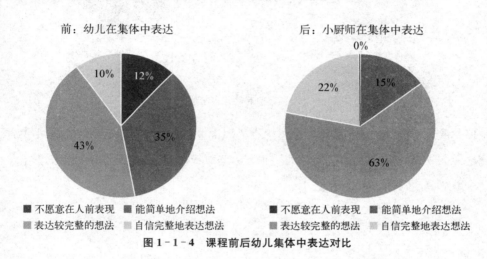

前：幼儿在集体中表达　　　　　　　后：小厨师在集体中表达

■ 不愿意在人前表现　■ 能简单地介绍想法　　　　■ 不愿意在人前表现　■ 能简单地介绍想法
■ 表达较完整的想法　■ 自信完整地表达想法　　　■ 表达较完整的想法　■ 自信完整地表达想法

图1-1-4　课程前后幼儿集体中表达对比

通过对比可以发现，幼儿的语言表达能力得到显著提高，特别是不愿意在人前表现的幼儿在活动中建立了自信心，愿意与同伴互动交流；能表达较完整想法的幼儿的占比从43％提高到63％。

2. 促进孩子的独立能力发展

在日常生活中，我们应该培养孩子独立操作的习惯和能力。从图1-1-5可以看出：课程在进行中增加了很多需要幼儿独立解决问题的机会，同时也使幼儿获得了更多的成就感和满足感。很多时候，孩子的能力比我们想象的要高出很多，放手让他们去尝试，对于幼儿来说，既是能力的培养，又是经验的积累与丰富。

相对于传统的集体教学活动，"瓯之味"课程活动赋予了幼儿更多的自主性。幼儿可根据自己的兴趣和需要选择活动内容和形式，并通过多感官的参与和实际操作来满

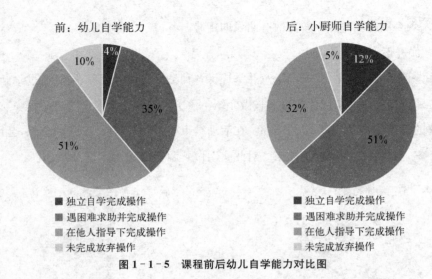

图 1-1-5 课程前后幼儿自学能力对比图

足探究欲，获得直接经验，进而自主建构有关周围世界的认识。从图 1-1-6 中的对比可知，课程后被动参与解决问题的幼儿大幅度减少，有 33％的幼儿从被动到愿意主动求助解决问题，这是课程实施中一大成效。

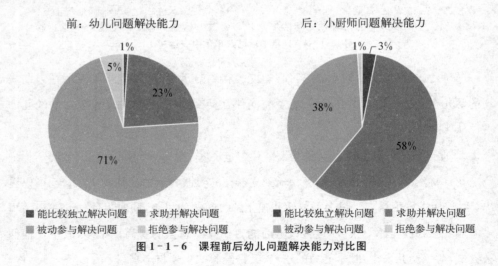

图 1-1-6 课程前后幼儿问题解决能力对比图

3. 促进幼儿的各项能力发展

"瓯之味"课程看似只是孩子们和老师一起烹饪美食，但是其中蕴含的内容却如同海底的宝藏一样，需要教师去挖掘、去探索；当找到活动的核心时，在课程中累积的能量能如同"小宇宙"一样爆发，孩子在其中尽情地汲取，获得失败的经验或成功的喜悦。我们针对幼儿的情况做了一系列测试，结果显示：尽管我们的课程才进行了两年，但孩子的变化是明显的，课程前，能每周主动参加厨艺室活动的幼儿才占 89％，现已达 100％；幼儿在美食制作方面掌握一定技能的比例从 25％上升到 75％；幼儿有良好的使用工具和整理的习惯的占比在课程前仅为 20.5％，现已达 78.6％；在课程进行过程中，幼儿了解温州、了解瓯越传统文化的人数占比从 30.1％提高到 60％。统计表中的数据有力地证明了幼儿园"瓯之味"课程正在不断影响幼儿的生活及其能力、习惯的发展。

（二）扩展教师的能力结构

教师团队是课程建构中将理论转化为行为的实践团队、操作团队。教师的专业能力是幼儿园课程发展的核心竞争力。经过课程研究，教师的教学理念得到了更新，对幼儿的年龄特点和学习特点有了进一步的认识，自身的教育指导方法也日趋丰富和成熟。两年来，教师撰写市区级论文、案例获奖以及参加公开课、经验交流、专题讲座等达 20 余人次。

我们针对教师对于幼儿主体意识的认识、对活动难度的把握、对幼儿的观察能力和活动实施的有效性进行调查，结果如图 1-1-7 所示。

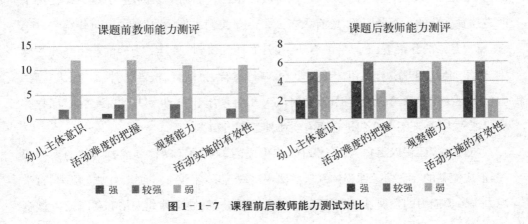

图 1-1-7　课程前后教师能力测试对比

通过实践检验我们发现，本课程对于教师自我能力的夯实有直接的促进作用。

（三）丰富园本课程的内容

我园通过此项研究，确立了"瓯之味"课程的幼儿发展目标，明确了教育方向；编写了一套行之有效的"瓯之味"课程教材，保障了"瓯之味"课程有序、有效、常态的开展；为幼儿量身定做了适合其年龄特点和需求的一套微课视频，编写了"瓯之味"课程幼儿用书，搜集并积累了50多个适合幼儿学习的网络厨艺素材；总结和梳理了"瓯之味"课程活动指导的三大策略，理清了小厨师园本课程建设思路；建构了"瓯之味"课程活动评价体系，为今后厨艺活动开展的有效性提供了保障。

八、课程回望

"瓯之味"课程才刚刚拉开序幕，现阶段的课程仅面向大班的幼儿，还只是挖掘了瓯越饮食文化的小部分资源，还有太多太多需要我们去发现，比如：温州传统节日美食，有二月二的芥菜饭、七月七的麻巧、九月九的九层糕、腊月二十四的花生糖和芝麻糖、过年的腊肉和熏鸡；温州的传统小吃，有灯盏糕、猪油膏、松糕、杨梅甜水、水花腐、杏仁腐……课程开发的路还很长，如何深入开发适合小、中班幼儿的"瓯之味"课程并优化课程内容，还需要我们进行更有实质性的探索和尝试。

"瓯之味"课程以瓯越美食为载体，将生成的零散性活动转变成有价值的系列课程，形成完整的"瓯之味"课程体系。本课程寓教于乐，不仅促进幼儿的独立能力、自学能力等各项能力的发展，还体现了促进幼儿身体健康、健全幼儿人格和传承瓯越饮食文化等教育功能。因此，"瓯之味"课程的开发、建设和实施丰富了园本课程的建设，是实现幼儿发展的重要课程，能将瓯越文化浸润于童心。

（开发者：周微微　高乐丹　黄琼慧　翁敏洁　邱妙娟）

第二节 "悠然生活"课程：拥有自己的生活场

在《幼儿园教育指导纲要（试行）》（以下简称《纲要》）与《3—6 岁儿童学习与发展指南》（以下简称《指南》）里，"生活"一词分别出现了 32 次和 81 次。由此可见，生活是幼儿园课程的基础和来源。"悠然生活"课程就是以真实生活与交往问题为导向，以主动探究与解决问题为驱动力，以师幼协同与小组合作为方式，以制定公约自我管理为目标，兼具学习和生活的特征的课程。我们精心设计课程，让园区成为一个"生活场"，通过时间约定、安全约定、劳动约定、情绪约定、交往约定、礼仪约定，让孩子的美好时光从属于他们自己的"生活场"，并描绘出"爱玩耍、善表达、乐交往、喜探索、巧创意"的儿童画像。

一、课程背景

瓯海区第一幼儿园坐落于瓯海中心区，生源的多样性导致了文化的多元性。我们的家长职业构成多样，有教师、医生、警察、服务人员等不同职业，家长素养普遍较高，教育理念也紧跟时代的步伐。经大数据统计，瓯海中心区的家长更加注重孩子在幼儿园的生活习惯、生活能力的培养。

随着办园规模的不断扩大，我园不断迎接全新的孩子、全新的老师。我们发现，在一日教育教学生活中，教师习惯性扮演"高控者"的角色，而幼儿则存在常规意识差、自我服务能力弱、游离规则之外等问题。因此，"如何从老师管控的方式转向让孩子自我管理的方式"是幼儿园急需突破的重要问题。

教育和生活是一个有机的整体，生活有多大，教育内容就有多广。我们认为，孩子是课程的主人、是生活的主人、是课程的创造者,课程更应该给予孩子生活的情趣。因此,我们需要更加专注幼儿一日生活中的细微之事,通过"以小见大"的方式,让孩子真正学会生活、享受生活、热爱生活。

二、课程理念

在古希腊,学校意味着闲暇。我们认为,在身体完全放松、心情无比舒畅、精神悠然自得的状态中,孩子才能释放他的最大潜能,释放他的最大创造力。为此,我们的"悠教育"办园思想就应运而生了。"悠教育"是慢的教育,是暖的教育,是宽的教育,更是爱的教育。我们怀着"让每一朵花蕾悠然绽放"的办园理念,致力打造一所悠韵雅致的现代化幼儿园,并培养会悠然生活的品质儿童。

基于陶行知的"生活教育"和国外的"高瞻课程",也基于《纲要》与《指南》里对"生活"的关注,更基于省、市、区课改文件中都强调的"一日生活皆课程",我们聚焦"悠然生活,品质儿童"的办园目标,提出课程理念:让孩子拥有自己的"生活场"。

课程理念中,"拥有自己的"指向课程实施方式,各领域的融合使孩子在生活中从高控到自由、从规则到自主、从约定到自律;"生活场"指向课程实施场域,幼儿园一日生活是教育发展的场所和根基,课程内容就是基于生活、融入生活、运用生活。

三、课程目标

我园以"培养悠然生活的品质儿童"为培养目标,其核心分为五大要素,即"爱玩耍、善表达、乐交往、喜探索、巧创意"(见表1-2-1)。

表 1-2-1 "悠然生活"课程目标表

目　　标	核心素养	评　价　项　目
爱玩耍	健　康	健康生活、情绪预约、自我成长、独立自主
善表达	语　言	谈吐文雅、举止大方、善于倾听、表现自我
乐交往	社　会	从容温和、自信豁达、合作守规、乐于交往
喜探索	科　学	亲近自然、敢于探究、好知好问、善于思考
巧创意	艺　术	自在创造、持之以恒、独具美感、艺术滋养

四、课程内容与实施

　　基于"内容服务目标，目标引领实施"的理念，"悠然生活"课程遵循适切性原则，由基础性课程（占比 85%）和个性化课程（占比 15%）两大板块架构而成。两大板块并非平行的独立存在，而是相互渗透、融合与创生的交织，并以此架构适合本园儿童向上生长的课程体系（见图 1-2-1）。

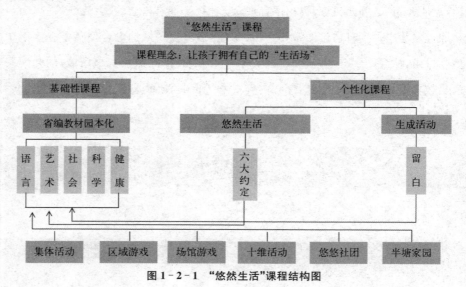

图 1-2-1 "悠然生活"课程结构图

1. 基础性课程

幼儿园的基础性主题课程内容由省编教材《幼儿园体验式学习与探究》为蓝本，依据"我与自己、我与他人、我与社会、我与自然"四个维度进行园本化审议。为了让主题实施更适宜幼儿生活、有效地促进幼儿的学习发展，我们成立审议小组，通过三级审议模式，以儿童立场审视儿童发展需要，满足儿童的兴趣，助推儿童成长。

一级审议：定位为先，确定审议主题。集团园教学总负责人牵头、带领各园区保教主任组成"审议领导小组"，通过一个月一次的教研活动，选择主题内容、确定审议方案。

二级审议：明晰价值，分析教材内容。各园区保教主任牵头、带领级段长形成"中坚力量小组"，通过每月两次的教研活动，对主题活动内容的适宜性、有效性进行二级审议，并对主题内容适度留白。

三级审议：链接《指南》，融合园区特色。级段长牵头、带领本级段教师形成"审议推进小组"，通过一周一次的教研活动，整合园本文化、班级特色、家长资源，确定主题，梳理脉络并实施。

在审议中，思考《指南》及自己园区园本特色这两个大因素，"因人而宜"及"因地制宜"地考虑课程内容。"因人而宜"指的是《指南》中对儿童各阶段设置的发展目标不同，我们结合《指南》与幼儿的现有水平和期待水平，开展课程实施。"因地制宜"指的是各园区开展的园本课程内容不同，通过重组、增添、删减、改编、生发，将基础性课程和园区特色相融合。

2. 个性化课程

（1）行为约定——优化生活学习，回归儿童的本真

我们发现在一日生活中，教师习惯性扮演"高控者"的角色。"如何从老师管控的方式转向让孩子自我管理的方式"是幼儿园急需突破的重要问题。为此，我们通过"小蚂蚁一日生活"让孩子的美好时光从属于他们自己的"生活场"。

一日生活教学改革是我们的教育追求。"小蚂蚁一日生活"基于问题监管模式

(Problem - Based Regulation)，以真实生活与交往问题为导向，以主动探究与解决问题为驱动力，以师幼协同与小组合作为方式，以制定公约自我管理为目标，在"悠理念"的基础上创新生成独特的课程类型，兼具学习和生活的特征。通过解决实际的、真实的问题，让幼儿寻找问题、自制规则、形成约定。因此，解决"真问题"才是关键。

如餐后活动一向很热闹，我们时常会听到孩子的声音："老师，他们玩积木好吵，我都没办法看书了！""老师，轩轩他又在走廊里跑了，还撞到我了！"吵闹、拥挤，这些孩子们体验到的真实感受，变成了一个个小问号："餐后活动应该遵守哪些规则？""在走廊上音量的大小怎样才合理？"……

餐后活动引发的问题的核心，就是让儿童去把握拥有轻松愉悦的体验的同时又不给他人造成困扰的两者之间的尺度。在这过程中，幼儿亲身体验到问题带来的困惑，由此激发渴望解决问题的强烈意识。如何解决问题？制定约定显得十分重要。

于是，针对餐后活动的"热闹"现象（如表 1 - 2 - 2 所示），孩子们经过讨论、推荐、投票，最终独属他们的"餐后约定"诞生了。"走廊上要慢慢走、不可以跑""一张地毯坐两个人""鞋子摆放在地贴线上""聊天要轻轻说"……与此同时，孩子们还将约定内容做成了醒目的标志来提醒同伴和自己。

表 1 - 2 - 2　以安全约定为例——显性问题汇总表

板　块	核　心　问　题	呈　现　的　状　态
安全约定	公共区域的安全	1. 在走廊中奔跑、摔跤、打闹。 2. 跳着、跑着上下楼梯。
	盥洗室的安全	1. 洗手时玩水把自己的衣服弄湿。 2. 天气潮湿时，地面有点湿滑，跑太快导致摔倒。
	教室里的安全	1. 把椅子举高走动撞到其他人。 2. 从椅背后跨坐在椅子上没坐稳摔倒。 3. 在教室里奔跑，撞到柜子或者桌子。
	在活动中的安全	1. 在手工活动中使用剪刀受伤。 2. 户外游戏时奔跑和他人撞在一起。

除显性问题外，教师还需引导，突出隐性问题。在一日生活中，幼儿容易忽视一些问题，如过渡环节中幼儿消极等待、区域活动时间出现串区打闹的现象等（见表1-2-3）。因此，幼儿教师需要具备一双"火眼金睛"，学会巧妙地将"问题球"抛给幼儿，引发孩子关注问题的存在。以缺乏规则或规则不合理导致的一些问题为切入点，通过"基于问题—识别问题—确定问题"三个环节，由一到多，激发一个幼儿集体的好奇心，并使这样的好奇心不断地发酵升华，最终实现幼儿解决问题的实际。

表1-2-3 以安全约定为例——隐性问题汇总表

板 块	核 心 问 题	呈 现 的 状 态
安全约定	玩耍时忽略安全	1. 在玩滑滑梯时，喜欢头朝下玩耍。 2. 玩沙子时，将沙子往上抛或往有人的地方抛。 3. 在没有安全防护下，从高处往下跳。
	安全标识认识不到位	1. 上下楼梯不靠右行走，往往随意走动且在楼梯上跑、跳。 2. 不认识安全出口，消防演习乱窜。 3. 不知道安全警报键，随便触碰。
	身体的保护意识	1. 把图钉拿在手里玩，放在口袋里。 2. 把豆子、棉花这类小东西往鼻子、耳朵里塞着玩。
	容易情绪化	在不良情绪表达上，常常以哭闹、在地上打滚等方式处理问题，不能很好地控制情绪。
	自控力差、没有良好的饮食习惯	1. 吃饭时注意力不集中、吃饭过程中容易被其他事物吸引跑过去玩。 2. 幼儿园自助餐时，对于喜欢的东西吃得很多、很快，饭后出现消化不良、呕吐或肚子痛的情况。

通过"聚焦问题—合作探究—构建策略—形成绘语—制作标识—呈现约定"的方式，提升幼儿解决问题和自我管理的能力。过程中，将孩子的约定留痕，将"生活的话语权"还给幼儿。

（2）场馆游戏——追寻游戏精神，乐享童玩的世界

我们凭着敢为人先、敢于创新的温州人精神，将陶行知"生活教育"与温州本土的瓯越文化相融合，致力打造一个有独特内涵，独具温州味、生活味的"悠场馆游戏"。"悠场馆游戏"主要由美食、工匠、科探、社交四大板块组成，每个中心根据内容划分不

同的场馆，共有 20 个场馆，每个场馆都是一个功能不同的学习中心，每个学习中心又细分了不同的功能区域。我们打破传统的"场馆游戏"概念，为幼儿提供丰富的材料、环境、角色体验及情境感知。

① 核心价值，让游戏变得"有质"。儿童的游戏是开放的、自由的，是具有无限可能性的。正因为如此，场馆游戏最大的挑战就在于目标的不确定性。为此，我们通过学科价值、游戏技能、游戏品质三个维度确定核心价值点。下面以"工匠中心"为例进行阐述。

学科领域分语言、社会、健康、艺术、科学五大领域，反观"工匠中心"，我们最能直接感受到的领域就是"艺术"，其领域重点在于：儿童如何运用艺术来表达、表现和整合他们的经验；儿童如何发展对艺术的理解与欣赏。为此，对照《纲要》及《指南》，我们梳理了"工匠中心"学科价值的两大板块、四个核心单元，见图 1－2－2。

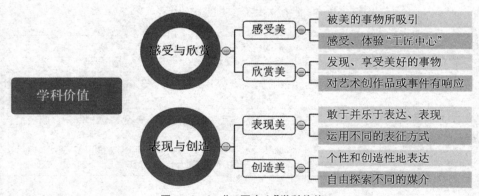

图 1－2－2　"工匠中心"学科价值

游戏技能，指儿童在享受游戏时所建立的重要发展技能。针对"工匠中心"我们梳理了三点内容：工具使用、合作交流、材料管理。幼儿的交往能力是在一个复杂的、多元的社会关系网络中得到发展的。由于我们的场馆游戏是混龄制的，当冲破年龄界限时，幼儿有了更多的机会和不同年龄的幼儿交往，在这过程中，需要学习与人交往的正确态度和技能。除此之外，由于场馆中心有着丰富的游戏材料，学会材料管理，如分类、收纳、整理等技能就显得尤为重要。

我们将游戏品质分为动力感、投入感、秩序感和创造力（见图1-2-3）。动力感即做事既麻利，又自信、积极主动，且不怕困难。我们希望孩子们从小体验并感受匠人的精神，因此，将精神专注、坚持、严谨都统整为投入感。秩序感即个体对事物顺序的认识，包括时间的先后、空间事物排列摆放，对环境中的规则、要求的感知，以及在行动中安排顺序、遵守规定的能力。秩序感意味着一个人能够适应周边环境，并用自己的方式来支配它、管理它，形成安全感和归属感。只有从小培养秩序感，孩子长大后做事才会井然有序，学习和工作才会有效率。

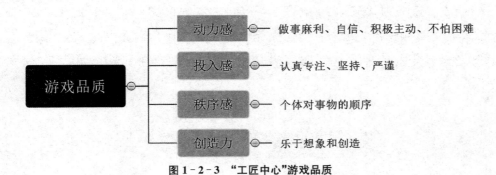

图1-2-3 "工匠中心"游戏品质

创造力并不局限于创意或是艺术的表达形式，更多的是一种创造性思维。幼儿的创造性思维可以在他们的许多活动中表现出来，其主要特点是敢于大胆想象，不受客观事物的限制。因此我们要重视幼儿期可贵的创造性思维萌芽，以"工匠中心"为载体，使幼儿的创造性思维得以充分发展，为其未来的成长奠定良好的发展基础。

② 材料投放，让游戏变得"有量"。操作材料是开展游戏活动的物质基础，教师提供的材料是否有趣、可变、可操作，对幼儿主动参与的积极性有很大的影响。为此，我们投放了丰富的自然材料、随手可取的生活材料、低结构易操作的废旧材料、社区资源的边角材料等，并进行分类、分年龄段摆放。同时，将材料划分为某一个游戏的基本材料和百搭式低结构材料两大类，以1∶3的比例调整，让孩子们能够有更多的选择性去生成游戏主题及内容。

③"三式三化"，让游戏变得"有趣"。尽管《指南》将课程内容划分为五个领域，但也强调"注重领域之间，目标之间的相互渗透和整合，促进幼儿身心全面协调发展而不应片面追求某一方面或几方面的发展"。因此，我们通过混龄式、平行式、预约式和主题化、项目化、体验化的"三式三化"来组织和运行，让幼儿在真实与模拟的场馆游戏情境中，找到适合自己学习的最佳方式。

如中大班混龄式，是指每学期孩子们可以有 2 次选择不同场馆的机会，并在每周三下午进行游戏。在选择方式上，我们则采用平台选课，这种方式让孩子对自己的选择更有参与感，同时让家长也了解幼儿园场馆游戏课程在做什么。平行走班式是指每个学期级段长根据各班投票情况确定场馆中心，进行每月 1 次的游戏。班级预约式是指班级老师根据孩子们投票情况确定最佳人气场馆，进行每月 2 次的游戏。

五、课程评价

本课程评价注重幼儿的学习过程，注重评价的多元化。每一个主题结束后对幼儿的表现从社会情感、身体素质、认知发展水平、表达创造能力、探索动手能力五方面有重点地进行评价。具体评价的方式分为四大评价：观察性评价、课程评价、满意度评价、参与度评价。

（一）观察性评价

在每次活动之后，我们都会进行观察性评价。评价表由幼儿自己、同伴、教师共同完成，评价主体通过对评价对象在活动中的表现结合评价标准以涂星星的方式进行，满意度越高，星星越多。与此同时，教师还会在表格最下方将幼儿在本次活动中的表现做出正面表扬或是建议。

（二）课程评价

课程评价是课程实施的航标和控制器，它制约着课程的价值取向。在"悠然生"课程开发过程中，教师周期性地对课程执行情况、课程实施中的问题进行评估。

是不是切合地方资源？前期进行"全面性"论证：幼儿园每一项课程的开发与实施都是在调查评估的基础上开展的，评估重点是对幼儿园师资情况、儿童的发展需求、家长的期望、社会和社区的要求以及幼儿园发展规划等因素做出有说服力的判断。

是不是符合园本实际？过程实行"三把关"策略：先由"教研组把关"，教研组提供有关课程决策程序的建议，并参与课程开发与建设的全过程；然后由"幼儿园课程指导委员会"把关，论证课程的科学性与有效性，最后再经"专家把关"，力求在评价中对设计方案进行评价与修正，对实践过程与结果提出意见与建议。

是不是基于儿童需求？效果采取"动态化"调整：在课程实施过程中，根据实施效果，对园本课程进行动态的调整。可以通过与老师、同学的分享，促进幼儿与幼儿、教师之间的交流和沟通，也可使幼儿学会自主性评价，同时促进幼儿自我教育能力的形成。

是不是有资源支持？后续开展"顾问团"监督：任何组织都不可能脱离社会而存在，园本课程开发这种复杂的工作更不可能离开社会、家长的协作统一。我园组成由课程专家、政府官员、幼儿家长、社区人员等社会力量顾问团，对课程开发过程实施监督，为课程开发献言献策。

（三）满意度评价

在"悠教育"理念指导下，幼儿园必须为幼儿提供足够的园本课程科目。但园本课程的建设不能光追求数量，而应当根据幼儿园文化的需求，走"园本课程特色化，特色课程精品化"之路。

课程领导小组组织科研、教学、德育等部门，每学期根据上述标准将全园园本课程评价分为优秀、合格、改进三个等级。

每学期评选优秀课程 1—2 门，给予一定的物质奖励。对于对幼儿园发展有特别贡献的园本课程，可给予"功勋课程"奖励。一般每三年评选"功勋课程"一次。

将低于底线的极个别课程评为改进课程，予以取消或者换实施者处理。底线建议：① 目标严重偏离，远未达到课程目标的；② 无课程纲要与实施计划的，采用走一步算一步的课程实施形式；③ 未完成园本课程课时的三分之二；④ 社会、家长、幼儿反映较差的。

（四）参与度评价

坚持评价内容的多维化。在本探究课程中，技能不宜作为首要标准，应重视孩子的探索过程、学习态度和实践能力的进步和变化。

坚持评价方式的多样性。把结果评价与过程评价、定性评价与定量评价结合起来，用教师评价、孩子自评、同伴互评等方式进行记录。

坚持综合素质评价。建立幼儿成长档案记录，评选"每月之星"。

六、课程成效

（一）四大改变，学会生活

"悠然生活"课程的实施让孩子发生了"四大改变"：从"高控"到"自由"的改变；从"规矩"到"自主"的改变；从"包办"到"独立"的改变；从"规范"到"自律"的改变。如在时间管理方面，幼儿学会了合理制定一日计划，并能在履行约定时发现问题、及时自我调整，从而游刃有余地完成一日的"事务"。在自理能力方面，幼儿学会自己管理，也有了服务他人的意识。在自我保护方面，幼儿已经学会自己面对和解决生活中遇到的"麻烦"，并在解决的过程中学会了合作，学会了制定约定，学会了自我管理，这正是我们期待的"学会生活"。

（二）两大容易，儿童自主

除了实现了儿童的自我管理，教师方面则是呈现"两大容易"：管理更容易、教学更容易。如在一日生活中，新入园的孩子们能够快速熟悉一日幼儿园生活流程，并能有序地进行活动。老师们不再需要频繁纠正幼儿的行为，不再需要因为安全问题对幼儿灌输式地说教。因此，教师的一日工作显得更加有条理性，在与儿童的交流中也增进了与幼儿的感情。更有老师说："现在我花更多的时间不是教育他们，而是陪他们聊天，一起说说幼儿园的一天。"

七、课程回望

"悠然生活"课程的开发实施是一个不断进行研究、探索以及反思的过程，也是从教师不断向儿童靠近的过程，它真正实现了"以儿童为中心"。我们基于儿童视角，和幼儿一起去发现、思考问题，拥有更多的儿童正见，让幼儿做生活的主人。

在这里，有着满满的生活仪式感，每逢佳节暖日，孩子们都会用特别的方式享受每一份快乐！在这里，有着数不尽的生活小确幸，"四季魔池""节气小食堂"……孩子们都会用自己的方式体验着每一份惊喜！在这里，有着说不完、聊不尽的生活"悠"故事。幼儿园里到处都是童言绘语，孩子们都在用自己的符号来创造自己的语言系统。一份小小的约定，蕴藏着一种大大的能量，每一个孩子都能成为生活的小主人，学会自我管理,懂得合作表达,悠享生活美好。

　　总而言之,开发"悠然生活"课程让我们实现了从理念到行为的改变,后续更是要完成生活课程与园训、办园哲学融合的目标构建,同时培育一批课程开发意识强的教师,提高保育员的一日生活驾驭能力,培养幼儿良好的卫生习惯、生活习惯、行为习惯和学习生活品质。一次次交流、一次次获奖、一本本手册,其最终体现的是一种规则意识,内化的是一种行为习惯,形成的更是一种思维品质。幼儿园成为一个"生活场",赋能儿童、尊重儿童、优先儿童、成就儿童,美好从此刻、此地、此景开始!

（开发者：程艳艳　何佳佳　黄丽丽　王雅茜　徐淑佩）

第二章

游戏,赋予儿童诗般的遐想和创造

　　风在吹,云在飘,孩子游戏的身影每天都洒满幼儿园的每一个角落,微风调皮地吹过他们的发梢,游戏中的他们是喜悦满足的。幼儿天生就会游戏,天性就喜欢游戏。游戏就是上天赐予孩子的礼物,这个礼物是孩子看得懂的、喜爱的、会欣赏的。游戏中的孩子们享有对游戏的自主设计、自行布局、自由选择的机会。赋予游戏新的生命和灵性,就是赋予孩子们诗般的遐想和创造。每个人的童年都离不开游戏。

第一节　"多元"建构课程：让思维看得见

　　温州市瓯海区瞿溪第一幼儿园位于浙南百年古镇瞿溪,创办于 1981 年 11 月,是一所全日制公办幼儿园,1995 年被评为温州市第一批市示范性幼儿园,也是瓯海区第一所市示范性幼儿园,2009 年被评为浙江省一级幼儿园。

　　为了使《幼儿园教育指导纲要(试行)》《3—6 岁儿童学习与发展指南》等文件精神落地、生根,坚定不移地推进教学变革,大力推进园本课程发展,我园基于幼儿园的实际情况开发了"让每个孩子成为闪亮瞿溪未来之星"的课程方案——"多元"建构课程。"多元"建构课程是以建构游戏为切入点而开发实施的园本课程。"多元"指课程目标多元、课程内容多元、课程实施多元以及课程评价多元。"多元"建构课程,从目标上看有四点,即真体验、巧动手、懂分享、会创新;从游戏内容上可分为七个模块,即积木类、积竹类、积塑类、魔尺类、科技类、自然物类及废旧物品类;从实施上可分为四种,分别是主题融合式、问题驱动式、情景体验式和亲子互动式;从评价方式上可分为四种,为活动检核表、轶事记录卡、作品分析法以及档案袋评价法。

一、课程背景

(一)顺应学前教育发展要求

　　《3—6 儿童学习与发展指南》中指出"幼儿的学习是以直接经验为基础,在游戏和日常生活中进行的。要珍视游戏和生活的独特价值,创设丰富的教育环境,合理安排一日生活，最大限度地支持和满足幼儿通过直接感知、实际操作和亲体验获取经验的需要"。同时，《幼儿园工作规程》等文件反复提出幼儿园应该以游戏为基本活动，幼儿园教育质量与幼儿园游戏活动的实施效果密不可分。建构课程是一种符合国家教育政策导向的课程游戏，游戏价值也被给予了高度的重视，对其进行充分挖掘可以促进幼儿的全面发展。

（二）充分利用地理优势，深入发掘文化资源

我园位于瞿溪街道，地理位置较好且占地面积较大，具有充沛的硬件设备与软件设备。地理位置的特殊性以及教师发展的专业性，能为幼儿创设适宜的游戏环境以及对儿童进行针对性的指导。建构课程的实施在客观条件上有些特殊要求，即建构区域需占较大空间，我园的实际状况比较吻合。另外，教师也需有意识地对建构游戏活动场地进行短时间的改造与利用，我园利用墙面或者移动支架创设"支持性环境"，将教育意图客体化于建构游戏环境中，以潜在影响和间接方式引导儿童的建构游戏行为和活动。同时，利用各类辅助材料帮助幼儿实现表达的欲望，保障游戏顺利开展，促进幼儿多样化发展。

（三）凸显建构课程对幼儿发展的独特价值

建构课程是一种创造性地反映现实生活的课程，对幼儿的发展具有独特价值。当前，幼儿园建构区域材料投放的数量和种类非常有限，且教师指导能力薄弱，导致建构课程游戏的价值不能真正发挥。在我园的"多元"建构课程中，儿童通过对积木材料的使用，有了对数量、形状、长度、体积和空间的认识。幼儿通过实际动手操作发展了自主性、创造性、艺术性、审美性等思维以及感知运动技能，同时也提高了精细动作和手眼协调的能力。建构课程也有助于儿童学习品质和艺术创造能力的发挥。结合加德纳多元智能理论，建构课程对幼儿的语言智能、数理逻辑智能、空间智能、身体运动智

能、艺术智能等方面均有所提升。

二、课程理念

从一粒沙中看见世界，从一朵花中看到天堂，从孩子天马行空的创意中，看见属于他的独一无二的童话王国！

英国著名的儿童教育研究专家布鲁斯教授曾说过："孩子参与到建构游戏的每一分钟，都意味着孩子更进一步地接近工程学。"在幼儿园，建构区被誉为"塑造工程师的地方"，它作为一种融操作、思维、艺术与创造于一体的场所深受幼儿喜爱，对幼儿的发展具有独特价值。

让孩子的思维看得见，一直是我们的教育追求：在游戏中看见孩子的学习与发展。我们围绕"多元"建构课程的定位，提出这一课程的理念：让思维看得见，让创意有形。通过建构游戏开发幼儿的智力、想象力、创造力和动手能力，将孩子的创意、想象变为现实，颠覆传统教育方式，让孩子在快乐建构中收获知识，培养空间思维能力。

三、课程目标

"多元"建构课程的理念是：通过建构游戏给幼儿以快乐、经验、学识。在认识形、色，增强空间概念的同时，丰富幼儿的主观体验，发展幼儿的动手能力和建构技能，使幼儿在协商、谦让、交换的游戏氛围中，学会分享与合作，尝试开拓与创新，体验成功与挫折，从而实现合作交往能力的提高以及幼儿个性的和谐全面发展。根据我园的"多元"建构课程理念,我们将课程目标定义为:真体验,巧动手,懂分享,会创新。这一目标是小、中、大各年级段一贯整体设计的,可以转化为各年段目标,体现课程目标的整体性和针对性。我园结合《3—6岁儿童学习与发展指南》以及美国"高瞻课程"中幼儿的关键发展指标制定了各年龄段层级发展目标,详见表2-1-1。

表 2-1-1　"多元"建构课程层级发展目标

总目标	小　班	中　班	大　班
真体验	1. 对身边的物体感兴趣。运用多种感官感知物体。 2. 能注意材料较为明显的形状特征,并能用自己的语言描述。 3. 能够在成人的鼓励下表达自己操作的欲望。	1. 能主动运用多种感官观察和探索事物,主动寻找周边事物的变化。 2. 能够感知和发现常见物体的基本特征,并能进行分类。 3. 能够在生活中运用数学或科学知识来解决简单的问题。	1. 对自己感兴趣的问题总是刨根问底,并能动手动脑寻找问题的答案。 2. 能够寻找机会观察和关注事物,并尝试运用多种途径解决困惑与问题。 3. 能够对事物的结果产生联想,探索新的问题。
巧动手	1. 能探索个别材料的特性,有目的地使用1—2种材料。 2. 能询问简单的"是什么"的问题,并在他人帮助下寻找答案。	1. 能探索几种材料的特性和功能,有目的地组合几种材料。 2. 询问"为什么"和"怎么办"的问题。 3. 能在他人帮助下或自己的探究中解决问题。	1. 能探索、比较并组合多种材料,以合作使用这些材料。 2. 试图回答自己的问题,并去验证答案。
懂分享	1. 愿意与他人游戏,并在成人指导下,不争抢材料。 2. 能够主动承担任务,并对他人的难处表示同情。 3. 在成人的提醒下,能自愿遵守规则。	1. 知道自己的优缺点,并积极参加活动,掌握一定的社交技巧。 2. 能够观察到他人的情绪,并主动表示关心、同情等。 3. 能初步理解规则的意义并自觉遵守。	1. 有集体荣誉感并主动承担任务,想办法吸引他人与自己游戏。 2. 能接纳并关注他人,同时能够提供力所能及的帮助。 3. 能与同伴制定规则,并主动完成任务。
会创新	1. 经常尝试建构与拼搭并乐在其中。 2. 能用简单的材料大胆搭建出自己想画的事物。	1. 经常拼搭、插接材料表现自己的所见所想。 2. 大胆运用垒高、围等多种拼搭技巧。	1. 运用多种建构工具、材料或不同的拼搭技能表达自己的感受想象。 2. 能够独立完成建构作品来美化学习生活环境。

四、课程内容

　　"多元"建构课程是幼儿的自主活动，在活动中，游戏内容往往是幼儿对当时情景内容或最近时段经验的再现和创造性的想象。一旦幼儿自发生成了游戏内容，便会很自觉、很乐意地去展开、去深化，从中追求更强的主体性体验的满足感。

　　皮亚杰曾提出："儿童的智慧源于材料。"低结构的各类游戏材料有助于幼儿建构百变造型，引导幼儿创造性地反映生活。随着经济生活水平的不断提高，幼儿的建构材料也日益丰富，积木、积塑种类繁多；但每一种积木、积塑都有其技能及形状上的约束，就此我们还增添了自然物以及其他的材料，以材料去区分我们的课程内容。按照建构游戏材料，本课程的游戏内容将包含积木类、积竹类、积塑类、魔尺类、科技类、自然物类、废旧物品类七个模块。

模块一　积木类游戏

　　用各种积木或其他代用品作为游戏材料进行结构游戏。积木的式样很多，有大、中、小型积木，有空心或实心型积木，有动物拼图积木等。这种结构游戏在幼儿园开展得较早，也较为普遍。

　　中、大型积木相应的材料有砖形纸板积木、大型塑胶积木、泡胶积木和塑胶管等。砖形纸板积木适合年纪比较小的幼儿，可以让幼儿安全地建构大型的东西；大型塑胶积木有各种大小和形状，色彩丰富，坚固；泡胶积木是由海绵橡胶制成的建构积木，轻巧、安全；塑胶管是一种较大的、白色的塑胶管子，在五金商店可以买到，可以与连接头一起买，适合于室外或大型、开放空间的活动。

　　小型积木相应的材料有适用于桌面拼搭游戏的木制材料。

　　我园"多元"建构积木游戏安排见表 2-1-2。

表 2-1-2　"多元"建构积木类游戏课程内容安排表

年级段	课 程 主 题	课 程 内 容	
		材　　　料	课程内容名称
小　班	可爱的动物	积木拼图	可爱的动物
	高高兴兴上幼儿园	小型木头积木	房子、树、滑梯
	我爱我家	大型积木	回家的路、妈妈的脸
中　班	小小建筑师	彩砖	小小砌墙师
	可爱的动物	塑胶管	动物的家
		小型木头积木	可爱的动物们
		大型积木	动物园
大　班	小小探险家	塑胶管	迷宫
		大型积木	迷宫
	桥	彩砖	各种各样的桥
	离园倒计时	彩砖	滑滑梯

模块二　积竹类游戏

　　将竹子制成各种大小、长短的竹片、竹筒等，然后用它们进行构造物体的游戏。积竹可构造"坦克、火车、飞机"，还可建"桥梁、公园"，构造出的物体同样栩栩如生，富有情趣。我园地处农村，山上有许多竹子，幼儿园旁边就有一个制作竹梯的作坊，竹子取用方便，积竹类游戏前景广阔，大有可为。课程安排见表 2-1-3。

表 2-1-3　"多元"建构积竹类游戏课程内容安排表

年级段	课 程 主 题	课 程 内 容
小　班	小小军事家	小火车、飞机
	春天	好玩的"石头"路
中　班	小小建筑师	回家的路
	小小军事家	坦克、飞机

续　表

年级段	课程主题	课程内容
大　班	我爱家乡	公园、各种各样的桥
	勇敢的我	"梅花阵"

模块三　积塑类游戏

用塑料制作的各种形状的片、块、粒、棒等部件,通过接插、镶嵌组成各种物体或建筑物模型。积塑轻便耐用,便于清洁。课程安排见表2-1-4。

表2-1-4　"多元"建构积塑类游戏课程内容安排表

年级段	课程主题	课程内容	
		材　料	课程内容名称
小　班	可爱的动物	雪花片	围栏
	春天	雪花片	各种各样的花
	我爱我家	雪花片	电话、碗、桌子
		管子积塑	有趣的管道
中　班	可爱的动物	雪花片	小动物的家
	我长大了	乐高	我长高了
	小小军事家	雪花片	各种各样的枪、飞机
	我爱我家	乐高	我的家、美丽的社区
大　班	我的祖国	乐高	天安门、长城长
	有趣的水	乐高	碗
	小小军事家	乐高	航空母舰、机器人
	可爱的动物	乐高	牧场

模块四　魔尺类游戏

魔尺是一个好玩的益智玩具,它可以激发幼儿对立体图形的想象力和创造力,在做造型的过程中磨炼智力,幼儿可以随意扭转变换无数种不同的形状,如球、蛇、狗等,当幼儿顺利地完成一个想象中的造型时,幼儿将会感受到一种前所未有的成就感,同时其智力、观察力、想象力、动手能力等都得到了相应的提高。课程安排见表2-1-5。

表2-1-5 "多元"建构魔尺类游戏课程内容安排表

年级段	课 程 主 题	课 程 内 容
小 班	小小动物园	弯弯曲曲的小蛇
	小小军事家	刀、剑
	我爱我家	门、桥
	化装舞会	手链、拐杖
中 班	小小动物园	大雁、长颈鹿
	小小军事家	飞机、枪
	我爱我家	垃圾桶
	化装舞会	话筒、眼镜
大 班	小小动物园	球、恐龙蛋、乌龟
	小小军事家	航空母舰
	我爱我家	皇冠
	化装舞会	眼镜

模块五 科技类游戏

2019年我们新增了编程类大颗粒积木,将STEAM的教学理念与编程启蒙教育相结合,以PBL为教学手段,通过游戏的形式将科技融入幼儿园的一日活动中,全面激发幼儿的创造力和解决问题的能力,最终实现幼儿和谐全面的发展。幼儿园学段以积木建构延伸编程启蒙,为幼儿未来系统化的编程教育做好能力储备,致力于培养孩子21世纪所必备的能力,让孩子能自信、自如地走向未来!课程安排见表2-1-6。

表 2-1-6 "多元"建构科技类游戏课程内容安排表

年级段	课程主题	课程内容	
		材料	课程内容名称
小班	生日快乐	大颗粒编程积木	蛋糕
	我爱我家	大颗粒编程积木	床、沙发
	公园真好玩	大颗粒编程积木	跷跷板、滑梯
	汽车总动员	大颗粒编程积木	车子
中班	我的身体	大颗粒编程积木	平面人物
	盖房子	大颗粒编程积木	房子
	小鸡小鸭	大颗粒编程积木	小鸡小鸭
	各种各样的车	大颗粒编程积木	救护车、警车、消防车、消防局吊车
	小雪人	大颗粒编程积木	平面雪人
大班	你好，新朋友	大颗粒编程积木	认识机器人 Botzee；左转，右转！
	Botzee 闯迷宫	大颗粒编程积木	曲折的道路、Botzee 闯迷宫、优美的舞步、挑战 S 弯
	动物园	大颗粒编程积木	各种动物、小鸭找朋友、龟兔赛跑
	智能产品	大颗粒编程积木	自动搅拌器、节能风扇、智能垃圾桶、智能灯光产品 DIY、智能扫地机器人

模块六　自然物类游戏

　　沙土是一种不定型的建构材料，幼儿可以随意操作；也可利用水、雪，玩划船、堆雪人、打雪仗等游戏。玩沙、玩水、玩雪都是一种简便易行的结构游戏，在城市、农村都可以广泛开展。课程安排见表 2-1-7。

表2-1-7　"多元"建构自然物类游戏课程内容安排表

年级段	课 程 主 题	课　程　内　容	
		材　　料	课程内容名称
小　班	可爱的动物	沙　子	可爱的动物
中　班	可爱的动物	沙　子	动物园
大　班	我爱我家	沙　子	坚固的大门
	我的祖国	沙　子	小小砌墙师

模块七　废旧物品类游戏

在建构活动中可提供大量的半成品材料，这样既能充实幼儿的建构游戏活动材料，也能满足幼儿日益发展的智力和体力的要求，还能满足幼儿在建构游戏时的突发奇想，进行艺术化的多元创造，激发幼儿的创作灵性。

① 半成品的运用使废旧材料大变身。如，根据中班幼儿动手操作能力的发展情况，教师可在建构游戏中提供之前活动剩余的废旧材料作为半成品，这可以避免幼儿在建构游戏中遇到困难后兴趣减弱或遇难而退的现象。中班的孩子在建构中懂得了欣赏，也有了对美的追求。

② 亲子变废为宝，材料设计多样。在幼儿园开展家长和孩子共同参与的大型主题建构活动。要知道，想象可是孩子的天性与本能，而孩子的爸爸妈妈也可根据主题内容积极地帮助孩子收集各种废旧材料，如可乐瓶、旧报纸、废纸盒子等。通过发挥全家的聪明才智，幼儿制作出了一件件漂亮的小玩具或是工艺品。课程安排见表2-1-8。

表2-1-8　"多元"建构废旧物品类游戏课程内容安排表

年级段	课 程 主 题	课 程 内 容
小　班	车轮滚滚	小汽车
	安全伴我行	十字路口

年级段	课 程 主 题	课 程 内 容
中　班	纸的一家	纸牌叠叠乐
	我们的社区	城堡
	车轮滚滚	快乐自行车
大　班	我们的社区	高铁新城的构建、塔
	安全伴我行	四通八达的道路

五、课程实施

　　"多元"建构课程是一种以游戏为主要形式的课程，是幼儿根据自己的兴趣、经验、认识能力、情感和个体特征利用各种建构材料在建构活动中反映周围生活的一种游戏，是创造性游戏的一种。

　　本课程的实施方式是体现课程多元性的一个重要方面，根据幼儿园课程的生活化、游戏性、活动性、直接经验性和潜在性等特点，我们将课程的实施划分为以下几种不同类型的活动：主题融合式、问题驱动式、情景体验式和亲子互动式。小班每日开展 1 个课时，每个课时 20—30 分钟。中大班每日开展 2 个课时，中班每个课时 30—35 分钟，大班每个课时 35—40 分钟。每班选一位教师负责建构游戏的组织与指导，再选一位教师负责环境、区域创设。

（一）主题融合式

　　主题融合式活动中的"主题"是指某个时段所要讨论的中心话题，通过对这些中心话题的讨论，对中心话题中蕴涵的问题、现象、事件等的探究，幼儿可以获得新的、整体的、联系的经验。主题的产生一般分成三种形式:一是由幼儿自发生成的;二是由师生共同商讨后生成的;三是由教师根据对幼儿的观察而确定的。

本课程以主题发展进程为线索展开,将模拟对象及建构主题作为核心事件分解为一个个相关的网状的结构,产生一个个可能开展的子活动。建构主题帮助教师将所有线索整合起来,形成一个个相互联系、彼此相继的情景组合。

以主题"汽车总动员"为例,我们开展了一系列教师预设与幼儿生成的活动:

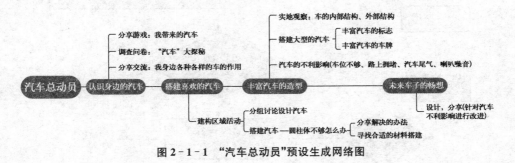

图 2 - 1 - 1 "汽车总动员"预设生成网络图

(二) 问题驱动式

问题驱动式活动强调幼儿立足生活,通过观察身边的事物和人,激发幼儿的好奇心和问题意识,以问题驱使幼儿去探究和发现来产生对客体的认知。教师应当引导幼儿关注周围世界,对周围世界的一些固有现象、固定建筑产生思考,培养幼儿的思维能力。通过探讨,老师们发现,这种问题驱动式的活动更适宜以项目化的形式展开。项目活动是儿童在教师的支持和帮助下,围绕一个大家共同感兴趣的问题,以小组合作的形式,通过团体讨论、制定计划、实际探索、展示成果和交流分享来获取知识的活动,项目活动是一个非常有效并更容易获得幼儿回应的教学方式。

例如在"高铁新城的构建"这一活动中,教师发现幼儿对于高铁新城兴趣浓厚,很想设计一个完整的高铁新城,针对这一现象,教师与幼儿共同了解了高铁新城的特色和建筑物的立体构造,并分小组绘制了高铁新城的设计图,制定建构计划,让幼儿做阶段性成果展示和实践评测，在同伴互评和自评中完成对作品的完善和改进，最后完成大家都满意的建构。具体流程图如图2-1-2所示。

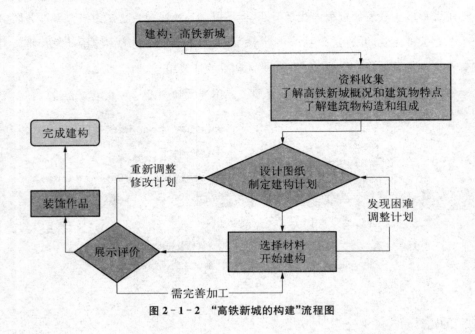

图2-1-2 "高铁新城的构建"流程图

（三）情景体验式

　　情景体验式活动一方面需要教师创设意义情境，它能够唤起幼儿的原有经验，引起幼儿的情感共鸣，激发其参与的激情和热情，从而能够提升幼儿的经验；另一方面强调幼儿的切身体验，这种体验不仅仅是身体的在场，还强调心和脑的参与。情景式体验活动的主要方式有绘本引导、实物展示、表演体会、音乐渲染等。

　　例如在开展活动"消防车"前，教师发现幼儿在一次消防演习后对消防车很感兴趣，于是在图书区投入了《消防车，出发！》这一绘本，果然引起了幼儿极大的关注，随后他们对于消防车的讨论更加热切了。教师与孩子一起观看探索这一绘本，一起了解消防车的结构、功能、特点等，随之开启了一段有趣的搭建之旅。在这一活动中，教师能够及时发现幼儿的兴趣点并投入绘本，为幼儿后续建构活动的开展提供了很好的环境铺垫与经验引导。

（四）亲子互动式

在幼儿自由搭建活动进行了一段时间后，教师发现孩子们不仅想象丰富，而且同伴之间的合作、交流都有明显的进步。唯一美中不足的是，出于时间的限制与能力的不足，很多好看又复杂的造型，幼儿即使一起合作也没法完成。因而，教师萌发了开展亲子建构活动的想法。亲子游戏是父母与孩子之间沟通交流最为有效的形式，通过游戏，家长可以走进孩子的内心，了解孩子最真实的想法，参与到孩子生长发育的过程当中，强化父母与孩子之间的互动。

于是我们的"雪花片主题亲子搭建比赛"诞生了。活动信息一发出就得到了家长的大力支持，很多家长表示自己要和孩子一起搭建，一起积极创作。雪花片一带回家，家长就用心地和孩子一起商讨搭什么主题，如何搭建等。活动热烈展开了一个月，亲子作品琳琅满目，精彩纷呈。此次活动不仅加深了幼儿与父母之间的关系，更有不少家长表示对于教育孩子的方法也有了更多的理解，家园合作达到了极佳的效果。

六、课程评价

对儿童的观察与评价既是幼儿园教育工作的出发点，也是幼儿园教育工作的归宿。作为幼儿教育工作者，我们如何评价幼儿在某种程度上决定了我们如何开展教育工作，进而影响幼儿的发展。

在"多元"建构课程实施的过程中我们运用了活动检核表和轶事记录卡作为评价工具，还采用了作品分析法与档案袋评价法对幼儿进行定期的记录与评价。

（一）活动检核表

在幼儿自主活动中，教师通过观察，可以获取幼儿活动的信息，而检核表是一种既操作方便快捷，又能清晰看到幼儿成长与变化的观察记录方式。检核表可用来记录"多元"建构课程实施过程中幼儿喜欢的游戏材料、空间，以及与同伴、教师互动的方式和表现出来的认知与社会性等方面的信息。检核表所呈现的观察记录可以作为教师下一步工作的依据，教师可以检查活动的开展是否促进了孩子的发展；也可以作为幼儿形成性评价的依据；还可以作为教师与家长沟通的依据，使得教师的相关叙述不再空洞，利于与家长沟通。

表 2 - 1 - 9　幼儿活动检核表

观察时间		幼儿姓名	
活动名称			
观察维度	评价标准（在对应标准后划"√"）		
幼儿兴趣度	对活动材料反应平淡		
	能在活动材料的吸引下参与活动		
	对活动材料感兴趣，乐于动手操作		
	对活动材料兴趣浓厚，反复揣摩、探索		
幼儿活动材料的选择	不会选择活动材料		
	在教师的指导下选择材料		
	按自己的意图选择材料		
	互相商量确定活动材料，并能寻找新材料		
幼儿活动的目的性	没有明确的目的性		
	有明确的目的性但容易更换		
	有意识地控制自己的行动，但是不能坚持到底		
	能专心致志地完成或修正自己的目标，有始有终		
幼儿的生活经验	缺乏生活经验		
	有些简单的生活经验		

观察维度	评价标准(在对应标准后划"√")	
幼儿的生活经验	能够联系一定的生活经验展开活动	
	生活经验丰富,活动丰富	
幼儿活动材料的使用	不摆放、收拾活动材料	
	在指导下能按要求摆放材料	
	有意识地布置环境	
	独立进行搭建,并交换游戏材料	
幼儿规则意识	规则意识淡薄	
	有一定规则意识	
	严格遵守游戏规则	
	能够制定较为复杂的规则,活动的开展有秩序	
幼儿的情感体验	不能控制情绪,情绪外露	
	基本控制自己的情绪	
	经常主动与别人交流情感	
	有积极的情绪体验,感受到活动的快乐	
幼儿间的同伴交往	独立活动,不愿交往	
	仅与个别幼儿交往	
	有初步的交往意识	
	善于交往,并能自己解决同伴间的纠纷	
幼儿创造性表现	缺乏创造性	
	有时有一定的创造性	
	经常创造性地运用不同的搭建技巧	
	能够独立自主,积极有创造性地进行活动	
幼儿活动中合作与分享	不愿与他人合作、分享	
	偶尔与他人合作、分享	
	经常与同伴合作,掌握合作分享的基本技能	
	主动与同伴协商分工,树立轮流意识,体验到合作与分享的喜悦	
幼儿活动中的自评与互评	不参与活动评价	
	评价时人云亦云,不能客观评价	

观察维度	评价标准（在对应标准后划"√"）	
幼儿活动中的自评与互评	较为客观地进行评价	
	能够有独立见解，正确对己、对人评价	
反思与改进：		

（二）轶事记录卡

"轶事"指独特的事件。轶事记录卡记录观察者感兴趣，认为有价值、有意义的幼儿的行为和反应，以及可以表现幼儿个性的行为事件。教师在日常活动中观察记录幼儿的"闪亮"时刻，将幼儿自然表露的行为进行原始、真实的记录，以此来了解幼儿的发展情况，为幼儿提供更适宜的帮助与指导。

表 2-1-10　幼儿活动轶事记录卡

幼儿姓名：
时间：
地点：
事件实录：
事件解释：

（三）作品分析法

作品分析法以观察法和访谈法为基础。一方面，教师通过观察选择建构作品，结合幼儿的访谈和教师的观察，记录整理建构故事内容；另一方面，梳理与总结建构作品中所蕴含的课程价值及其启示。

表 2 - 1 - 11　幼儿作品分析记录表

作品名称	
作品主题	
作品的主要内容	
作品的主要特点	
制作技术分析	

（四）档案袋评价法

幼儿园还为每位幼儿建立了个人成长记录袋。档案袋评价法是教师有目的、系统地去收集各类能真实反映幼儿在一定时段内学习状况、学习特色、发展变化的原始资料，并将资料编成册，用于进一步了解幼儿、检验教学的一种方法。幼儿个人成长记录袋有着很大的优势，能帮助教师及时客观、形象、真实地评价孩子的发展。教师力求做到当天的观察当天整理，以便及时对自己的教学计划进行调整，使之更好地符合孩子发展的需要，做到即时反馈和展示、即时反思以及及时分类。

档案袋搜集了幼儿一个学期有价值的作品，能在最快、最短的时间内反馈给幼儿及幼儿家长，让教师与家长、幼儿园随时一起交流分析，确切掌握孩子的成长，并针对个别差异，做到因材施教，给孩子同家长一起留有各自发展的空间和机会，再经过阶段性的成长档案袋交流与探讨，给孩子做一纵向的发展性比较，用发展的眼光看待每一位幼儿及他们的个性发展,从而让每一个幼儿都能树立自信心,体验成功和获得参与活动的快乐。

七、课程成效

"多元"建构课程培养了孩子们的创造性和主动性,也让孩子们获得了更多的认知和兴趣点,在每次游戏时总会听到孩子们说:"好喜欢玩啊,真想再玩一会儿!"因为在这样的自主活动中,孩子们可以放松地活动、自如地交流、广泛地合作,提升了幼儿的自主选择意识,给予了孩子更多空间与时间的自主选择权。

我们的集体建构游戏不但能够有计划地增长幼儿的知识,还能积极地调动他们的思维能力,发展孩子的语言表达能力。在平时的活动中,孩子们存在着个体差异,这时候能力强的孩子就会以小老师的身份帮助能力较弱的孩子,当他们完成作品时,弱者体验到成功的快乐,强者更是得到了心理上的满足。

提高了孩子们的观察力、记忆力、注意力和独立思考的能力,使幼儿的学习潜力得到了更好的发展。如在大班魔尺类游戏"球"的建构中,孩子们通过构建球体举一反三,还学会了恐龙蛋、乌龟的变法。

通过建构游戏,孩子们还带动了家长的参与。幼儿园进行幼儿"百变魔尺比赛"后,幼儿回家把自己家也变成了一个赛场,爸爸、妈妈甚至是爷爷、奶奶都是参赛选手,孩子是裁判;或是孩子与家长在家也要一争高下,活跃了家庭气氛,也增强了亲子关系。在我园举行的"家长魔尺大比拼"中,每段招募最强家长,首先以班级为单位进行海选,再以年级段为单位进行层层选拔,活动得到全园家长的积极支持与参与,最后园级比赛决出 9 位"百变魔尺能手"并予以颁奖鼓励。从"多元"建构课程的活动设计、组织到家长的全程积极参与,家长们不仅认可了我们的课程,同时也对我们的办园理念、教育特色等给予充分肯定,为家园合作共育打下了良好的基础。

　　此外，"多元"建构课程提高了老师的应变能力。刚开始老师们也有顾虑，但随着对课程的了解加深和课程游戏的不断开展，老师们克服了很多的困难，在实施过程中既考虑到幼儿的发展要求，又兼顾幼儿的兴趣爱好，教师在接受挑战和冲击的同时，也加强了对于师幼互动有效性的理解，进一步提升了教师对课程钻研与驾驭的能力。

八、课程回望

　　通过"多元"建构课程的建构与实施，老师们能较好地做到眼里有孩子、心中有标准、手上有技术，逐步看见游戏中幼儿的学习与发展。但我们从中也看到了，有的老师不知如何去贯彻与分析游戏中幼儿的学习与发展，忽视了幼儿的个体差异。因此，教师需获得与幼儿游戏场景密切联系的实用性观察和评价方面的专业支持。

　　与此同时，在课程内容的开发上，我们对积木类"有形"的材料研究得比较深入，如何去开发更低结构的材料，如何进一步引发幼儿对"自然物""废旧物品"搭建的探索，是我们后续研究的重点。

　　总之，"多元"建构课程符合幼儿的思维、情感、能力特点和天性，为幼儿提供了广阔的创造空间，并允许教师有机地进行主题建构和自由建构，发挥了建构活动的最大价值。课程建设历经 2 年，我们也取得了一定的成果：明确了"多元"建构的教学目标、教学原则，形成了符合本园特色的建构游戏的活动模式及评价方式，并开发了极其丰富且具有推广价值的典型案例；撰写的论文、案例荣获市、区一、二等奖；在市、区进行展示活动和经验交流活动。"多元"建构课程凸显了幼儿园的个性化特点，而有效地开展特色课程教育活动，不但能使幼儿园办园品质得到全面提升，还能为幼儿的个性化发展打开一扇新的"窗户"，并为孩子们以后的成长提供更加广阔的空间。

　　　　　　　　　　（开发者：林园园　何瑞琼　方盛茫　陈晓净　陈彬茹）

第二节：“融乐园”课程：在游戏中发现世界

瓯海二幼创建于 2017 年 10 月，至今已基于儿童的兴趣与需求开发了“融乐园”课程，这是以游戏为基本抓手，探究让游戏成为儿童深度学习的主旋律，衍生以主题活动和融乐游戏相结合的课程体。课程以游戏为抓手，以游戏主题活动为依托，以幼儿为游戏主体，运用各种符合幼儿兴趣与年龄的游戏支持策略，通过开展自主游戏，把游戏还给幼儿，让幼儿在“融乐园”课程中乐学、互爱、会玩、善思，从而获得情感、知识、技能的全面发展。

一、课程背景

瓯海二幼地处瓯海中心区中心单元。这里是瓯海城区快速发展的前沿阵地，有丰富的现代科技资源、新型的商业文化氛围，是瓯海区的政治、经济中心。同时因为新城区一切都是推倒重建的，特色文化积淀零起点，所以各种社会发展元素融汇、融合、融通成为幼儿园发展的时代背景。幼儿园多种要素的协调、结合、融会、和谐发展是瓯海二幼今后若干年发展的主旋律，我们提出“融教育”办园思想和理念。“融”理念，既是瓯海二幼的发展路径，更是瓯海二幼的美好愿景：融合每一个教育因子，以差异为教育资源，以“多元、综合、开放”的教育走向，共同搭建一个和谐共生的成长空间。为此我们开发了“融乐园”课程，把幼儿园打造成“融乐园”，让孩子们在这里动手、动脑、动心、动情，涵情启智，健体习心。

二、课程理念

在"融教育"办园理念的统摄下，结合我园发展实际和新时代幼儿教育发展背景，我们开发了"融乐园"课程，提出了"让孩子在游戏中发现世界"的课程理念。"融乐园"课程，旨在让来自不同文化背景的幼儿、家长、教师在"融乐园"中融而不同、融合共生、其乐融融。我们提倡游戏化教学，课程游戏化、游戏课程化，让孩子在游戏中感受到爱与自由。课程主张以幼儿的游戏为中心，让幼儿健康、快乐、自由地成长；让幼儿园课程融于游戏，利用情境优化过程，幼儿主体相互关联，即学习"真"游戏、游戏"趣"情境，让幼儿在课程中玩出美好的童年。

三、课程目标

（一）"融乐园"课程总体目标

"融乐园"课程是基于"融"文化而形成的完整课程，以游戏为基、自主为要、发展为本，强调幼儿的自主学习及社会性的发展。我们旨在培养"乐学、互爱、会玩、善思"的"融乐儿童"：

乐学：关注幼儿学习品质的逐步养成，激发并保护幼儿的好奇心和求知欲，支持幼儿用自己的方式探索和认识世界，鼓励其大胆质疑和提问。

互爱：关注儿童的社会性发展，激发其对周围的人、环境和生活的热爱，让幼儿在一日生活中学习关爱与尊重，获得社会交往能力的提升。

会玩：遵循幼儿的天性，满足幼儿的需求，幼儿不仅需要爱玩，还要会玩，在游戏的过程中乐于挑战、善于合作，能持续有创造性地玩，体验游戏的充实和快乐。

善思：鼓励幼儿发现问题、解决问题、善于思考，不断提升幼儿的探究能力。

（二）"融乐园"课程各年龄段分目标

我们的课程体系由"主题活动"和"融乐游戏"构成，其各年龄段分目标如表2-2-1所示。

表2-2-1 "融乐园"课程各年龄段分目标

主 题 活 动			
内容维度	分层维度	年龄段	目　　标
与人玩	与自己玩 与他人玩	小班	通过与他人玩，学会倾听，并愿意与人交往。能清楚地表达自己想法，做到自己的事情能自己做。
		中班	感受自己的能力发展和变化，尝试完成一定的挑战和任务，感受与他人交往的愉悦。
		大班	通过与人玩，培养控制情绪的能力，激发自信，感受成长的美好。
与物玩	与天然物玩 与加工物玩	小班	对生活中的物品感兴趣，激发好奇心和探索欲，能问各种问题，会摆弄各种物品。
		中班	探究生活中各种各样的物品，并乐于与同伴交流分享，萌发探究欲望。
		大班	通过探究，感悟大自然的奇妙，产生深入探究的欲望，提高分析、概括与总结的能力。
与境玩	与人文环境玩 与自然环境玩	小班	喜欢参与游戏探究活动，对传统文化和自然界中的事物感兴趣。
		中班	通过体验探索活动，了解大自然、传统文化中事物的特征，能参与体验活动。
		大班	通过观察分析、亲身体验，在游戏中获得交往能力、创造力的发展。萌发对大自然的热爱和对传统文化的热爱之情。

续　表

融　乐　游　戏			
内　　容	分 层 内 容	年龄段	目　　　标
空环境游戏	室内游戏、室外游戏、生成游戏	小　班	能运用已有的经验,用语言表达或用简单的绘画形式制定简单的游戏计划。根据自己的能力自主选择游戏内容,乐于参加游戏,体验游戏的乐趣。
		中　班	能独立或尝试小组合作制定游戏计划,根据自己的能力自由选择、自由结伴、自由游戏,并创造性、合作性地做游戏。在游戏过程中充分发挥自己的创造力、想象力,从而彰显自己的个性,并能找到适宜的游戏方式和方法。
		大　班	通过自我探究、自我回想、同伴互助、寻求教师指导等自主活动,及时地巩固和促进自我游戏的发展,分享游戏中的快乐和创新,解决游戏中碰到的困难,养成良好的游戏习惯和学习品质。
项目化游戏	场馆游戏、实践游戏和生成游戏	小　班	利用园内五大功能室和园外的社会实践活动,激发对游戏的兴趣,体验游戏的快乐。
		中　班	能积极参与活动,在多样形式的游戏活动中发展创造力、合作能力。
		大　班	在游戏中发现问题、解决问题,培养团队合作精神。

四、课程内容

(一)课程框架

　　基于"融教育"的办园理念,我园衍生出以"主题活动"和"融乐游戏"相结合的课程体系,贯穿于幼儿一日生活,形成了"融乐园"课程的结构,如图2-2-1所示。

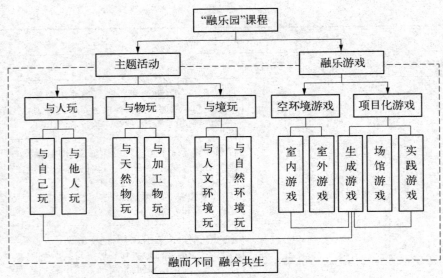

图 2－2－1 "融乐园"课程框架图

（二）课程内容

"融乐园"课程内容包括"主题活动"和"融乐游戏"。

1. 主题活动

我们以《幼儿园游戏·发展·成长课程》这套教材为主，将教学活动的内容从环境、事物、人际这三个方面进行构划，生成并编排各年龄段的主题（见表2－2－2）。

表 2－2－2 《幼儿园游戏·发展·成长课程》教材课程内容安排表（以大班段为例）

年龄段	主题板块（上学期）	子主题内容	主题板块（下学期）	子主题内容	内容维度	分层维度
大班	长大真好	我长大啦、美丽心情、美好心愿	上小学啰	与小学相遇、探秘小书包、学做小学生	与人玩	与人玩：与自己玩与他人玩
	拥抱祖国	我是中国娃、中国的宝贝、中国最棒	成长时光机	越独立的我、越自信的我、越幸福的我		

年龄段	主题板块 (上学期)	子主题内容	主题板块 (下学期)	子主题内容	内容 维度	分层维度
大班	果实奇遇	各种各样的果实、玉米长大了、百变果实	管子总动员	管子来集合、管子大揭秘、管子也疯狂	与物玩	与物玩: 与天然物玩 与加工物玩
	走进"老底子"	童谣对对碰、才艺显身手、游戏大玩家	机器人嘉年华	动画机器人、生活机器人、未来机器人		
	玩转绘本	柔软时光、中国味道、奇思妙想	与沙有约	沙池里的游戏、沙子的创意、沙子和我们	与境玩	与境玩: 与人文环境玩 与自然环境玩
	爱上冬季	冬季里的美丽、冬季里的温暖、冬季里的快乐	丛林探险	绿野寻踪、虫鱼鸟兽、丛林冒险		

2. 融乐游戏

"融乐游戏"包括空环境游戏(也称创造性游戏)和项目化游戏。空环境游戏分室内游戏、室外游戏和生成性游戏,其游戏环境的创设和游戏空间的布局打破完全由教师控制的局面,改为由幼儿自行设计、自主布局、自由选择游戏。项目化游戏则包括场馆游戏、实践游戏和生成游戏,是幼儿依据自身兴趣,生发喜欢探究的游戏主题,自主制定计划、寻找伙伴、合作协商,共同探究、解决问题。场馆游戏与园内五大功能室相融合;实践游戏则是利用幼儿园周边的资源进行活动,以多种活动形式相互补充、相互嵌入;生成游戏则是"主题活动"和"融乐游戏"相互融合,在"主题活动"中生成项目游戏并在"融乐游戏"中去实施,做到预设与生成相融合。

五、课程实施

课程体现"真生活、真游戏、真实践、真体验"的"四真"特色,课程内容通过日常生活、主题活动、游戏活动、专项活动、环境整合等五大途径实施。

（一）日常生活浸润，潜移默化、厚积薄发

"融乐园"课程的作息时间表是块状的、灵动的，根据孩子的需要决定学习的时间、内容和形式等，立足幼儿的真实生活，培养其良好的生活卫生习惯、生活方式。

（二）主题活动展开，多种形式、优势互补

主题活动采用小团体活动、个别化学习及调查问卷等形式进行。实施过程中，我们以《幼儿园游戏·发展·成长课程》为主，结合了《幼儿园体验式学习与发展课程》《幼儿园完整儿童活动课程》。开学前我们先进行学期主题审议，从本园本年级段实际出发，积极探索、不断调整原有课程，有效选择主题。之后，年级组各成员对接下来将要开展的主题进行过程性审议，就主题活动方案、主题背景下的集体活动、区域开展、环境创设、活动实施网络等进行梳理，即在原有教材的内容上进行合理整合、拓展开发。

如中班段"我的动物朋友"主题，其分为"动物家族我喜欢""动物的奥秘"和"我们大家是朋友"三个子主题，每个子主题整合五大领域集体教学活动，根据活动需要延伸出实践游戏；同时，将主题渗透到每个场馆游戏。在主题活动实施的同时，空环境游戏也在同步实施。详见图 2-2-2。

（三）游戏活动体验，全园联动、多元互动

我们充分创设班级材料超市，从室内到室外，从走廊到沙水池，我园创设了丰富多彩的环境供幼儿开展自主游戏，每一次自主游戏活动，我们采用"高瞻课程"中最为著名的核心部分"计划—工作（游戏）—回想（分享）"三个环节循环游戏（见图 2-2-3）。

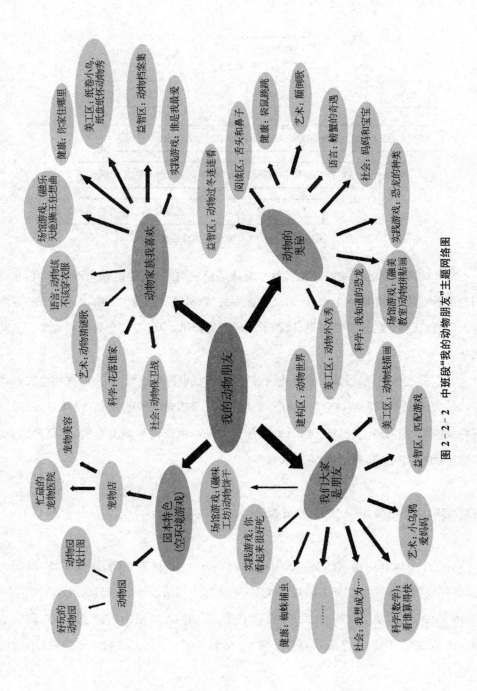

图 2-2-2 中班段"我的动物朋友"主题网络图

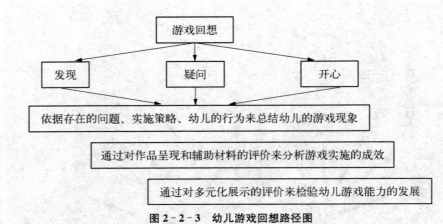

图 2-2-3　幼儿游戏回想路径图

幼儿的游戏轨迹在我们幼儿园各个游戏场留痕，在我们的走廊大板块留痕，在我们班级游戏墙、区角墙面上留痕，游戏过程中的"疑问、发现、我们的解决、闪光点"等内容的设置，让孩子的游戏看得见，让孩子的研究看得见，"真游戏"更是有效地促进了幼儿社会性的发展。

在实施过程中，根据孩子的游戏内容，老师们收集游戏资料包，之后继续生成新内容，如：小班段生成游戏内容"宠物店、牛奶店、水果店、比萨店、蛋糕店"等；中班段生成游戏内容"挖河道、飞机场、牙科诊所、加油站"等；大班段生成游戏内容"野外露营、健身房、游客中心、布偶剧场、穿越火线"等。

（四）专项活动拓展，深入实践、意义深远

为了丰富课程内涵，对应五大领域，我们充分利用"融美空间、融味工坊、融读天地、融科现场、融乐之家"五个创新功能室，并融合主题活动开展丰富的各类场馆游戏（见图 2-2-4）。如：在我们的"融科现场"里，孩子们收集植物的种子，观察、记录植物的生长变化，认识时令蔬菜，做"小农夫"尝试种植，体会劳动的艰辛，感受丰收的喜悦。

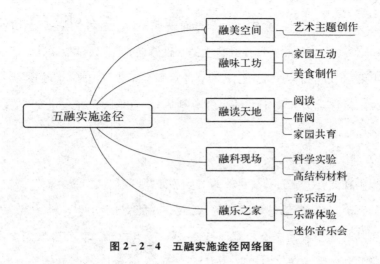

图 2－2－4 五融实施途径网络图

（五）环境资源开拓,另辟蹊径、多位整合

从园内拓展到园外,我们开展了各类社会实践,如"我是小小银行家""参观消防局""走进半塘公园""走进图书馆"等,让幼儿在"真实践"中获得发展。

六、课程评价

"融乐园"课程评价,是伴随"融乐园"课程的成长而发展的。我园对课程的评价主要包括两个维度:一是对幼儿成长的评价,二是对教师发展的评价。

（一）评价主体和内容

1. 对幼儿成长的评价
针对幼儿在"主题活动"和"融乐游戏"中的学习情况,我们从幼儿的愉悦性、独立性、创造性、规则性、持久性、合作性六个方面进行评价。愉悦性是指幼儿的积极情感性体验；独立性是指幼儿的一种独立自主的个性倾向；创造性是指幼儿大胆想象、勇于表现、乐于探索发现的能力；规则性是指幼儿规则意识和按规则行事的能力；持久性是指幼儿保持一定注意力和稳定性的个性心理质量；合作性是指幼儿的一种交往协作能力。

2. 对教师发展的评价

针对教师在课程实施过程中的表现和实施效果，我们从四个方面开展对教师专业素养发展的评价，分别为创设环境能力、观察幼儿能力、活动引导能力和评价分析能力。我们将从这四个方面来衡量教师是否了解3—6岁幼儿如何发展和学习；衡量教师是否明确幼儿所需要获得的知识、技能、理解和学习态度；衡量教师是否能确定幼儿及所在群体的各种需要和学习风格；衡量教师是否了解哪些幼儿需要额外的帮助，哪些幼儿能力更强，以及知道如何提供支持；衡量教师是否能客观正确地评估幼儿的活动，认识到满足幼儿需要的重要性。

（二）评价方法

1. 幼儿方面

一是采用观察法：记录式跟踪评价。"记录式跟踪评价"是指在幼儿活动背景下，结合每天活动的具体内容，由教师对幼儿进行观察记录和反思，通过记录表反映幼儿成长的轨迹。二是采用三位一体成长档案袋，即结合幼儿在活动中形成的各种作品，教师、家长和幼儿运用照片、录像、文字等形式，共同描述幼儿的发展历程，并对幼儿的游戏品质、发展水平、发展过程及发展趋势进行评估。它充分体现了发展性幼儿评价的理念、过程呈现的特点。三是自评式评价，在游戏活动中幼儿通过自评表，对自己的游戏行为进行评价，做游戏真正的主人。

2. 教师方面

一是作品分析，即通过对幼儿教师日常课程实施及日常工作过程中积累下来的成果及作品进行检查分析。教师的作品包括备课检查反馈表(包含教师的工作计划、活动设计、教学反思、环境创设以及玩教具的制作等常规工作的作品)、游戏日记、游戏案例、游戏视频,另外还包括反映教师专业成长轨迹的一些科研成果及作品。二是采用随堂课反馈评价,教学主管及教师根据随机"推门课"中教师的活动设计、活动引导能力、师幼互动效果以及教师的应变能力与课后反思,通过打分的方式做出相应评价。三是微格评价,主要是通过对教师的课程实施过程进行拍摄录像,然后重新播放录像,教师与评价者共同观看录像,然后以自评、互评、专家点评的方式进行评价,这样得到的反馈具有及时性与客观性,有助于真正促进教师的自我反思、自我发展。

七、课程成效

该课程实施三年来,我们看到了以下效果。

(一) 促进幼儿全面发展

首先促进了幼儿的社会化发展。游戏课程让幼儿之间相互交往的机会更多,特别是"融乐游戏",经过观察研究,我们发现孩子通过游戏经历了认知期、磨合期、灵活期,在游戏中学会了处理,学会了交往,学会了合作,促进了社会化发展。其次促进了幼儿学习能力的发展。幼儿在游戏中需要对游戏进行计划、研究和回想,这一个过程使他们的观察力、思维力、学习品质等都得到发展。

(二) 促进教师的专业成长

教师自主学习的动力和能力得到了提升。课程是生成的、动态的,不是预设、静止的,面对变化大的教育情境会有许多的问题和挑战。在课程建构与实施的过程中,教师们主动拓展相关领域的知识,选择适合幼儿发展的内容,提升自身的指导能力。教师们立足课程实践,对实施的内容、做出的决策、过程中的引导以及所产生的效果进行审思和分析,主动对自己的课程理念、课程组织、实施方式等进行反思,一旦发现其中的问题,便积极主动地去研究和解决问题。在这一过程中,教师的反思能力和问题意识得到加强,并形成以自我发展为目的开展研究活动的内驱力。

八、课程回望

课程的路还很长,我们将继续思考如何将我们的"融乐园"课程做得更加深入和扎实。在后续的开发实施中,我们的课程模式要随着园所的实情与需求发展而发展;课程开发的主体更加多元,融领导班子、课程专家、教师、幼儿、家长、社区等为一体;在课程目标上更关注幼儿全面和谐的发展;在课程内容上尊重幼儿的生活经验、探究兴趣,促进课程实施途径多样互补和课程评价完整易行。

"融乐园"课程的开发为我园的教育教学奠定了很好的基础,引发了包括一日常规、材料提供、环境创设、活动组织、师幼互动等一系列的优化。将"融乐园"课程构建置于幼儿园发展的整体框架中,既有经验积累,又有特点创新。同时,高质量地实施课程使教科研活动、课程计划、课程行动方案、实施过程、效果评价等形成基本规范和质量达成标准。总之,瓯海二幼基于幼儿的兴趣与需求,以游戏为基本抓手,探究让游戏成为幼儿深度学习的主旋律,努力实现让课程回归儿童本位,把孩子的世界还给孩子,把未来的世界交给孩子!

（开发者：贾令厨　张雷　陈琼瑶　陈斌斌　任佳佳）

第三章

运动，让每个孩子拥有自己的高光时刻

在运动游戏中，每个幼儿都是英雄，每个幼儿都拥有自己的高光时刻，取得胜利后孩子会大声地欢呼、雀跃，那是简单、纯粹、原始的乐趣……运动游戏让孩子们体会到生活中冒险无处不在，慢慢地，孩子们开始享受到沉浸在一件事情中的专注感，感受全力拼搏带来的酣畅淋漓感，这些都是比输赢更重要的体验，这种愉快体验和自信勇敢的记忆将伴随着他们的一生。

第一节 "环绕式晨锻"课程：乐健乐玩乐童年

一、课程背景

幼儿园晨间锻炼(简称"晨锻")是幼儿园体育活动的主要形式之一,是幼儿园一日活动的开始。有序的晨间锻炼,可以提高幼儿肌体对外界气温变化的适应能力,又可以激发和恢复幼儿肌体主要器官的机能,有利于发展幼儿的身体素质和基本活动的能力。

基于晨锻的重要性和幼儿对晨锻活动的兴趣需求,郭溪兴瓯幼儿园根据幼儿园的户外场地环绕型的地理特点创建"环绕式晨锻"课程,为幼儿提供自由、自主、多元化的选择;提供科学、合理、多方位的支持;提供丰富、有趣、多形式的游戏,从而提高幼儿参加"环绕式晨锻"的兴趣和积极性,培养幼儿社会性交往的能力,增强其团结协作能力和集体荣誉感。

二、课程理念

幼儿园"环绕式晨锻"课程以"乐健、乐玩、乐童年"为课程理念,"乐"是指快乐,激发幼儿运动兴趣及运动过程中的愉悦感;"玩"是指把运动技能融入游戏中,让孩子多一些游戏,多一点运动,在晨间运动中创设游戏,在游戏中赋予运动,两者相互作用,打造属于孩子们的"环绕式"悦动晨间。

二、课程目标

《3—6岁儿童学习与发展指南》(以下简称《指南》)在健康领域中按照幼儿学习与发展最基本、最重要的内容划分为"身心状况""动作发展"及"生活习惯与生活能力"三个子领域,其中在"动作发展"子领域中从身体素质等角度提出了比较明确的目标。本园在晨锻课程的实施过程中,参照"动作发展"子领域下的发展目标,结合幼儿大肌肉动作和小肌肉动作的发展,针对3—4岁、4—5岁、5—6岁各年龄段制定了指向性明确的细化目标,详见表3-1-1。

表3-1-1　各年龄"环绕式晨锻"课程目标

年　龄	阶　段　目　标
3—4岁	1. 能有一定的力量和耐力,能沿地面直线或在较窄的低矮物体上走一段距离,能行走1公里左右(途中可适当停歇),能快跑15米左右。 2. 能双脚灵活交替上下楼梯(梯子)。 3. 体验运动时方向的转变,分散跑时能躲避他人的碰撞。 4. 有初步的平衡能力,动作较协调、灵敏,身体能平稳地双脚连续向前跳,能单脚连续向前跳2米左右。 5. 尝试玩各种运动材料和器械:能双手抓杠悬空吊起10秒左右,能双手向上抛球,能单手将沙包向前投掷2米左右等。 6. 在活动中,有初步的安全意识。
4—5岁	1. 能有一定的力量和耐力,能在较窄的低矮物体上平稳地走一段距离,能连续行走1.5公里左右(途中可适当停歇)。 2. 尝试按音乐节奏(快、慢)连贯运动,能与他人玩追逐、躲闪跑的游戏,能快跑20米左右。 3. 能助跑跨跳过一定距离或助跑跨跳过一定高度的物体,能单脚连续向前跳5米左右。 4. 尝试运用多种运动器械,探索多种玩法,能双手抓杠悬空吊起15秒左右,能连续自抛自接球,能单手将沙包向前投掷4米左右。 5. 能以匍匐、膝盖悬空等多种方式钻爬。 6. 在运动中能遵守规则,初步具备不怕困难的勇敢精神。

年　龄	阶　段　目　标
5—6 岁	1. 在各项活动中能表现出积极主动、愉快的情绪，能较好地适应活动环境和自然环境。 2. 能够大胆地尝试参加各项体育运动，动作协调、灵活，能在斜坡、荡桥和有一定间隔的物体上较平稳地行走，能连续行走 1.5 公里以上（途中可适当停歇），能快跑 25 米左右。 3. 会和同伴合作、协调运动，能连续跳绳，能单脚连续向前跳 8 米左右，能双手抓杠悬空吊起 20 秒左右，能以手脚并用的方式安全地爬攀登架、网等。 4. 能躲避他人滚过来的球或扔过来的沙包，能连续拍球，能单手将沙包向前投掷 5 米左右。 5. 能探索器械的多种玩法。 6. 有自我保护和安全的意识，知道一些避免危险和意外伤害的方法。

四、课程内容

　　"环绕式晨锻"，意为幼儿入园的起点即终点，终点即起点，按照路线及借助各种体育器械，组合走、跑、跳、踢、滚、转、拉、平衡、钻、投掷、攀登、爬等多项体育运动内容让幼儿进行晨间活动，获得多项体能的发展。因此，根据课程目标，我们利用园所环境、晨锻材料、情境创设和教师策略来设计了晨锻课程的内容。

（一）课程策略

1. 园所环境"巧利用"

　　虞永平教授指出，环境是什么状况，幼儿的游戏就是什么状况。本园根据户外场地的地理特点，变突围合型为开放环绕型，将运动场地进行扩大和修缮，能够满足全园 12 个班级 350 多名孩子同时进行"环绕式晨锻"。在设置各个区域时，主要考虑各区域之间的合理搭配及场地的合理布局，活动量的大小与基本动作的难易，是否满足不同年龄段、不同水平孩子的需要。那么，有效合理的规划适合幼儿运动的区域，显得尤为重要。合理巧妙地利用幼儿园环境，充分科学地提供有趣的运动材料，让幼儿获得更加自由、自主的运动空间，真正体验到晨锻的快乐。

2. 晨锻材料"妙运用"

"环绕式晨锻"的活动材料具有目的性、层次性、多样性、可变性及安全性。我们通过一物多玩、材料跨区、增添辅助材料、器械组合等多种途径对晨锻材料的配置进行优化，晨锻材料的巧妙运用能够让幼儿的走、跑、跳、平衡、钻、攀爬、投掷等各个方面得到满足，促使幼儿在耐力、速度、力量、灵敏、柔韧性等方面得到发展，提高晨锻的科学性、自主性、趣味性，激发幼儿积极主动地参加晨锻，促进幼儿身体素质和基本活动能力的协调发展。

表 3-1-2　幼儿园"环绕式晨锻"内容整合汇总表

场　地	材料投放	基本玩法	创新玩法	动作发展
走跑区	洞洞墙	按照动作提示进行穿越	按照动作提示，正面、侧面进行穿越	感知运动方向
	训练杆	熟练掌握跳跃动作，从较高处向下跳，起跳有力、落地轻稳、姿态优美	下腰 90 度，头往后仰，往前行进，让杆经过脸部通过	锻炼腰部力量
	跳跳球、篮球网	手拿球进行投球拍球练习，双脚夹球跳	在线上挂上跳跳球，助跑跳跃拍球，连续拍两次	锻炼腿部肌肉，手部力量
	"万能工匠"	能沿着规定路线跑，向指定方向持物跑	能绕着物体进行快速绕行跑	锻炼腿部肌肉耐力，身体反应速度
拓展区平衡区	攀爬网、轮胎、梯子、平衡木、山洞拱门、"万能工匠"、轮胎架	从起点探索到终点，尝试攀爬、走平衡、钻等方法	将探索路线分成两条路线，分流进行探索	调节肢体协调能力
跑道区	呼啦圈、跨栏、跳跳球、收纳筐	把呼啦圈按 s 路线摆开，双脚分别跳过每个圈	单脚跳过每一个呼啦圈，再进行跨栏或夹球双脚跳	发展身体协调能力
投掷区闪躲区	大型弹弓、"愤怒的小鸟"、pvc 投篮架、大嘴巴布架、沙包、收纳筐	站在规定区域范围手持沙包，用正确的投掷动作向前方进行投掷	将沙包放进弹弓弹带上用力往后拉，瞄准"愤怒的小鸟"，将沙包投射到"愤怒的小鸟"上	发展投掷能力、身体协调能力

场 地	材料投放	基本玩法	创新玩法	动作发展
跳跃区 钻爬区	仿真蛋、调羹、收纳篮、山洞拱门	将蛋放在调羹上前进	将蛋放在调羹上绕障碍物进行护蛋行动	锻炼平衡能力
	爬爬垫、骰子	膝盖着地，双手按在地面上往前爬行	投掷骰子，哪个动作提示图在上面，就做哪个爬行动作	训练肌肉的力量，促进粗细动作发展，四肢协调
	爬网、爬行垫	前进时，屈回右腿，伸出左手，用右腿和左臂的力量使身体前移，同时屈回左腿，伸出右手，再用左腿和右臂的力量使身体继续前移，依此法交替前进	在爬网上放置铃铛，前进时，屈回右腿，伸出左手，用右腿和左臂的力量使身体前移，同时屈回左腿，伸出右手，再用左腿和右臂的力量使身体继续前移，依此法交替前进，注意不要碰到铃铛	加强四肢的肌肉力量，发展动作的协调能力
	木质长廊、红绳子、铃铛	用钻爬、跨等不同动作穿过封锁线，身体不能碰触上面的铃铛	就近拉出纵横交错的"电网"，用钻爬、跨等不同动作穿过"封锁线"，身体不能碰触上面的铃铛；随时调整"电网"高度或增强难度	发展空间知觉
骑行区	自行车、标记线、交通标志牌、"万能工匠"、收纳筐、脚印、草坪垫、滑步车	按照路线骑自行车通过，依靠脚蹬地来滑行	将脚印摆成多种造型，按照脚印的造型向前走，走到停车场骑一辆自行车到达"万能工匠"区，搬一块木块到车子上将其运到目的地，将车子停放在停车场，把木块摆放在草坪垫上；躲避障碍物，用不同的速度进行滑行	锻炼平衡能力，通过全身肌肉运动，锻炼平衡及神经反射能力，增强身体灵活性、技巧性，促进大脑和小脑的发展

3. 情境创设"促发展"

本园借助已有的户外场地空间，通过直接或再加工的形式，创设各种符合晨锻的情境。晨锻结合绘本元素和当地红色文化创设两条情景线路，既充分发挥本园的绘本特色、空间整合、游戏教育功能的优势，又将本土文化与著名军事战役融入晨锻中，打造出一条缩小版的"红军长征路"，让幼儿在情境创设的环境中，根据自身的兴趣和阶段性发展需求，自由自主地选择运动区域，幼儿园"环绕式晨锻"对孩子的交往、探索、运动能力等起着重要的作用。

4. 教师策略"精指导"

陶行知先生说:"教育为本,观察先行。"教师想要了解幼儿在干什么,首先要观察幼儿的行为,再揣摩幼儿的行为意图,正确地判断幼儿行为背后的经验和需求,并根据幼儿的现有水平和年龄段的认知特点,用积极正面的语言引导幼儿,用恰当的肢体动作支持、鼓励幼儿,萌发幼儿参加"环绕式晨锻"的兴趣,促进幼儿的好奇心、探究意识、创新能力的发展。同时,教师要关注到个别幼儿的特殊需要,包括各种发展潜能和不同发展障碍,对于能力较弱的幼儿,教师应给予个别指导,帮助幼儿完善自身的运动技能,科学合理地帮助与指导,真正让幼儿体验到晨锻的快乐。

(二)课程框架

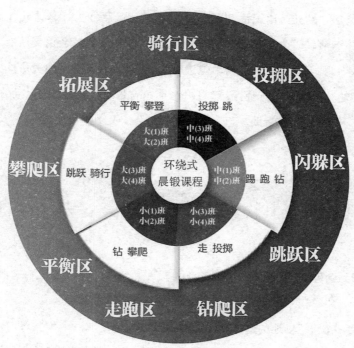

图 3 - 1 - 1 "环绕式晨锻"课程框架图

（三）课程设置

1. 班级自主式晨锻活动

针对不同年龄阶段幼儿的生理和心理特点，设计发展不同动作能力和身体素质的晨锻活动，并在实践中不断进行研讨与调整。

2. 区域轮换式晨锻活动

幼儿园晨间体育锻炼活动包括走、跑、跳、钻、爬、平衡、投掷等。在遵循《指南》中关于幼儿身体锻炼的内容与目标的基础上，我园充分挖掘并利用现有的户外活动场地，巧妙开发与利用环境，将这些运动项目划分成多个区域：平衡区、投掷区、钻爬区、攀登区、跑跳区、球类区、拓展区。

3. 混龄环绕式晨锻活动

《指南》指出："幼儿园组织活动时，可以经常打破班级的界限，让幼儿有更多机会参加不同群体的活动。"为了扩大幼儿的交往能力，使幼儿的社会性交往能力得到进一步的发展，每周四、五改变以班级为单位进行的晨锻活动，转换为中大班幼儿混龄互动的方式，允许幼儿自由自主选择区域、自由结伴组合器械、自发创造运动方式，教师则在适当的时候提供相应的帮助。

五、课程实施

（一）园所资源合理化

1. "环绕式晨锻"场地的选择

如何科学合理地设置晨锻场地，是实现幼儿园"环绕式晨锻"首先需要解决的问题。幼儿园活动场地变突围合型为开放环绕型，之前运动只能在操场上进行，现在将运动场地转移到幼儿喜爱的、亲近的山坡上及幼儿园的角角落落。我们在设计环绕式的运动场地时发现，厨房连接菜园直到操场的绿荫小道，是由长条石砖和草地间隔拼接而成，不适合作为幼儿的运动场地，存在安全隐患。于是我们将这长条石砖中间的

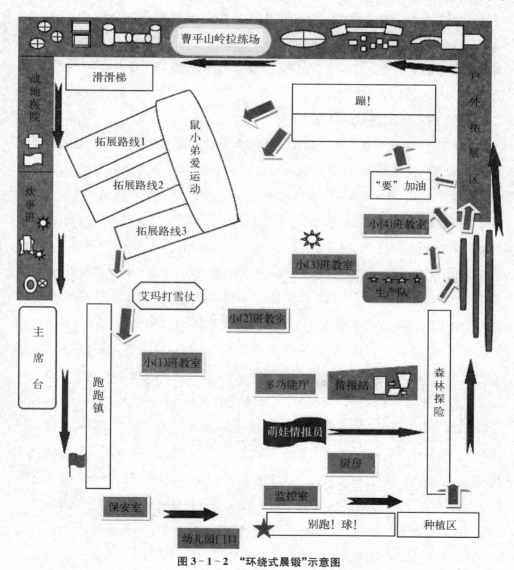

图 3-1-2 "环绕式晨锻"示意图

细缝砌上青砖，形成一条适合幼儿运动的场地。为了打造适合各年龄段幼儿的环绕式运动游戏项目，更充分地运用小山坡独特地势，本园创设现代化滑步车游戏区。这样的活动场地里，设计出两条环绕式的运动路线，场地路线一为"绘本游戏场"：小(1)班过道→操场→小(4)班门口→竹林→菜园→厨房旁边过道→幼儿园门口→小(1)班过道。场地路线二为"红军长征路"：大门口→森林探险→情报站→生产队→户外拓展区（绿化滑步车车道）→草坪山岭拉练场→战地医院→炊事班→主席台。在提供丰富的游戏器材、合理划分场地的同时，提高了幼儿参与"环绕式晨锻"的兴趣。

2. "环绕式晨锻"区域的设置

本园充分利用每一块场地，将运动器械根据区域的面积大小、形状的地理特点摆放，并且合理优化地理特点。于是我们就有针对性地对"环绕式晨锻"的区域进行划分：走跑区→拓展区→平衡区→投掷区→闪躲区→跳跃区→钻爬区→骑行区。走跑区是长条形的场地，投放上洞洞墙、训练杆、跳跳球、篮球网、"万能工匠"；拓展区、平衡区是塑胶大操场，场地空间大，安排上了攀爬网、轮胎、梯子、平衡木、山洞拱门、"万能工匠"、轮胎架等材料；投掷区、闪躲区有一面大大的墙面，可提供幼儿进行投掷，投放了大型弹弓、"愤怒的小鸟"、PVC 投篮架、大嘴巴布架、沙包、收纳筐；跳跃区、钻爬区利用长走廊和菜园，安排了仿真蛋、调羹、收纳篮、山洞拱门、爬爬垫、骰子、爬网、爬行垫、木质长廊、红绳子、铃铛；骑行区充分地运用小山坡的独特地势，利用自行车、滑步车、标记线、交通标志牌、"万能工匠"、收纳筐、脚印、草坪垫，让幼儿按照骑行路线运动以及完成"红军送鸡毛信"的任务。这样的区域划分能够让幼儿的走、跑、跳、平衡、钻、攀爬、投掷等各个方面得到满足，促使幼儿在耐力、速度、力量、灵敏、柔韧性等方面得到发展。为了确保幼儿园"环绕式晨锻"的常态化及幼儿在整个运动中的运动量达标，我们制定了晨间锻炼可行性计划。考虑到在运动中的时间过长，较早入园的幼儿运动强度过大，因此我们运动的起始段为走跑区，幼儿根据自身的实际需求进行缓冲，同时在运动场地的起始段和中段都设置了休闲小板凳、太阳伞和能量加油站，使幼儿在运动中体力得到一定的恢复。

3."环绕式晨锻"材料的运用

根据《指南》健康领域中幼儿的教育目标,幼儿园需要投放丰富的运动器械和自制材料。我们投放的材料是具有安全性、多层次性、新颖性、探索性、开放性、可操作性、高普及率的材料,目的有二:一是要趋于自然和原生态,二是要充分发挥幼儿的自主性。例如:小班有平行运动材料,洞洞墙、跳跳球、山洞拱门、"万能工匠"、爬爬垫、骰子、梅花桩等;中班有情景化运动材料、启发探索式材料,"万能工匠"、篮球网、仿真蛋、调羹、收纳篮、滑步车、轮胎、梯子等;大班有启发式锻炼材料、富有挑战的材料,自行车、标记线、交通标志牌、"万能工匠"、攀爬网、呼啦圈、跨栏、跳跳床等。选择器材绝对不能带有盲目性,要根据活动目标、达到锻炼目的为依据。以跳跳床为例,跳跳床的高度分为矮、中、高三个等级,幼儿可以根据自己的能力来选择不同高度。教师会发现,每个幼儿的选择都有可能不同,有的幼儿会选择自己能力范围内的高度去运动,有的幼儿则愿意去挑战在自己水平以上的高度。安全前提下,教师只需要做幼儿的支持者,在旁默默观察,幼儿如需帮助,教师可以给予言语或者行动上的支持,激发幼儿内在的潜能,从而得到发展。幼儿园应有针对地选择难易程度不同的运动材料,准确把握幼儿发展阶段的特征,充分尊重幼儿发展进程中的个别差异,支持和引导幼儿从原有水平向更高水平发展。

(二) 活动形式多元化

1. 混龄晨锻

《指南》指出:"幼儿园组织活动时,可以经常打破班级的界限,让幼儿有更多机会参加不同群体的活动。"以前的晨锻一般以班级为单位进行,幼儿的交往范围受到局限。为了扩大幼儿的交往范围,使幼儿的社会交往能力得到进一步的发展,我们采用混龄互动的方式,允许幼儿自由自主选择区域,自由结伴组合器械,自发创造运动方式,教师则在适当的时候提供相应的帮助。但这不是一蹴而就的,需要幼儿逐渐形成规则意识。第一步,同班同区:在开展"环绕式晨锻"的前期,主要由同班的幼儿进行游戏，这有助于幼儿熟悉区域内规则，也有利于教师的有效指导。第二步，同龄分区：在每个班熟悉游戏规则的前提下，进行平行班混玩，在自己年龄相同却不熟悉的人面前，孩子们要独自面对，从而学会如何与人友好相处，并提升在陌生环境中的适应能力。第三步，混龄互动：中、大班不同年龄段的幼儿根据自己的能力水平选择自己喜欢的运动区域，进行混龄运动，这种打破班级、打破年龄段的形式为孩子提供了更多的交往机会，小班孩子在适宜其年龄段的运动区与生活区活动。在晨间活动的大环境下，不同年龄段的幼儿相互间潜移默化地影响，极大地促进了其社会性发展和运动能力的发展。

2. 情境创设

幼儿园利用园所户外场地"环绕型"的地理特点创设了环绕式"绘本游戏场"和"红军长征路"两条线路。

路线一：环绕式绘本游戏场。绘本本身具有充分的趣味及丰富的画面和故事情节，为幼儿的游戏提供了生动形象的情景，对于绘本故事内容的筛选，采取幼儿自主投票的形式进行，由幼儿选择自己最感兴趣的绘本，增添了幼儿对于晨间锻炼的兴趣。比如结合绘本《寄给蛤蟆的信》，在幼儿园厨房后门空地上画上斑马线和停车场，幼儿自主探索绕过各种障碍物；山坡上任由幼儿爬行翻滚通过，将竹林设置成爬行长廊，让

表 3-1-3 "环绕式晨锻"部分绘本情境设置

晨 锻 区 域	绘 本 故 事
走跑区	《跑跑镇》
拓展区	《毛毛虫与蝴蝶》《基摩的旅行》
平衡区	《小象消防员》
投掷区	《空间投掷大比拼》
闪躲区	《萝卜逃跑啦》
跳跃区	《寄给蛤蟆的信》
钻爬区	《森林探险》
骑行区	《鸭子骑车记》

幼儿进行自由探索；小草坪上架上平衡木和木梯，将狭小的空间扩大让幼儿通行；菜园设置鹅卵石小迷宫，还把大型滑滑梯利用起来，两头固定绳索，幼儿可根据自身能力爬过绳索；幼儿还要经过小班段教室旁边的狭长走道、平衡车道等，经过一系列户外区域到达指定的送信地点。利用绘本故事情节，不仅改造真实社会生活的场景，还对绘本故事里的角色进行再创造，这满足了幼儿模仿的发展需要，促使幼儿主动、自由、自主地参与晨间锻炼，不需要外界的压力和命令，便能产生内部动机，主动参与到晨间锻炼中去。

路线二：红军长征路（曹平山岭拉练场）。郭溪是红色地标，郭溪景德寺为温州和平解放谈判的旧址，燎原社被誉为中国农村改革的源头。本园将本土文化与著名军事战役相结合融入晨锻中，让孩子们了解红军长征路上的英雄事迹，熏陶红色教育，一起讨论将红军长征路加入到晨锻中，长征路需要准备什么、怎么玩、路线是怎么样，幼儿共同计划，利用绿色草坪大面积，将曹平山岭拉练场划分为两大区域：战争区和战地医院。根据草坪的地理特点，将冒险度再拔高，"小战士"背上"炸药包"保护好自己的小红旗，从菜园经过林荫小道再到拓展区，一路勇往直前，克服种种障碍到达终点，占领高地，插上旗子。"萌娃情报员"骑着平衡车，经过各个点留下他们特有的暗号，并将"鸡毛信"送到"前线"汇报"战况"。根据红色文化和幼儿兴趣打造的缩小版"红军长征路"，既增强了幼儿的爱国情感，又锻炼了幼儿的体能。

（三）动作技能规范化

1. 创新多变，科学指导

在"环绕式晨锻"中不难发现，孩子们走路时出现低头含胸、动作不协调、跑步时双手不会摆臂、走平衡时歪歪扭扭、跳跃时双脚不能同时落地、投掷时不懂得借助用身体的力量等问题。西方学者克罗威尔说过："动作是智力大厦的砖瓦。"这就表明，动作的发展对于促进幼儿良好的身心健康是至关重要的。于是，为了解决幼儿动作规范的问题,本园教师进行多次的教研活动,收集了相关的信息,根据身体的基本动作和走、跑、跳、平衡、钻、攀爬、投掷的技能进行梳理,研讨出有关各类动作的游戏,如走的游戏、跑的游戏、跳的游戏、平衡的游戏、钻的游戏、攀爬的游戏、投掷的游戏等。以走、跑的游戏为例,首先提供多样的器械(洞洞墙、训练杆、跳跳球、篮球网、"万能工匠"等),结合幼儿日常的兴趣,制定规则:

① 洞洞墙:按照动作提示,正面、侧面进行穿越。

② 训练杆:下腰 90 度,头往后仰,往前行进,让杆经过脸部通过。

③ 跳跳球、篮球网:在线上挂上跳跳球,助跑跳跃拍球,连续拍。

④ "万能工匠":能绕着物体进行快速绕行跑。

但这样的规则并不是死板的,而是灵活多变的,鼓励幼儿在规则允许的范围内尽可能进行多种游戏方法。通过这样的方式,让幼儿在游戏中规范动作,享受运动的快乐,一举两得。

2. 有的放矢,适度指导

在"环绕式晨锻"开始之前,教师利用集体教学、小组指导、个别互动的方式,让幼儿理解和掌握动作技能要点,具体方式有:

①讲解示范法:教师用清楚、生动、童趣的语言讲解和示范。

②练习法:在讲解示范后,教师通过各种途径,如游戏、竞赛、情境创设等,进行巩固练习。

③语言提示或具体帮助法:教师可以用简短的语言或者肢体语言,提示幼儿正确完成动作,如走路时提醒幼儿"抬头、挺胸、迈大步",走平衡时则提醒"背挺直、手放正、眼睛往前看"……

在钻爬区,教师发现有一个幼儿把一个轮胎立起来,并开心地叫喊着:"山洞,山洞,我发现了一个山洞!"于是,他就从这个山洞里钻过去,可是轮胎摔倒了,压在了他的身上。钻爬轮胎引起了孩子们的兴趣,伙伴们开始过来帮忙,纷纷想办法:怎样让轮胎不会摔倒?有两个小朋友找来了两个轮胎固定在立着的轮胎两旁。幼儿兴奋地说着:"卡住了,可以了!"可是当他爬过去的时候轮胎又摔倒了。他们俩扶起轮胎,一个说："还没固定住。"另一个说："我想到一个好主意。"他们开始找来了四个轮胎帮助固定。幼儿经过几番努力用四个轮胎固定了"山洞"。幼儿们爬过轮胎，轮胎没有倒，但是有点歪了，又有几个孩子帮忙整理加固，这时吸引了一旁的幼儿，可是幼儿爬过去的时候，"山洞"又倒了！幼儿又扶好。"我不信爬不过去！"幼儿又一次爬过去，"山洞"摇摇晃晃，可见不够牢固。等到评价环节，教师回放自己刚才捕捉到的相关游戏镜头，组织幼儿相互评价游戏行为，这能起到很好的导向作用。皮亚杰曾说过，儿童是自己的哲学家，教育的第一个条件就是要尊重主体、认识主体、热爱主体。要充分地尊重幼儿，以幼儿为中心，发挥其应有的主体性，去引导幼儿探索运动器械的多样玩法，以此丰富晨锻的内容。幼儿自己积极主动去创造、去探索各种各样的运动，于是活动有了一个循环：教师投放晨锻材料→幼儿探索玩法→教师加以完善→丰富晨锻材料。幼儿锻炼得到了有效的支持。

3. 善于观察，适时指导

教师对幼儿的晨间锻炼进行有目的的思考，通过视频、照片、便利贴等记录孩子的行为，更好地观察、了解、分析孩子的需求，了解孩子的实际水平，同时，对自己的教学行为进行分析，合理地反思自己的教育行为，发展教师自身的专业素养。如：幼儿在操场上进行户外晨间锻炼时，看似老师什么都没有做，只是用手里的手机不停地记录着幼儿游戏的轨道。其实，他们在游戏中扮演着一个观察者的角色，时刻关注幼儿在活动中的表现，敏感地察觉他们的需要。要关注到幼儿的个体差异，对不同幼儿的练习既要有一般的要求，又要注意区别对待和因人施教。因为晨间锻炼是循环进行的，自由而分散，所以各班主任给特殊的孩子衣服上别上了一个小记号。这样其他班级的教师看到了，都会特别关注这位孩子。在锻炼过程中，胆小的幼儿给予更多的关注、关怀和帮助，并且用鼓励的语言、赞美的眼神去给予他们自信，如："宝贝，加油试一试。""只要再走一步你就能做到了，你瞧你多了不起，这么大的困难都被你克服了，以后一定没有什么事情可以难住你了。""你站在旁边看看其他小朋友怎么做，我们也去尝试一下，相信你一定可以做到，加油！"

六、课程评价

1. 运动量监控

在幼儿进行一个户外晨锻区域活动时，对幼儿运动量的监测同步进行，监测是由执教教师、配班教师来完成的。我们所采用的监测方法有两种。第一种是观察，指教师在孩子运动的过程中注意观察幼儿外部形态的变化，如：面色、汗量、呼吸、动作、注意力和反应力、精神状态。教师在活动中通过观察，掌握和了解幼儿的运动状态及运动负荷，并及时将运动密度调整到合适状态，比如说：面色稍红为运动量小，面色相当红为适中，面色特别红为较大。第二种是测量，用肺活量测试仪测量肺活量。

2. 手环隐形激励

同一年龄段的幼儿在体育技能上的发展有高有低，同一材料对幼儿的刺激程度也是大为不同的。有的幼儿偏爱平衡类游戏，有的幼儿偏爱速度类游戏，有的幼儿偏爱攀爬类游戏……在混龄玩的时候，幼儿分散在场地四周，很难观察出幼儿是否玩过多个体锻区域。为了防止幼儿专注于一个动作的发展，我园采用"戴手环"的形式，鼓励幼儿去多个区域参与体锻。每个体锻区域配以不同颜色的手环，如幼儿在平衡区域游戏结束，便可领取平衡区的红色手环戴在手臂上；幼儿去拓展区参与体锻后，可在离开时领取蓝色手环。

3. 兴优幼卡奖励

当手腕上积满每个区域的彩色手环后，幼儿可回到班级在"运动存折"上贴上对应的贴贴纸。在每周五的餐后活动中以段为单位在固定的地点，兑换蓝色兴优幼卡。一学期得到15张蓝色兴优幼卡的幼儿将获得本学年段"运动小达人"的荣誉称号；得到20张蓝色兴优幼卡的幼儿还可以成为"运动小明星"，并且将他们的个人照片粘贴在运动墙上，向全园师生展示。

七、课程成效

（一）幼儿：在锻炼中，身体机能有所提高

幼儿的发展是在与周围环境相互作用中实现的，在开展幼儿园"环绕式晨锻"课程中，幼儿的动作发展、身体素质、社会交往、语言表达等方面的能力明显提高。通过课程的实施，我们发现幼儿的主动性、持续性等方面都有了明显的提高。

① 幼儿学习品质发展。在晨间时段里，参加晨锻平均人数明显增加；幼儿参与晨锻的主动性更高，晨锻的内容创设更加丰富多样；幼儿参加晨间锻炼的持续性呈现逐渐上升趋势。在晨锻中，幼儿与器械材料的互动体现了更加丰富的想象与创造，晨锻更有利于幼儿动作以及创造力的发展。

② 幼儿动作技能发展。教师理解幼儿的一些动作发展水平、重要的发展指标内容，有助于科学判断幼儿身体动作发展状况，并在此基础上提供有针对性的支持和引导。通过课题的研究，教师明晰概念，有利于有效地进行观察和指导，从而根据幼儿的动作发展和身体素质设置不同的环境，为幼儿创造不同的锻炼机会。通过课程的实施，我们发现有效地开展晨锻活动能提高幼儿动作灵敏性和协调能力，发展幼儿耐力素质；初期幼儿因没有掌握好动作的技能，不敢去尝试，到中期幼儿掌握了动作要领，能够主动、积极地去尝试各种晨锻，自主去构建新的晨锻，体验成功的喜悦。遇到困难的时候，幼儿会与同伴商量寻求解决问题的方法，会与老师探讨自己发现的问题，自己解决问题的办法，大胆地表达出自己的想法，对自己有信心。

③ 幼儿认知水平发展。材料是幼儿活动的主要载体，选择幼儿生活中感兴趣的材料，并充分加以利用，能激起幼儿的探索欲望，让幼儿在活动中学有所得。在课题研究中我们发现：幼儿能够根据自己的水平能力去选择适宜的材料，创造丰富多样的晨

锻活动项目，并获得成功。幼儿在遇到问题的时候能够不断地调整，更换材料，不断探索，在一次次的尝试错误过程中积累经验，学习本领。如晨锻中我们投放了很多的轮胎、木板、梯子等材料，激发了幼儿的想象力和创造力。这些材料易组合、有变化、有挑战，为幼儿所爱。

④ 幼儿社会能力发展。斐斯泰洛齐指出："体育活动得当，有助于品德训练。"通过实践，在晨锻过程中幼儿除了动作技能的发展，情感天性也得到了更好的释放与引导；在晨锻中幼儿需要沟通、交流、学习、评价，需要大胆地去尝试运动、对自己充满信心。幼儿能主动去寻找运动合作伙伴，学会了沟通交流，又在交流中锻炼了语言表达、提升了社会交往能力。如：两两合作共同商量搭建物体；在遇到问题时能共同想办法解决；在搭建组合器械中能三人分工共同完成任务。

（二）教师：在研究中，教师素养不断提高

在实践、研究的基础上，我园努力发挥园本优势，创设了多样化的晨锻环境及丰富的体育活动内容，并不断优化晨锻的指导策略。把幼儿从"教师教什么，幼儿学什么"的旧模式中解放出来，让幼儿在晨锻活动中探索、尝试以及运用自身已有的经验，不断地寻求新的活动方式，在提高活动能力的同时，获得身心的全面发展；基于维果茨基"最近发展区"的理念，教师逐渐撤除"脚手架"，让幼儿通过自己的能力完成任务。

（三）幼儿园：在实践中，丰富园本课程内容

我园的"环绕式晨锻"园本课程已初步形成，"环绕式晨锻"活动的开展弥补了晨锻场地小的缺陷，解决了幼儿在晨锻中动作技能不规范等许多现实性问题，积累了更多有价值的材料，规划出了能够让幼儿自由、自主游戏的运动器械；撰写了课题《基于观察分析幼儿晨锻游戏行为的实践研究》，论文《"绘"不可挡"戏"出精彩——绘本元素融合幼儿园户外区域游戏的实践研究》《优化幼儿园环绕式晨间锻炼的实施策略》，案例

《优化幼儿园环绕型晨间体育锻炼——"行走式"专题教研案例》；发展了精品课程"幼儿园教师晨间户外互通式自主游戏的设计与应用校本培训课程"；汇总了《幼儿园环绕式晨间锻炼观察记录》，为打造幼儿园特色项目奠定了基础。

八、课程回望

课程实施以来，老师们在学习、探索、总结、提升中一步一个脚印走来。幼儿园"环绕式晨锻"的实践探索显示，幼儿参与晨锻积极性高，并且在运动过程中情绪愉快。现在幼儿园"环绕式晨锻"成为了本园幼儿最喜欢的活动之一，有效地发展了幼儿的基本活动能力，增强了体质，提高了适应环境的能力。但是在实践的过程中，我们还存在许多问题有待深入研究。

① 进一步学习相关教育理论，科学客观观察分析幼儿行为。教师观察行为的反思性要略高于观察行为的结构性。教师的教育经验、教龄知识、个人素养直接关联教师的观察分析行为。大部分教师凭借以往的教育经验给予幼儿游戏的支持和引导，或多或少都起到一定的教育作用。但是仍存在大多数幼儿教师对幼儿晨间锻炼行为的分析带有主观色彩，或分析不能结合相关教育理论，单凭以往教育经验，导致分析不准确，又或者教师在对观察信息分析时常常不能结合幼儿的游戏行为，造成分析泛化、表面化。教师的观察分析能力还需继续进一步提升。

② 还需加强发展幼儿体育动作技能的研究。儿童在幼儿时期发展良好的动作技能可以为日后动作技能的发展奠定牢固的基础。然而对于幼儿的动作技能发展的研究还需加强，如何在晨锻中让幼儿掌握动作技能，促进幼儿的发展，还有待深入研究。

（开发者：吴林芬 叶祥婵 项了一 陈艳阳）

第二节 "动动趣室"课程：乐动乐思乐体验

"孩子们，你们是否还在为雨天、大热天不能运动而烦恼？为不能和小伙伴们尽情地游戏而伤心？别担心，来我们的'动动趣室'吧！在这里你可以带上小伙伴，选择喜欢的运动器械，在教室、走廊、楼道等室内一切可利用的地方，自主搭建设计运动游戏项目，建立属于你们自己的运动王国！"

"动动趣室"课程是针对雨天、雾霾天、高温天等无法组织室外运动的难题，从幼儿个性和需要出发，立足仙岩中心幼儿园现有的室内场地与器械，整合各方资源，开发实施的室内运动游戏课程。课程旨在保障幼儿在特殊天气里也能有充分的运动时间和活动空间，激发幼儿的运动兴趣，关注幼儿的运动方式，从而让幼儿达到锻炼的目的，促进幼儿在体能、智力、情绪、个性、认知等方面健康、和谐地发展。

一、课程背景

（一）源于天气调查的结果

温州地处江南，从农历年底一直到次年清明，大部分时间会处于阴雨连绵中，潮湿阴冷。我们对温州市 2014 年 2 月到 2016 年 6 月进行为期 5 个学期的天气状况统计，其中 2014 年 2 月到 6 月一学期雨天总共 80 天，占了一学期总天数的 53.0％；2014 年 9 月到 2015 年 1 月一学期雨天总共 39 天，占一学期总天数的 25.5％；2015 年 2 月到 6 月一学期雨天总共 85 天，占一学期总天数的 56.3％；2015 年 9 月到 2016 年 1 月雨天总共 76 天，占一学期总天数的 49.7％；2016 年 2 月到 6 月 10 号，雨天总共 73 天，占一学期总天数(不完全统计)的 56.2%。可见雨天占了幼儿在园活动时间的一半左右。受天气变化的影响,有时幼儿只能在室内开展运动。

(二)源于儿童运动的需求

《3—6 岁儿童学习与发展指南》(以下简称《指南》)指出幼儿每天户外活动时间一般不少于 2 小时,其中体育活动时间不少于 1 小时,季节交替时要坚持。近年来雾霾天气增多,使得我们不得不重新审视幼儿的运动方式。如何保障幼儿在特殊天气里也能有充分的运动时间和活动空间,让室内运动成为户外运动的有效补充,成为一日科学保教的有力支撑,已成了我们要关注的重要问题。

(三)源于幼儿园前期的探究积淀

2015 年 12 月我园《幼儿园阳光运动课程》获市一等奖,《幼儿园情境性区域运动游戏的开发与实施》获温州市"促进有效学习"课堂变革优秀试点项目。基于此我们将课程进行了深入的分析、思考,开启了室内运动游戏研究,推进幼儿园"阳光运动"课程的开发。前期的探究与实践为我们今天的特色课程奠定了基础。

综上,我们进行了深入的分析、思考、提炼,开发与设计了"动动趣室"课程。

二、课程理念

李吉林的情境教学理念指出,要把知识、技能的训练镶嵌在情境中,培养儿童艺术、体育的素养,让儿童享受艺术、体育带来的快乐。根据幼儿教育整合观和李吉林的情境教学理论,我们提出了"乐思、乐动、乐想"课程理念,力图通过"动动趣室"课程的开设，为幼儿提供一个"小空间、大运动"的平台，让幼儿在自主、多元、常态的运动中成长，鼓励、激发幼儿终身运动的兴趣。

乐思：活动前制定计划，让孩子的运动游戏看得见，同时使他们的游戏更具目的性和意向性。

乐动：计划实施的阶段，幼儿的游戏是有目的的，幼儿更是专注的。在这个过程中孩子们或玩耍或挑战或探究，体验运动的快乐。

乐想：活动后的回想尤为重要，让幼儿交流运动中的快乐体验、表达心情，发现一些新问题、新玩法、新体验等，使之进行经验梳理。在这个过程中更注重幼儿运动过程中积极的情感体验，让运动游戏更具有力量。

三、课程目标

"动动趣室"课程是为了满足儿童在恶劣天气下也能进行运动而生成的课程，旨在激发幼儿的兴趣，支持幼儿的运动体验，关注幼儿的快乐情感，强调幼儿的自主成长，发展幼儿的基本动作技能，提高幼儿的运动能力、认知能力、交往能力，培养幼儿良好的意志品质，使幼儿成为健康快乐、个性鲜明、运动自信、勇于探索的"阳光幼儿"，促进幼儿健康和谐发展。

小班要求：在教师的引导下，了解本年段各游戏项目名称，并能运用已有的经验，在教师的指导下用语言表达或简单的绘画形式制定简单的运动计划。根据自己的能力自主选择游戏内容，乐于参加运动游戏，体验室内运动游戏的乐趣。

中班要求：能独立制定运动计划，根据自己的能力自由选择、自由结伴、自由游戏，并采用多种策略和方法进行挑战性、创造性、合作性的运动游戏。在游戏过程中充分发挥自己的创造力、想象力，从而彰显自己的个性，并能找到适宜的运动方式和方法。

大班要求：有自己的独特想法，创新制定运动计划。通过自我探究、自我回想、同伴互助、寻求教师指导等自主活动，及时巩固和促进自我基本动作的发展，分享运动中的快乐和创新，解决运动中碰到的困难，在挑战各项运动游戏项目及在运动过程中养成良好的运动习惯和学习品质。

四、课程内容

本课程借鉴美国"高瞻课程"，遵循儿童的认知和发展规律，内容包括制定计划、工作（自主运动游戏）、回想三大部分。

游戏依托情境设置，以动作类、挑战类、角色类三种类型的游戏形式为"动动趣室"的主要内容，每个老师负责一个游戏项目，每个游戏分别在不同年段里进行实施。根据游戏难易程度的不同和幼儿基本动作能力发展水平的不同，创设十几个游戏项目贯穿于三个年段，供幼儿自主选择，保障幼儿在特殊天气（阴雨天气、高温天气、大雾天气等）里也能有充分的运动时间和活动空间，提高幼儿参与运动的积极性。

（一）课程结构

1. 动作类

设计了"拯救钉钉球、给鱼送泡泡、人体轱辘辘、快乐扔福袋、运输小火箭、行进贪吃蛇、蝴蝶飞飞、球球蹦蹦、趣味投掷、U 行千里、气排对抗、突出重围"等运动游戏内容，在运动游戏中巩固和促进幼儿基本动作的发展。

2. 挑战类

设计了"母鸡来捉虫、鞋盒大作战、运水小分队、毛毛拍拍、穿越红线、墙体穿梭、足底按摩、空中飞人、愤怒小鸟"等运动游戏内容，在运动过程中我们适当设置了一些问题情境，适度创造与幼儿年龄相适应的"困难"，如对臂力的挑战，对一定高度动作的挑战,对耐力的挑战,对调节、控制自身运动方式的挑战,对原有经验的挑战,对心理品质的挑战等,大大激发幼儿参与运动的快乐。

3. 角色类

设计了"大家来送花、宝宝送果子、天天宅急送、肚子咕咕、天天送递、建造营地、精英对战"等运动游戏内容,为幼儿提供多种形式、多种内容的游戏情境,让他们自由扮演角色,自由进行运动,使幼儿身体活动的内容围绕自己想象的情节深入展开。在角色的扮演中,融运动、游戏、交往为一体,充分调动了幼儿的积极性,化被动为主动。

（二）课程设置

表 3-2-1 "动动趣室"课程安排表

时间 / 技能类别		动 作 类	挑 战 类	角 色 类
小班	上学期（第一阶段）	拯救钉钉球、给鱼送泡泡	母鸡来捉虫	大家来送花、宝宝送果子
	下学期（第二阶段）	蝴蝶飞飞、球球蹦蹦	毛毛拍拍	肚子咕咕
中、大班	上学期（第一阶段）	人体轱辘辘、快乐扔福袋、运输小火箭、行进贪吃蛇	鞋盒大作战、运水小分队	天天宅急送
	下学期（第二阶段）	趣味投掷、U行千里、气排对抗、突出重围	穿越红线、墙体穿梭、足底按摩、空中飞人、愤怒小鸟	天天送递、建造营地、精英对战

五、课程实施

"动动趣室"课程是根据《指南》中健康领域"动作发展"目标,将室内资源进行有效利用,创设相应的"室内运动游戏项目",让幼儿自主选择开展"游园式"的运动;以"责任人"式组织管理;加强幼儿交往和互助服务,促进幼儿体能、社会性品质等全面发展的运动游戏新模式。其活动形式为"运动、游戏、交往"一体化。在实施过程中既考虑室内空间场地的特殊性,又彰显游戏的运动价值;既体现游戏的教育内容,又激发幼儿游戏的兴趣;既考虑活动量的适宜性,又发挥幼儿在游戏中的自主性。具体实施如下。

(一)空间挖掘:打造开放有效的运动空间

室内场地受空间及多方的限制与约束,与户外运动场地大相径庭,因此需要我们根据各自幼儿园的实际情况,全面分析与综合考虑场地的优势与特点,思考哪些活动类型适合在哪个场地展开,进行全面规划与合理布局。

在此基础上,我园从教室有效利用、楼道巧妙运用、吊顶创意悬挂、墙壁适宜挖掘、柱子立体发散等几大策略入手,精心设计、巧妙利用,发挥最大功效,促使空间利用最大化,打造开放有效的运动空间,实现资源共享。

(二)材料投放:优化多元结构的材料特性

材料投放要体现四点特性。一是层次性,首先是同类材料的层次性,旨在适合各年龄层的孩子,增强他们的自信心,避免由于难度太高或太低而失去兴趣;其次是同种材料的层次性,给予幼儿自主选择的权利,大大满足不同幼儿的动作发展,引发他们积极探索、主动创造、快乐运动的游戏体验。二是组合性,提供丰富多彩的运动器械,满足不同层次幼儿积极探索、主动创造、快乐游戏的体验。注重材料多元组合以及创意组合,多样化的创新组合形式既满足幼儿喜欢新鲜、追求变化的心理,也有利于幼儿活动兴趣的维持,使之常玩常新,不断受到吸引,更好地促进体能锻炼。三是安全性,首先是设施设备的安全性,如根据不同游戏的内容铺设厚度不一的垫子、桌角绑带固定、地标线提示、尖角的部位移除或包裹等。其次是材料的安全性,多选择软性的材料,如软棒、叮叮球、骰子、羊角球、海绵球等，安全耐用、手感舒适，颜色鲜艳，一物多玩，更容易激发幼儿的兴趣。还有一些废旧材料，纸箱、瓶子、奶罐等。注重材料的收集和整合，让幼儿充分地玩起来，保障玩得畅快。四是简便性，尽可能利用活动室现有的一些材料进行运动，就地取材，优化游戏设计；选择相对较小、轻便、功能多样的一些运动材料，便于取放，又不会占太多空间。

（三）组织方式：构建行之有效的实施模式

借鉴"高瞻课程"，"动动趣室"课程实施模式分为计划、工作、回想三部曲。

1. 计划先行　导向明确

活动前制定计划让孩子的运动游戏看得见，同时使他们的游戏更具目的性和意向性。计划形式有多种，如"我需要的材料""我的游戏项目内容""我想这么玩"……孩子们总有自己的奇思妙想，有时是路线制定，先玩二楼再到最后一楼；有时游戏有新玩法；又或者计划和谁玩，跟好朋友还是小组去，等等，这些在游戏前孩子们都有自己的深思熟虑。

2. 工作专注　玩出精彩

工作是幼儿实施计划的阶段，此时幼儿的游戏是目的性更专一的。工作流程如下：热身运动—器械搭建总动员—幼儿自主选区—游园式运动—整理器械—放松运动。具体操作为：先是热身运动，打破班级及楼层界限，孩子们走出教室在走廊上、楼道上、教室里进行循环流动式活动；随后孩子们将各材料搬至教室、走廊、楼道等，进行器械搭建总动员；一切准备就绪后，幼儿自主选择项目游戏，根据自己的计划有意识有目的地进行游园式运动。在这个过程中孩子们或运动或探究或挑战或玩耍，体验运动的快乐。随着结束音乐的响起，孩子们整理器械，并将器械送回原位，最后进行放松运动，整个工作持续 45 分钟。

3. 回想交流　更具力量

课程结束之后回想就显得尤为重要。比如幼儿交流运动中的快乐体验，发现一些

表3-2-2 "动动趣室"课程设置表

时间／年段	模式	计划		工作				回想	
		课时	内容	课时	动作	挑战	角色	课时	内容
小班	上学期（第一阶段）	10—15分钟	以教师引导为主，幼儿用简单的语言表达自己的运动计划，如：我想玩……我想玩……	30分钟	搓教钉钉球、给鱼送泡泡	母鸡来捉虫	大家来送花、宝宝送果子	10—15分钟	以教师引导为主。幼儿能简单、愉悦地表达自己最喜欢的项目，如：我今天玩了××游戏，最喜欢××游戏。
	下学期（第二阶段）	10—15分钟	幼儿能大胆表述，如：我今天玩了……最喜欢××游戏。	30分钟	蝴蝶飞飞、球球蹦蹦	毛毛拍拍	肚子咕咕	10—15分钟	幼儿能简单、愉悦地表达自己喜欢的运动项目。
中、大班	上学期（第一阶段）	10—15分钟	在教师的指导下，幼儿以绘画的方式制定自己运动计划，如画出自己想玩的游戏项目。	45分钟	人体钻轱辘、快乐扔福袋、运输小火箭、行进贪吃蛇	鞋盒大作战、运水小分队	天天宅急送	15—20分钟	幼儿自主选择一种方式（说、画、记录表等）来分享自己在运动过程中发生的故事。关键词："我玩了……""我想说……""我高兴……""我发现……"
	下学期（第二阶段）	10—15分钟	能有自己的独特想法，独立制定运动计划，如：我今天跟谁去玩什么项目。	45分钟	趣味投掷、U行千里、气排对抗、突出重围	穿越红线、墙体穿梭、足底按摩、空中飞人、愤怒小鸟	天天送递、建造营地、精英对战	15—20分钟	幼儿能运用多种方式（说、画、记录表等）与同伴、教师分享自己的游戏故事。关键词："我玩了……""我遇到了困难""玩了……下次……"

新问题、表达心情、新的玩法、新的体验等，使幼儿进行经验梳理。当然回想形式也各异，如先记录再交流，大班孩子会先填写游戏统计表，统计今天玩了哪些游戏，哪些是最喜欢的游戏，然后再进行交流。也有先交流再记录，中、大班有不同的表格来记录"我完成、我喜欢"，又或者交流完后进行绘画，将自己今天运动中有趣的事进行分享。这个过程更注重幼儿运动中积极的情感体验，让游戏更具有力量。

（四）指导策略：提炼全面有效的指点要道

采用混龄的游戏方式，打破年龄界限，共同游戏。在幼儿的自主活动中，教师处于辅助地位，对幼儿的自主活动给予鼓励、帮助和推进。

1. 精心筹划　有序推进

首先，确定探究式的设计导向，教师需做好各种表格的设计与调查，如室内运动游戏项目一览表、室内运动游戏幼儿运动量调查表、幼儿室内运动游戏情况调查表、室内运动游戏项目人员流动情况记录表、室内运动游戏项目喜爱程度调查表等，因地制宜、有目的地为幼儿室内运动游戏做好预设。其次，操作式的组织流程，在部署游戏过程中遵循"充分准备、有序开展，音乐贯穿、温馨提示，常规落地、有序进行，班级轮换、及时调整，混龄进行、全园互动，后勤保障、有效支持"等步骤，有条不紊开展活动。

2. 解读幼儿　扎实到位

活动前教师进行参与式的游戏设计，教师可根据幼儿的运动能力，融合主题活动、生活经验与幼儿共同讨论设计运动游戏项目。游戏项目可以来自幼儿的兴趣，或在运动游戏中幼儿生成的新游戏，也可以是动作目标所需的导向。游戏设计仅供教师参考指导，幼儿可以带着自己的知识、经验、思考和兴趣来参与室内运动游戏的开展，使室内运动游戏更具丰富性、多变性和挑战性。活动中教师启动全面式的指导策略：首先全面观察、发现问题，如有目的地观察不同年龄段幼儿的发展水平、阶段性观察幼儿在运动发展过程中的不同需求等，以便及时发现问题并调整优化；其次，在当幼儿不遵守游戏规则时、幼儿的行为希望得到成人的认可时、幼儿有求助需求时、幼儿发生矛盾时、幼儿有丰富的游戏经验时等，教师进行适时介入给予帮助；再次，运用适宜示范法、同伴互助法、榜样激励法、关注个别法等多种策略进行个别化指导。此外还要落实责任式的组织管理，进行专人（教师、保育员）负责制，以一人一站位形式来管理。教师负责的内容：安全保护、语言支持、动作示范、及时调整。保育员负责的内容：安全保护、简单的语言支持、观察指导反馈。

3. 总结经验 完善提升

活动后通过多种途径对室内运动游戏的开展进行回顾与调整，如室内运动游戏观察记录表、视频案例、游戏故事等，做及时的总结和积累游戏指导经验，从幼儿的实际运动水平出发，在实施环节上做进一步的补充和完善。

六、课程评价

"动动趣室"课程的评价主要以幼儿、教师、家长为主体进行过程性评价，同时因我们课程发展的需要，在课程实施的前期进行审议式评价，通过审议会、论证会等形式，确定实施过程中的一些活动是否需要纳入课程当中，以确保各类活动能够比较顺利地进行。课程实施后期，课程组会进行后期成效式评价，审议课程实施的最后成效，以体现课程的价值。关于课程评价我们将依然处于研究与实践的阶段，还有很多的问题和困惑，需要大力地去完善。

（一）灵活多样的过程性评价

变单一的评价方式为多种评价方式整体跟进，了解幼儿内在需要以及个别差异，并采取相应的策略促进幼儿的成长。

1. 幼儿运动游戏评价表

幼儿是课程的主体，孩子对运动游戏的评价是最有话语权的，他们对游戏的喜爱程度是游戏评价中一个重要衡量指标。我们分年龄段确定幼儿评价的方式，小班幼儿多是在教师的带领下进行评价，而中、大班幼儿则是采用自评表让幼儿进行评价。通过评价，教师清楚了解不同年龄段幼儿最喜欢什么运动游戏，并深入挖掘其原因，促进课程内容的完善。

2. 幼儿运动游戏记录本

为每一个孩子量身定制一本运动游戏记录本，内容包含孩子们的运动游戏计划、运动精彩瞬间照片、运动游戏评价表，通过收集整理以及教师文字记录凸显孩子运动游戏成长的轨迹。

3. 教师观察记录表

聚焦观察，以幼儿为主，关注活动过程中幼儿的愉悦性、独立性、持久性、规则性、创造性、合作性等。通过详实的跟踪观察记录孩子的游戏进程，以便更好地解读幼儿，建构指导策略。

4. 个案追踪记录

通过教师对一位幼儿的个案跟踪，关注其对运动游戏的兴趣点、基本动作、能力发展、解决问题的方式等并撰写游戏故事，更好地指导、推进游戏的进程。

（二）规范严谨的终结性评价

根据各年龄段幼儿的发展目标和园本课程目标，确立幼儿基本动作发展目标，然后设置相应的运动游戏项目让幼儿自主选择游戏。

1. 手环评价

用鼓励的方式鼓励幼儿到各个运动游戏项目玩，完成一个运动游戏项目就能得到一个相应颜色的手环戴在手上，以示奖励。不同颜色手环的设置便于教师观察了解幼儿游戏的运动项目及兴趣，在评价后能及时进行调整。

2. 总结性评价

对幼儿的基本动作能力发展做好监测。如对幼儿在"动动趣室"课程开展前与开展后进行基本动作监测，有效促进幼儿的发展（见图3-2-1）。

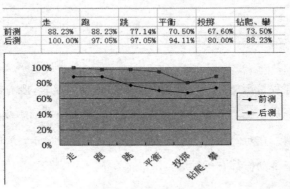

	走	跑	跳	平衡	投掷	钻爬、攀
前测	88.23%	88.23%	77.14%	70.50%	67.60%	73.50%
后测	100.00%	97.05%	97.05%	94.11%	80.00%	88.23%

图3-2-1　基本动作监测图表

七、课程成效

在课程的有效实施下，我园的幼儿从过去的"学习运动"转变为"游戏中运动，运动中游戏"，大大提高了活动的主动性，养成了良好的运动习惯。不同功能性的运动内容，不仅大大提升了幼儿运动的能力，使幼儿达到各种基本动作的协调发展，而且促进了幼儿合作能力、交往能力、责任感等社会能力的发展，锻炼了幼儿团结互助、互相鼓励、大胆勇敢、克服困难等良好的意志品质，培养了阳光、自信，勇于探索、挑战的幼儿，受到了社会各界的高度评价。

（一）提高了幼儿运动游戏的兴趣

"动动趣室"课程大大提高了幼儿活动的主动性，从过去的"学习运动"转变为"游戏中运动,运动中游戏"。幼儿可以根据自己的兴趣自主选择活动内容,自由结伴游戏,在各年龄段参与率调查统计中发现孩子们参与率大大增长,在自主运动中体验运动游戏带来的快乐。

（二）发展了幼儿运动游戏的能力

"动动趣室"课程是运动练习与游戏之间不同程度的整合,既有纯粹的游戏,也有不同程度游戏化的运动练习。幼儿通过不同功能性的室内运动游戏内容,达到各种运动技能的协调发展。在对幼儿基本动作前测和后测调查中显示,幼儿的跳跃、走跑、平衡、钻爬、投掷等基本动作都有了发展。

（三）促进了幼儿社会能力的发展

本课程打破了班级界限,为培养幼儿的社会适应能力创造了条件。在游戏中,幼儿与同伴的相互交往、共同活动,可以使幼儿理解互换、输赢等概念,培养了幼儿的规则意识、集体观念、合作意识及交往能力,促进了幼儿社会性的发展。同时室内运动游戏内容生动、形式多样,富有趣味性和娱乐性,符合幼儿活泼好动的特点,使幼儿心情愉快、性格活泼开朗,丰富了幼儿的情感,发展了幼儿的个性。

（四）锻炼了幼儿的意志品质

良好的意志品质,能使一个人积极地去实现自己的愿望。它要经过艰苦的磨炼,战胜无数次的困难,一点一滴形成。在室内运动游戏中,就有很多项目采用闯关的形式。如"穿越红线"中,当孩子们碰到铃铛,5 颗红色生命能量将自行删减,每碰到一次能量少一颗,红色变成黑色,孩子们自行进行运算粘贴。多次挫折和失败不仅体现出幼儿对游戏的专注及坚持性,锻炼了幼儿意志品质,同时也使幼儿在成功挑战游戏中获得发展。

此外,课程有效实施成就了幸福智慧的教师,促进了教师专业化成长,提高了教师的指导能力、把握材料能力以及生成游戏的能力。近1年,围绕课程的3篇论文在市、区获奖,15篇专题报告在市、区各研讨会上做经验交流分享,11节公开课展示课程游戏。

同时,课程的有效实施提升了幼儿园的社会影响力,我园先后承办温州市学前教育区域特色工作推进会暨课程建设专场现场会等市、区级教学研讨活动,并多次向姊妹园开放展示,并将课程的理念、实施过程与大家分享,多次到姊妹园辐射指导,大大地扩大了我园的社会声誉。

一百个孩子,一百种表达,一百种指导……我们的课程还需要继续完善,我们将不断务实课程的理论基础,充实和完善运动游戏,建构更加科学、合理的"动动趣室"课程体系。

（开发者：徐小飞 刘晓庆）

第四章

自然，毫无保留地展现在儿童面前

　　陈鹤琴先生说："大自然、大社会都是活教材。"世界上没有比大自然更好的老师，它将万事万物毫无保留地展现在孩子们面前，让他们去听、去看、去发现、去探索。孩子们在田野间、在森林里、在沙滩上、在农场中都有足够的空间与大自然建立深度的联系，在其中他们可以真实地融入、观察、热爱自然，焕发出别样的生命力。

第一节 "节气有约"课程：在亲历自然中生长

温州市瓯海区娄桥第一幼儿园坐落于瓯海区娄桥街道吹台中路 99 号，北邻亚运龙舟基地，南朝东耕文化古村，西向瓯海中央绿轴，依托东耕村悠久的文化底蕴，民俗活动丰富多彩，农耕生活世代相袭，例如龙舟竞渡、龙灯会等特色活动，贴近幼儿生活，这些丰富的文化资源和自然资源为幼儿园课程开展提供了有力的保障。我园在"让每一朵花蕾悠然绽放"办园理念的引领下，融合在地资源，致力打造一所简约大气、韵味悠长的新中式风格漫园，以二十四节气为理念需要架构了"节气有约"课程，带孩子感受生活，体验传统，培养爱玩耍、善表达、乐交往、喜探索、巧创意的儿童。

"节气有约"课程以幼儿园的生态环境为依托，以节气为主题设计相关的活动，引导幼儿通过自然观察、农耕体验、艺术表达、烹调饮食等多种形式的活动，探索大自然的秘密，了解人与自然的关系，学习与大自然和谐相处。

一、课程背景

近年来，传统文化越来越受到人们的重视，而最具代表的当属二十四节气。二十四节气是中国人民与自然保持和谐一致的生活和劳作方式的体现，也蕴含着鲜明的中华民族传统习俗和深厚的文化积淀，不论是农业价值还是文化价值都有利于幼儿对传统文化的认识，培养幼儿与自然和谐相处的态度和能力。卢梭所推崇的自然教育正是归于自然，以自然的教育为基准，从而顺应儿童天性发展的自然历程，遵循儿童身心发展的特征。节气活动就是抓住节气的自然本质与儿童的率真本性的契合点，激发幼儿探索自然乃至世界的渴望，让儿童的好奇心与自然中千变万化的植物、动物、天气等变化相连，让他们走进自然，发现自然的规律，感受自然的奥秘。

由此，我园在文化传递的过程中，基于儿童的视角、生活经验和认知特点，让儿童感受和认知大自然的节气变化，培养其对大自然的亲近与尊重；体会节气的民俗内涵，从中了解丰富多彩的传统生活气息和中国传统智慧；感受节气所呈现出相应的自然和人文景象，唤起至真至美的感受，学会诗意地生活。

二、课程理念

我园地域有优势，周边有丰富的自然资源：吹台山森林公园、吹台山生态农庄、瓯歌农林观光园、白云山农业观光园。春天，草木萌动，万物欣欣向荣，我们观察到百花齐放的美景；夏天，生机勃勃，蝉鸣阵阵，我们聆听到自然里的交响曲；秋天，硕果累累，野草芬芳，我们享受自然中味觉、嗅觉、视觉的盛宴；冬天，大地宁静，我们寻找绿色，发现更多生命。孩子们回归自然，尝试用观察、记录、探索、游戏、艺术的方式发现身边的美好，建立人与自然的情感联结。在大自然中成长起来的孩子，必然更容易拥有适于天性的情怀，更加健康快乐，更加拥有自我。由此，"节气有约"课程以"顺应天性，回归自然"为课程理念，强调"丰富经历、真实实践、自主探究、激荡思维"的学习方式，依循四季传统节令，通过"一体两翼"落实课程，即以主题项目学习为主要实施路径，以生活实践活动和节令序列化活动为两翼构建"节气有约"课程，促进孩子自主学习、合作探究，使其获得生活经验，解决问题，增强合作交往能力。

三、课程目标

课程目标，我们定位为重体验与参与、重过程与学习品质。幼儿在活动中有积极的情感体验，舒展他们的天性，在过程中通过操作和实践获得经验以及提升学习品质。目标体系包含课程总目标、节气主题目标以及具体活动目标三个层次，目标内容包含认知目标、能力目标、技能目标。希望通过"节气有约"课程使孩子知道有关二十四节气的基本知识；使孩子了解与二十四节气相关的民俗文化，感受自然的变化；增加孩子亲近自然的机会，增强孩子热爱自然、热爱中华民族优秀传统文化的情感。课程目标设置详见表4-1-1。

表4-1-1 "节气有约"课程各年龄段分目标

年龄段	目　　　标
小班段	1. 初步了解节气知识以及相关习俗，能说出几个重要的节气名称。 2. 理解四季轮换，能用不同形式表达对节气的了解。 3. 愿意参加活动，感受节气活动的快乐。
中班段	1. 了解节气的相关习俗知识，能说出二十四节气。 2. 能用不同形式表达对节气的了解，产生探究的欲望。 3. 积极参加活动，初步感受祖国优秀传统文化的魅力。
大班段	1. 知道一些重要节气的来历和作用，体会背后所蕴藏的情感价值。 2. 初步掌握观察法、调查法、提问法、采访法、设计方案法等研究方法。 3. 初步学会搜集资料的方法，积极组织活动，开展富有创意的节气体验活动。

四、课程内容

（一）课程框架

在2年的教学实践探索中，我园发展出以主题项目学习为主体的课程体系，由"节气生活、节气美学、节气文化"三个板块组成（见图4-1-1）。

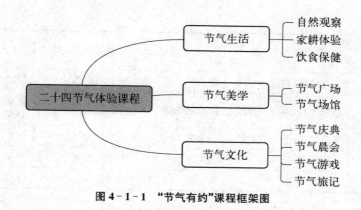

图4-1-1 "节气有约"课程框架图

(二) 课程设置

　　根据二十四节气的季节更替变化,结合幼儿教育的特点和实际,运用科学的儿童观、教育观对二十四节气文化予以选择,联系省教材内容和网络资源,甄选适宜我园幼儿发展的二十四节气教育内容,构建二十四节气课程内容,分为"春之蛰动""夏之蝉鸣""秋之韵歌""冬之暖阳"四个大主题,另有每月一个小主题,每个主题涵盖"看看自然、聊聊生活、讲讲故事(习俗)、读读诗词、玩玩游戏"五个板块的内容,以"实践、游戏、收集、学习、环境"为实施路径。整个课程包括跟着节气观察万物变化、了解节气风俗文化、诵读节气诗词故事等活动,使内容、教育与主题有机整合,让二十四节气走进幼儿生活的方方面面。课程主题详见表4-1-2。

表4-1-2 "节气有约"课程主题安排表

时间 ＼ 年龄段	大、小主题活动	小班主题活动	中班主题活动	大班主题活动
3月	春之蛰动(惊蛰、春分)	春意满园	春暖花开	春天的交响曲
4月	缅怀清明	酸酸甜甜品清明	纸鸢寄梦忆清明	春雨纷纷话清明
5月	夏之蝉鸣(立夏、小满)	清凉一夏	小满,小满,幸福满满	夏日初长成
6月	让爱童行(芒种、小暑)	爱的拥抱	播种希望,收获幸福	毕业记

续　表

年龄段 时间	大、小主题活动	小班主题活动	中班主题活动	大班主题活动
9 月	秋之韵歌（白露、秋分）	甜甜的秋天	秋天的旋律	情暖中秋
10 月	感恩十月（寒露、霜降）	浓浓敬老情	祖国妈妈我爱你	萧萧秋意，暖暖寒露
11 月	冬之暖阳（立冬、小雪）	冬天来了	拥抱冬天	冬天的秘密
12 月	快乐冬至	舌尖上的冬至	冬至雪纷飞	冬至大如年
1 月	迎新年	新年好	欢欢喜喜过新年	红红的年

以中班主题活动"春暖花开"为例，详见图 4-1-2。

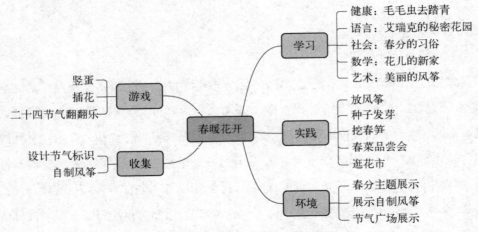

图 4-1-2　中班春分节气主题网络图

五、课程实施

（一）以自然化情——嵌入式

在"节气有约"课程中，孩子们有很多接近自然、探索自然的机会，感受顺应自然，依顺自然时序而生活。我们组织孩子应时体验与节气对应的农耕活动，包括农作物种植、管理、收获等，满足幼儿亲近大自然的需要，增进幼儿对植物的情感，让幼儿在多样化、多方式的四季种植活动中，增进对植物及其生长发展过程的了解，增进对植物生长条件的了解。通过农耕活动，孩子了解了春生夏茂、秋收冬藏的自然规律，知道了春分种土豆、谷雨栽种西红柿、立夏种植黄瓜辣椒等书本上没有的知识。我园根据季节特点、人文特点进行初步规划，小班种植低矮的蔬菜，如辣椒、小葱、大蒜、韭菜、青菜、空心菜等；中班种植需搭架的蔬菜，如豇豆、四季豆、西红柿、黄瓜等；大班种植瓜类蔬菜植物，如南瓜、冬瓜、香瓜、菜瓜。各班各自成立"护绿小组"，从不同角度观察记录植物外形特征和生长变化的轨迹，并且制作各类植物资源卡，主要标注植物的名称、属性和基本特征。

（二）以生活融学——整合式

"节气有约"课程的结构注重整体性和综合性，以此更好地促进幼儿学习经验的迁移。通过创设丰富的活动情境，营造有利于幼儿主动活动的氛围，创造各种互动的机会，以游戏的方式与一日生活紧密联系，将课程自然渗透在其中。例如在过渡环节播放与节气相关的儿歌和谚语，午睡前播放节气故事等；在阅读区里放置《这就是二十四节气》书籍，在科学区里观察日历上的节气，记录天气的变化；在美工区里一起动手涂涂画画，利用各种废旧材料自由创作节气长廊；在表演区里唱唱二十四节气歌，大胆表达对节气的喜爱等。在户外活动时，玩一玩"跳皮筋""踢毽子""滚铁环""挤油油""手抓沙包"等传统民间体育游戏，丰富游戏内容，了解不同的节气玩不同的体育游戏。在餐点活动中，将二十四节气特有的饮食文化，适时渗透在幼儿"一餐两点"中，如在清明节气学做"清明饼"，立夏节气品尝温州特有的"薄饼"，冬至节气动手搓一搓汤圆，这些都是幼儿欢呼雀跃的舌尖体验。

利用场馆活动展开节气文化艺术活动，提供与节气相关的自然材料，引导幼儿发挥自己的想象和创意，春分进行油菜花写生，处暑利用各类种子进行种子贴画，寒露一起收集落叶，使幼儿浸润在浓厚的传统文化和节气文化的氛围中，得到潜移默化的熏陶。

通过周末亲子活动让幼儿走进大自然感受天气的变化、动植物的特点以及节气与人们生活的关系，从生活中感受节气，又能在生活中迁移经验表达对节气的理解和喜爱。春的生机、夏的绿荫、秋的收获、冬的希望，节气中的自然秘语需要孩子们自己去发现。背上行囊，带上好心情，用眼睛观察油菜花的结构、用脚丫感受青草的触感、用双手拥抱温暖的阳光。

（三）以民俗悟本——专题式

许多节气被赋予了丰富多彩的民俗内涵，变身为节日，有着花样繁多的节令活动，寄托了人们的信仰与心愿，传承了人们对美好生活的向往，产生了许多有特色的饮食习俗、节气体验等，比如清明吃青团、立秋吃西瓜的风俗依旧流行，尤其是每年到了立冬、冬至时节，人们吃饺子、馄饨、汤圆等。

幼儿在了解二十四节气的过程中，还生成了很多自己感兴趣的探究活动。例如在夏季节气中，赛龙舟是特征较明显的一个民俗活动，孩子们在体验过赛龙舟后，对于龙舟产生了更浓厚的兴趣：龙舟为什么叫龙舟？龙舟和我们平时见到的船有什么不一样？由此展开了探索龙舟与船的不同之处的项目活动。幼儿从谈话入手了解关于龙舟与船的不同之处，得出四个不同点：独特的龙舟型（外观形状）；龙舟前进的秘密（动力形式）；龙舟中的"他"力量（人员角色分配）；龙舟里的声音（龙舟的口号）。基于前期讨论、规划、信息收集等，幼儿明确了自己要做什么、怎么做后，开始进入表征探究阶段。教师和幼儿共同记录探究过程和遇到的问题以及解决方法，帮助幼儿回顾和反思项目开展经历。我们抓住儿童对龙舟的热议，及时捕捉住了孩子关注的点、感兴趣的点，寻找其价值意义，将龙舟赛事上团结合作、开拓创新、力争上游、体现自我的龙舟精神进行提炼，并将记忆进行梳理。

（四）以艺术循迹——开放式

在二十四节气相关的文化艺术活动中，幼儿跟随节气进行自主创作活动，在与自然材料的互动过程中感受自然的魅力。动植物的色彩、声音、线条、形态，植物的发芽、展叶、开花、叶变色、落叶等现象，初霜、终霜、结冰、消融、初雪、终雪等水文气象……幼儿置身其中，看美景，大自然的鬼斧神工；听声音，动物界的天籁之音；闻花香，植物界的天然香氛；画天象，变幻莫测的神奇之美。这些活动丰富了幼儿的想象力和创造能力，并使幼儿获得审美能力的发展。

在冬至节气活动中，小班的"吹画梅花"活动，幼儿用吸管将墨汁向纸的中心吹，同时不断改变吹气的方向，吹出细密丰满的枝条；最后用棉签蘸上红色颜料，点出朵朵漂亮的梅花。中班的"枯木逢春"活动中，幼儿有的用树枝蘸上颜料进行拓印，变出美丽的腊梅；有的将枯树枝插在瓶子里，利用皱纹纸、彩泥将一段段枯树枝装扮得五彩斑斓；有的还用木片和彩色卡纸变出飞鸟、娃娃脸，可爱极了。

六、课程评价

在"节气有约"课程中，我们主要采用多元化的课程评价理念，评价贯穿于课程的全过程，具有持续性和发展性，教师、幼儿、家长都是课程评价的主体。我们秉持着正面评价、重视过程、重视体验的原则尝试了展示性评价、叙事性评价、表现性评价等方式进行评价，尊重个体差异，促进每个幼儿在原有水平上提高。

（一）展示性评价

展示性评价是对"节气有约"课程中幼儿实践效果的显性阶段的评价，是幼儿与教师颇为关注的重要环节，也让师生、家长感受和体验幼儿的成功与收获，分享成果的乐趣。同时，这也是针对幼儿实践过程中的作品、表演、介绍等对幼儿在动作技能、情绪情感、认识、创造力等方面的评价。

（二）叙事性评价

学习故事评价又称叙事性评价,是通过对幼儿在真实情景中的行为进行连续描述来表现幼儿的学习与发展情况。教师作为真实的观察者,在课程实施过程中真实地观察、记录幼儿的语言表述、情绪状态和行为反应,探究背后的原因,为接下来的活动提供新思路,也为更好地了解幼儿提供帮助。

（三）表现性评价

① 坚持评价内容的多维化。在本课程中,技能不宜作为首要标准,而应重视孩子的探索过程、学习态度和实践能力的进步和变化。

②坚持评价方式的多样性。把结果评价与过程评价、定性评价与定量评价结合起来（见表4-1-3、表4-1-4）。

表4-1-3 "节气有约"课程主题活动过程评价表

评价内容　　评价人	大胆表现	主动参与	认真操作	其他发现
自　己				
同　伴				
教　师				

注：请在相应的表格以"☆"及图文并茂方式记录

表4-1-4 "节气有约"课程主题活动结果评价表

评价内容　　评价人	成果展示	创意水平	反思改进水平	其他发现
自　己				
同　伴				
老　师				
家　长				

注：请在相应的表格以"☆"来评定所列内容

③坚持综合素质评价。建立幼儿成长档案记录。通过教师评、同伴评、幼儿自评,推荐"每月之星"。

七、课程成效

(一) 教师的成长

在课程实施之前,教师们对于二十四节气的了解程度仅仅停留在知道节气的名称;在实施中,通过不断查阅文献、走访村民,了解了节气的文化内涵、民俗活动。于是,以幼儿园生态环境为基础,以本区的自然环境、人文资源、民俗民风为依托,结合幼儿的年龄特征和发展规律,以二十四节气为主线,设计出节气主题的活动并进行实践,多名教师还进行区级经验分享交流。

(二) 幼儿的成长

孩子们在探究的过程中,真实体验到了大自然的神奇,领略了二十四节气文化的精妙之处。"寒来暑往、秋收冬藏"对于他们来说不再是抽象的语言,他们承担了一周晨会的节气宣讲,在一周晨会里更加熟知节气的时间、习俗,在跳一跳、唱一唱、演一演中,加深对节气的认知;在"大带小"活动中向弟弟妹妹介绍节气的由来、节气饮食、节气习俗等。这个探究的过程,既是经验建构的过程,又是快乐生活的过程,让孩子体验自然、民俗、艺术之美;给孩子一个认识节气习俗、时令的舞台;鼓励孩子在兴趣驱动下,开展学习探索和艺术创造。

八、课程回望

（一）课程资源

　　课程资源是实施幼儿园课程的重要载体和实现课程目标的重要条件，在实践过程中，还存在着课程资源建设匮乏的问题，我们还只是挖掘了娄桥的一小部分资源，还有许多资源等待开发，比如吹台山生态园、亚运公园等。在课程资源收集方面，我园打算今后从自然资源、社会人文资源、废旧材料、教师工作资源等方面着手，收集以后进行加工。实物资源加工，例如将被损坏的教学具进行修补，清洗消毒回收的酸奶瓶、饮料罐，或利用废旧物品进行教玩具改造等。音像、电子文档资料加工，例如培训回来的视频进行剪辑、音乐的分类和使用、将书刊上的重要观点摘录出来供教师学习参考等。

　　在课程资源的整理与归类方面还需进一步落实，预期从实物资源和电子文档两方面进行分类整理。实物资源库可分为园、年级、班级三级资源库进行分类整理，全园资源库的整理由兼职管理员负责登记、核对、增添，年级资源库由教研组长负责整理用于支持课程实施的资料与材料，班级资源库则让幼儿参与整理分类摆放。电子文档可建立资源分享包，分类音频、视频、图片、文档，方便查找。

（二）课程生成

　　对于教师来说，如何把握好教育实践中预定和生成的平衡是一道难关。我们发现预定内容过多，幼儿就会丧失自主探究的机会，生成内容过多，则易造成"放羊式"的状况。因此，生成活动更注重经验的分享，而且分享的方式多种多样。幼儿大多通过绘画、讲述、图表符号等多种方式交流，生成的途径也可从故事、环境、游戏、绘本等方面着手。下一步行动是将生成活动和预设活动相结合，每个主题中预留2—3节课作为班级生成课程，由年级组和教师自己安排。每学期根据时间的长短，安排不同大小的主题，预设每个主题的活动单元，根据幼儿的生活和对主题的不同兴趣，延长或缩短本主题的活动时间，生成新的单元活动或删除预定的活动。

（三）教师课程执行力

园本课程的实施对教师的实践智慧、观察和指导能力、创设环境能力、合作和反思能力、教育管理能力的要求较高，教师如何将理念转化成行为，还有待研究。同时，课程实施的最终承担者还是教师，教师是将幼儿园课程转变为幼儿经验的最重要中介。我们的下一步行动是为教师提供两种在实践过程中更好的方式。操作方式一是预操作，提倡教师基于教学设计进行"幼儿预操作"假设，分析幼儿预操作来了解幼儿经验水平，筛选操作材料，判断提问、指令、程序等要素的适宜度，进而思考教学的设计是否适宜，从而提高教师团队的前设计能力。操作方式二是视导记，旨在借助教师团队的力量，从语言和非语言两种互动行为出发进行"现场视导记"，对教学现场中的某一互动行为、师幼双方的行为表现进行细致客观的记录，给予观察后的建议与引导，通过与被视导教师面对面的互动交流、反思分析，来帮助教师进行自我审视，积累基于实践的互动策略，改善自身的互动行为。

总之，"节气有约"课程是师生共同经历的、汇聚美好事物的、拥有生命温度的课程，让与节气相关的文化成为一种生活仪式甚至特定的生活方式，以幼儿为中心，贴近幼儿生活，以幼儿喜闻乐见和能够理解的方式开展适合幼儿的传统文化启蒙教育，那些有历史感的物品、游戏也能在孩子的手中诞生新的回忆。

（开发者：程艳艳　王芳芳　黄珊珊　胡梦梦　陈笑）

第二节 "小农夫"课程：在田园劳作中生长

瓯海区潘桥第一幼儿园地处农村，与潘桥河比邻，地势呈半岛状，周边有四季变化鲜明的农田与农作物。农村的自然环境中蕴藏着丰富的教育契机，我园利用这种先天条件开设了"小农夫"课程，实现"让个体生命潜能得到自由、充分、全面、和谐持续发展"的全人教育目标。让孩子在田园里描绘田园故事，在大自然中体会生命悦动的惊喜；让孩子的天性在田园中自由生长，让大自然成为孩子最亲密的玩伴。

幼儿参与种植与管理，获得种植的经验和种植劳动的基本技能，萌发种植劳动的意识，体会种植劳动带来的乐趣。而种植过程给幼儿提供了接触和探究植物，感知和发现植物外形特征、生长变化的机会，是幼儿亲近自然的过程，也是幼儿关注、关爱生命的天性得以展现的过程。

一、课程背景

优美的园所环境、丰富的农村资源形成了我园独特的地域环境，而这种以独特的地域环境和文化为依托，强调以自然环境为基础，让幼儿通过自己的观察、探索、尝试来主动积极、创造性地学习，正是我园的园所文化内涵的一部分。

纵观我园种植现状，我们发现：

现状一：种植教育环境成人化——导致儿童只是种植活动的配角

对于孩子们来说，种植并不是一件易事。孩子们缺乏种植的经验，不具备相应的种植技能；并且按照成人观念中对种植的固化印象，种植的步骤是复杂的，超出孩子们能力范围，种植工具也不适合所有孩子使用。因此，种植劳动的核心步骤往往由保育员、保安等人完成，而孩子们只是做一些简单的工作，比如拔杂草、浇水。

现状二：种植教育方式不得当——导致儿童被动参与种植活动

种植活动开展之初，许多种植探究活动都是由教师发起并主导的，教师单方面把种植的品种、种植的工具以及植物的护理方法灌输给孩子们。在此情况下，孩子们只是一个种植的被动执行者，导致孩子们缺乏参与种植的内驱力，积极性大打折扣。

现状三：种植活动评价没跟进——导致儿童对种植活动无兴趣

一开始，种植活动的评价开展没有进行完整的规划，停留在想一步做一步的阶段，导致了孩子们在老师的引导下不断地付出劳动，却没有得到相应的反馈，没有感受到自己的劳动成果。因此，孩子们的种植激情不断被消耗，渐渐失去了种植兴趣。

我园从实际情况出发，重新审视和预设互动的种植园，让种植的每一种植物都发挥其最大的教育功能。让幼儿亲历种植活动，了解常见农作物的生长过程，在动手操作中获得知识，构建经验，体验劳动的乐趣与艰辛，获得大自然给予的快乐，从而让种植过程真正属于孩子。

二、课程理念

"小农夫"课程是遵循儿童天性的、贴近生活的、开放的、动态的课程。课程以"走进自然、走进生活、走进儿童"为核心，提出了三个方面的基本理念：一是支持，打造丰富真实、自然的生活环境、田园环境，倡导幼儿接触自然，支持幼儿的探究行为，满足幼儿好奇好问的特点；二是赋权，把幼儿亲近自然、亲近生命的天性还给孩子，把自主探究的权利还给孩子；三是激励，激励幼儿全面投入，围绕真实的问题开展活动，让幼儿付出自己的种植劳动和探索，获得积极的情感、习惯、技能的体验，激励幼儿成为一名亲近自然、乐于探究、善于表达的阳光儿童。

三、课程目标

（一）总目标

"小农夫"课程旨在让幼儿真正生活在田园环境里，了解自然中事物的生长规律，亲近自然；乐意发现和探寻生活里出现的问题；能用多种不同的形式表达和表现自己；在各类活动中，热爱劳动，热爱生活，热爱自然。

（二）各年龄段目标

表 4-2-1　"小农夫"课程各年龄段目标

年龄段	课 程 目 标
小班	1. 认识常见的植物，愿意接触种植田地。
	2. 了解常见的种植工具的名称和用途。
	3. 乐意在成人和同伴的帮助下，参与种植活动。
	4. 初步萌发劳动意识，力所能及地为植物进行护理。
中班	1. 喜欢植物，乐于参加种植活动。
	2. 了解常见植物的生长变化和基本条件。
	3. 乐意使用各种工具进行种植劳动。
	4. 有初步的责任心，能使用简单的方法照顾植物，爱护身边的自然资源。
大班	1. 乐于参加种植活动，并能持久地参与种植劳动。
	2. 对植物的特点、变化规律有好奇心和探究欲望。
	3. 能有选择地使用工具进行种植活动，主动积累相关经验。
	4. 了解常见植物的不同种植和护理方式，会用简单的符号记录。

续　表

年龄段	课　程　目　标
大　班	5. 尝试与同伴合作进行种植,主动探究植物的秘密。
	6. 察觉植物的外形特征、习性与生存环境的适应关系。
	7. 能主动关心、保护植物,知道尊重和珍惜大自然。

四、课程内容

在真实、自然的田园环境中,我园的孩子们不用每天枯坐在教室里,我们最大限度地结合园内资源,激发幼儿与自然环境进行探索与互动,最终设定"一园一劳一探"的课程框架,推进"小农夫"课程的实施(见图 4-2-1)。

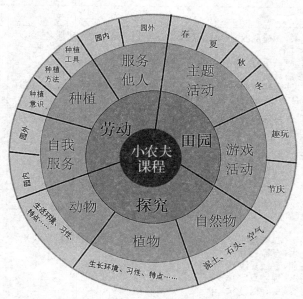

图 4-2-1　"小农夫"课程规划图

（一）以田园环境为载体，开发田园主题活动

1. 打造适宜的田园环境

都说环境是最无声的老师，幼儿园充分发挥种植园、自然角、种植的花草树木的资源优势，积极打造环境，让环境成为教材，使孩子在潜移默化中受到教育，促进孩子的健康成长。适宜种植环境的创设，让各个年龄段的幼儿都能够参与到种植劳动的各个环节中来，让种植不再是一件难以操作的事情，使幼儿在种植劳动中初步收获了成就感，产生了一定的种植兴趣。

2. 结合主题，生成种植课程

我园拥有近千平方米的户外种植场地。幼儿园"小农夫"课程组成员根据幼儿园的土壤特点、季节特点、幼儿年龄特点进行初步的规划（见表4-2-2）。

表4-2-2 "小农夫"课程各年龄段内容表

时间 年龄段	季　节			
	春	夏	秋	冬
小　班	韭菜（春播夏收） 小白菜 四季豆、毛豆、豌豆 （春播夏收） 丝瓜（春播夏收） 向日葵（春播夏收）	小白菜 萝卜（夏播秋收） 葡萄（夏收）	韭菜（秋播冬收） 大蒜（秋播冬收） 小白菜 萝卜（秋播冬收） 四季豆、毛豆、豌豆 （秋播冬收）	小白菜 萝卜（冬播春收）
中　班	香菜（春播夏收） 生菜 芹菜 地瓜（春播夏收） 佛手瓜（春播冬收） 茄子（春播夏收）	香菜（夏播秋、冬收） 地瓜（夏播冬收） 茄子（夏播冬收） 桃子（夏收）	香菜（秋播冬收） 生菜	土豆（冬播春收）
大　班	辣椒（春播夏收） 茼蒿 花菜 芋头（春播夏收） 花生（春播秋收） 番茄（春播夏收） 南瓜（春播夏收） 百香果（春播冬收） 玉米（春播夏收）	辣椒（夏播秋、冬收） 花菜 芋头（夏播冬收）	茼蒿 芥菜 番茄（秋播冬收） 玉米（秋播冬收）	

　　课程即教育的途径和方法。我园以省编教材为主，从儿童有什么、需要什么、喜欢什么等方面进行梳理，保留审定教材中有价值的活动，增加园本课程活动，删减不适宜的活动，调整和优化主题内容。如小班主题"秋天来了"，结合语言活动"拔萝卜"，引发幼儿对萝卜有进一步探究的兴趣。为此，小班开展一系列有关种植萝卜的活动。又如中班"拜访春天"主题，教师组织孩子寻找春天里的芽苞苞，孩子们对周围植物产生了好奇，产生"春天的植物都是什么时候种的？芽包包之后会长出什么"等问题，为此，教师组织幼儿认识种植园里的土豆、小葱、大蒜、小白菜、桃花、梨花等植物并对它们进行生长变化的观察和探究。

　　又如：大班开展有关秋天的主题活动，根据孩子的兴趣生成了"大自然的密语"种植主题，教师组织孩子认识各种各样的种子；利用种子学习数的组成，进行种子贴画、种子发芽试验等活动。这些种植课程生成，来自幼儿的生活，来自幼儿的兴趣，趣味种植园的存在又便于幼儿亲身体验，孩子获得的知识完整，学习的效果事半功倍。

　　课程设置见表4-2-3。

表4-2-3　"小农夫"课程设置表

时间 年龄段	课　程　内　容		
	主　　题	领　　域	典型课例名称
小　班	春天里	种　植	种豌豆
	好玩的夏天	社　会	参观水果店
	秋天来了	语　言	胡萝卜种子
	冬天，不怕冷	社　会	白菜宝宝
中　班	拜访春天	种　植	我们来种茄子
	缤纷夏日	社　会	谁来买桃子
	多彩的秋天	科　学	香香的菜
	我运动我健康	艺　术	土豆大变身
大　班	春天里的故事	语　言	一园青菜成了精
	清凉一夏	种　植	辣椒长在哪
	大自然的密语	科　学	玉米种子的秘密
	爱上冬季	社　会	给大树做衣服

3. 开展游戏，延伸种植课程

游戏是孩子的基本活动。结合幼儿园的种植资源，幼儿园开展多种有关种植的游戏。如：小班的"拔萝卜"游戏，中班的"掰玉米"游戏，大班"给小树穿冬衣"游戏等。游戏的开展，加深幼儿对植物的认识，促进幼儿的交往，丰富幼儿的生活体验，促进幼儿多方面的发展（见表4-2-4）。

表4-2-4 "小农夫"课程田园趣玩活动安排表

年龄段	时间	季 节			
		春	夏	秋	冬
小班	园内	1. 雨中漫步 2. 后花园的小草坡	1. 我的石头朋友 2. 沙池寻宝	拾落叶	1. 赶小猪 2. 逃家小兔 3. 拔萝卜
	园外	寻蝌蚪	抓泥鳅	1. 野餐 2. 田野秋游	亲子运动会
中班	园内	找蜗牛	1. 打水仗 2. 刨花生 3. 掰玉米	1. 搭帐篷 2. 玩桂花	后花园扮家
	园外	1. 捉蜻蜓 2. 田间春游	野外运动会	1. 田野写生 2. 游玉米地	冬藏食物
大班	园内	1. 探索植物园 2. 玩泥巴	1. 天气记录 2. 寻虫记	1. 种子博物馆 2. 丰收义卖	给小树穿冬衣
	园外	放风筝	1. 露营 2. 捕鱼	1. 扎稻草人 2. 收割稻谷	1. 野外定向寻宝 2. 野趣冬游

（二）以"三物"为载体，提升"小农夫"课程的内涵

我们以动物、植物、自然物等"三物"为载体，让幼儿在真实、自然的情景中进行探究学习，使我们的种植课程不再仅限于单一的种植，而是有更深层次的思考。例如，大班主题"爱上冬季"中，大班的孩子除了了解冬天各类不同的自然现象，还要上升到生活里，比如了解冬季里动植物的过冬方式和人们的生活。我们考虑到大班幼儿的学习方式和学习特

点，我们从感知、体验的路径去设计活动。我们先是让孩子们在课堂中了解植物过冬的方法，然后去体验帮助植物过冬。我们让孩子刷石灰来保护树木度过一个温暖的冬天。在制作石灰水的过程中，孩子们还发现了石灰的秘密：与水相溶会沸腾，石灰是很危险的。这样指向现场、指向实践的主题活动，让我们的课程真正做到园本化、真实化、多元化。

（三）以劳动为载体，让儿童成为劳动的主人

一日生活皆课程，《3—6岁儿童学习与发展指南》的健康领域第三个子领域"生活习惯与生活能力"涵盖了与幼儿健康成长有密切关联的生活习惯、卫生习惯、生活自理能力和安全生活的能力，这些都是幼儿阶段需要学习与发展的重要方面。习惯需要从小培养，幼儿阶段正是良好的行为与习惯养成的重要时期。幼儿需要从学习生活开始，为今后的独立生活打下基础，生活自理能力和安全生活的能力也都是幼儿适应社会生活必备的基本能力。

陈鹤琴认为，对幼儿进行劳动教育，培养幼儿的劳动习惯和技能，不仅是"生活"使其然，而且与幼儿体力、智力、道德和美感的发展之间，有着不可分割的联系。

在幼儿园的一日生活和田园环境中，面向生活，将其中具有教育价值的内容和劳动教育融入一日活动中，让幼儿在动手操作中获得自我服务能力，构建良好的生活习惯。

五、课程实施

（一）发挥课程管理职能，为幼儿园"小农夫"课程资源开发服务

1. 立足实际，制定方案

我们从幼儿园实际出发，制定了"小农夫"课程实施方案，并通过开展全园性的教

研活动及家委会，多次分析、讨论、修订，使方案集合了大家的智慧，使大家都能够明确研究目的、意义及实施方法（见图4-2-2）。

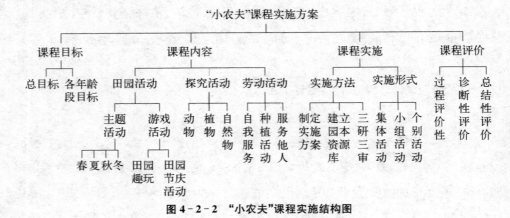

图4-2-2　"小农夫"课程实施结构图

2. 建章立制，健全机构

为了保障方案的有效实施，我园成立了以园长为组长的课程研究领导小组和实践操作指导组。领导小组负责课程的顶层设计，主要是对项目进行前期的设计和过程中的统筹调度。实践操作指导组由班级教师、园内保安及种植园级家委会组成，主要负责种植活动的技术指导。为了推动项目向纵深发展，我们采用每月进行一次汇报、每学期进行总结的制度。通过实地观摩、研讨等形式，及时梳理相关经验，形成相关的课例和游戏活动。

3. 动态管理，关注实效

针对"小农夫"课程资源开发中出现的问题，我国开展专项研讨活动，通过动态的课程审议，使其更具可行性和操作性。在研究过程中，我们以班本化作息的方式，让教师可以根据幼儿的兴趣和课程研究需要调整一日活动安排。

（二）发挥教师主体作用，为幼儿园"小农夫"课程资源开发服务

1. 加强学习，研训一体

"小农夫"课程资源开发和利用能否顺利实施，教师是关键。教师不仅是课程的执

行者,而且是课程开发的主体,是课程的设计者、研究者;我们通过园本教研活动,举办各种相关讲座、观摩研讨等,让老师的课程观、教育观、儿童观发生改变。

2. 积累资料,服务研究

为了完整保留研究过程中的第一手资料,我们组织教师每月展示交流种植资源开发研究的过程性资料。其中包括:文字资料,教师记录的幼儿参与种植的观察记录表、课程故事、儿童活动语言实录等;影像资料,由教师拍摄的视频片段和幼儿视角的视频片段。这些资料真实地再现了幼儿参与种植活动的全过程及教师每个研究阶段采取的策略,便于回顾总结与调整改进。

(三) 发挥"小农夫"课程资源作用,为幼儿发展服务

1. 让"小农夫"乐园架起师幼互动的桥梁

我们把种植的权利还给儿童,以幼儿的兴趣和需要出发,强调幼儿的直接体验,强调活动过程。如每学期开始,每个班都要选择这一学期要种植的植物。我们一改以往由老师决定种植种类的方式,在开学前就发放亲子调查表,让幼儿了解当下可以种植的植物并去了解它的种植方法和注意事项。由幼儿制作植物名片,在班级里进行介绍,并通过投票的方式选出想要种植的植物。在这个过程中,幼儿既丰富了对植物的认知,也萌发了自主选择意识,更有助于表达能力的提升。

2. 让"小农夫"乐园成为幼儿主动探究的试验田

我们注重尊重幼儿的好奇心,顺应幼儿的探究兴趣,让幼儿在亲自参与播种管理、收获分享的过程中,学会主动观察、发现、对比、合作,学会通过连续的观察记录及种植故事去表达自己的发现和感受,真正使丰富的自然环境成为幼儿主动探究的园地。如大(3)班的幼儿在骑车区骑车时,发现骑车区有一株藤蔓是没有支架的,散落在地面上。帅帅说:"车子骑来骑去,要是被压到藤蔓就危险啦。"于是他就发动小朋友一起为剩余的藤蔓搭建支架,将幼儿园里寻找到的材料当支架,用木棍、绳子把支架搭好了。一次意外的发现,让幼儿进一步了解爬藤类植物生长的特点,并且学会了如何给植物搭支架,帮助植物生长。

3. 让"小农夫"乐园成为劳动教育的摇篮

为了真正让幼儿成为"小农夫"乐园的主人，必须要放手让幼儿进行自主管理。幼儿在一次次种植、管理和观察的过程中，体验了种植过程的艰辛，感受了呵护植物的责任，收获了果实丰收的喜悦，习得多种劳动技能和劳动经验，建立了"我是幼儿园田园小主人"的主人翁意识，更爱上了吃蔬菜。

（四）有效利用家长资源，为幼儿园"小农夫"课程资源开发服务

1. 家长参与，出谋划策

通过发放调查问卷，召开家长会，在幼儿园网站、家长园地等宣传种植活动对幼儿发展的价值；将擅长或懂得种植的家长引入课程，作为志愿者参与指导班级的种植活动，为我们种植园地的开发和利用出谋划策。

2. 家长进课堂，提供技术指导

我们部分家长正从事农业生产工作，对当地农作物、水果、蔬菜的种植与管理得心应手，我们邀请他们作为志愿者，参与班级种植活动的指导。

3. 家园同步种植，开发对比性种植环境

家长和孩子一起在家中种植，给幼儿创设一个良好的对比种植环境，将种植活动延伸到家庭中，既能了解孩子在幼儿园的种植情况，又能进行有针对性的指导，激发孩子继续探究的积极性。各班还定期邀请家长召开交流会，让大家从不同角度感悟种植活动对于幼儿发展的价值。

六、课程评价

"小农夫"课程的评价是多元、真实、贴切的。课程评价对课程的价值以及实施起

着重要的监控作用。在评价中，我们关注个体差异，重视评价指标、评价方法和评价主体的多元化，在实践中逐步形成了一些评价方式。

（一）幼儿方面

每个幼儿的发展都需要培养，促进幼儿全面发展，为其发展打下坚实基础。我们课程小组设计了六种简易评价方法。

① 发展评价图表法：教师根据植物的种植流程，设置评价图表（见表4-2-5）。

表4-2-5　"小农夫"课程评价表

评价内容（图谱）	过　程　评　价		
种植地点	★合适	★比较合适	★不合适
工具使用	★正确	★比较正确	★不正确
种植深度	★合适	★比较合适	★不合适
覆土厚度	★合适	★比较合适	★不合适
浇水量	★合适	★比较合适	★不合适
生长情况	★正常	★比较正常	★不正常

② 过程管理比较法：根据同一品种植物的长势，设置评价表。

③ 果实展示法：根据不同果蔬的特点，进行不同方式的展示活动，让孩子在活动中充分体会成功的乐趣。

④ 成果分享法：让孩子将自己种植的果蔬带回班级或家里，和朋友、家人分享，让大家一起品尝自己的劳动成果，增强孩子的自豪感。

⑤ 涂鸦、写生、拍照法：让幼儿为自己种植的植物留下印记，在交流活动中介绍植物，让孩子通过交流提高口语表达能力，为自己的种植过程得到大家的肯定而充满自信。

⑥ 便利贴评价：在幼儿日常的生活活动中，老师在日常的观察中，会发现一些可以捕捉的闪光点或者是教育契机。这个时候，老师就可以用便利贴的形式，简单记录

事件和当下的想法，为后续进行深入的研究提供素材。

（二）教师方面

"小农夫"课程的实施中，对教师从四个方面进行评价。

①对教师掌握的有关植物的科学知识量进行评价。通过一月一次的植物百科知识竞答，检验教师掌握情况，促进教师积极提升自身的知识储备。

② 对教师的实践种植技能技巧进行考核。在学期初，开展教师种植爱心田园，比量教师的种植技能。

③ 对教师设计的种植活动有效性进行评价。每学期，教师要展示两次种植活动成果。

④ 对教师各类资源的有效运用进行评价。对家长的参与率、积极性、成果进行考察，对当地资源的利用率进行考评。

（三）幼儿园方面

我园在文化建设中提出：精心规划，构建温馨、童趣的环境文化。所营造的育人氛围给予师生的是一种潜移默化的感染教育，是一种润物细无声的情操陶冶，对培养幼儿的发展具有重要的促进作用，让孩子们从踏进幼儿园大门的那刻起，就感觉到幼儿园是个舒适、优美、童趣的乐园，是可以亲近自然、探索自然奥秘的场所。"小农夫"课程的实施，进一步完善幼儿园的文化建设内涵。

（四）家长方面

通过亲子协作、共同管理种植园，家长了解了孩子的发展水平，配合孩子主动收集有关种植的知识，增进家园联系，融洽亲子关系。

　　在实施"小农夫"课程的过程中，以课程为主线，让幼儿在幼儿园的一日生活和田园环境中直接感知、亲身体验，在劳动中认知、学习、思考，用眼睛去捕捉生活中的点点滴滴，在种植中获得坚韧、不畏辛苦的品德。老师们循着儿童的踪迹，跟着儿童的思维去探索了解植物的奥秘、植物生长的规律，获得了种植方面的经验和技能。老师们会放手让幼儿自己去种植、去探究，不再是完成任务的摆拍，而是真正亲身实践。直接感知的方式让"小农夫"课程真正有了意义，让儿童在田园生活中不断生长。

（开发者：黄建碧）

第五章

家乡，这片诗意栖居的家园

家乡的风，家乡的云，收聚翅膀，睡在我的双肩。家乡是那么让人依恋和动情。我的家乡瓯海，既有蓬勃发展的中心区，又有田园牧歌式的特色乡镇。在这片诗意栖居的家园，孵化出浓浓乡味的课程。家乡成为了儿童思考一切的起点，就好像把一块石头丢在水面上所发生的一圈圈的涟漪，让孩子通过双手和感官了解家乡的一草一木，家乡滋养了孩子的内心，孩子们说：我的家乡真美！

第一节　"小橘灯"课程：点一盏温暖的灯

瓯海区瞿溪第二幼儿园坐落在依山傍水的八仙岩风景区,周围拥有丰富的自然资源、生活资源以及深厚的人文资源,如瞿溪老街、瞿溪新街、浙江皮革市场、分水城、石岩屋、大峃笋山,还有周边的学校及社区等丰富的资源。"小橘灯"课程就是以本土资源为载体,以瞿溪地域文化为主题,开发实施的园本课程。我们将内容归纳为六方面:观乡景、察乡情、品乡味、玩乡趣、寻乡俗、听乡音。利用五大领域的相互依托,整合乡土资源优化教学内容和过程,让孩子在"乐玩""品玩""趣玩""寻玩"中体验家乡的民俗文化,激发热爱家乡的情感。

一、课程背景

目前,幼儿园教育教学活动的内容主要以正式出版的幼儿园教材为依据,并且一旦选定了某个版本的教材,整个教育教学活动计划基本上按教材的安排来进行。的确,幼儿园教材是经过不断研究、总结、提炼而形成的,能够反映不同领域的基本要素,是幼儿教育的重要依据,然而幼儿园教材并不能成为幼儿园课程内容的唯一来源。幼儿园课程资源是十分丰富的,它们隐藏于幼儿的快乐日常生活之中,隐藏于身边熟悉的环境之中。

农村有着得天独厚的环境资源,那就是大自然。大自然自古以来就是一个丰富的大课堂,小朋友可以从中吸取不少的知识和营养,大自然的一草一木及动植物的生长过程都是好教材,它提供幼儿的知识是最生动、最直观、最形象的,直接拿大自然的事物做教材、教具,更有利于促进孩子对生活的理解,也更能激发幼儿的兴趣及探索精神。

瞿溪第二幼儿园地处农村，有着独特的地理环境和自然资源，李季湄教授曾向幼教界呼吁：要办低成本、高质量的大众幼教。所以节约成本绝对不仅仅是一个经济问题，而是一种理念，一种作风，一种精神。农村的自然环境是孩子们所熟悉的生活环境，但现在的家长很少带着孩子亲近自然、体验自然，如果老师在精心设计教学目标后，有计划、有目的地带孩子去玩耍，在玩耍中了解自然、探索自然，那么孩子的智慧就在他们的经历中不断发展。其实无论是孩子美好情感的萌发、自理能力的发展还是孩子交往能力、观察能力、想象力的提高，都和孩子频繁接触环境有着密切的关系。教师利用自然环境中的有利条件，带领孩子走进自然、了解自然、探索自然，从而构建起自己的独一无二的课程。

此外，作为农村幼儿园，除了与幼儿教育的目标一致之外，还应具有具体化、现实化和社区性的特点，在幼儿园活动的目标、内容上应更切合社区发展和幼儿实际，在教育的途径和方法上应因地制宜，充分发挥农村自然地理资源。在瞿溪这个古老的乡镇，在教育经费总量有限的情况下，不追求豪华，充分有效挖掘和利用农村的自然资源优势，整合和依托自然优势资源，是推进幼儿对自我、自然和社会之间内在联系的整体认识与体验，谋求自我、社会与自然之间和谐发展的有效策略，也是丰富和开发更多、更好、更有益于幼儿活泼、健康成长的幼儿园课程的有效途径。

二、课程理念

温州瓯海瞿溪是一所百年古镇，有着充沛又厚重的乡土与文化资源。家乡的景、家乡的情、家乡的味、家乡的趣、家乡的俗、家乡的音，深深烙印在每个瞿溪人的血液中。

我们更是钟爱瞿溪的秋天。秋天到了，田野里的橘子成熟了，那黄澄澄、金灿灿的橘子，无尽蔓延，一个连着一个，连成一片黄澄澄的天，置身于这一片黄色，就像置身于一片温暖、一片光明……

这一种光明就像一盏小小的橘灯，一直引领着我们的教育方向。而琦君先生的《橘子红了》更是浸润着我们每个文化细胞。我们多么希望这种文化、这种光明引领我们的孩子，用小小的却又坚强的力量为孩子成长的道路上点燃一盏温暖的小橘灯。

"小橘灯"课程将幼儿置身于真实的场景、情境之中，围绕一个主题，展开主题网络活动，通过方案活动、系统教学、自主游戏等活动形式，让幼儿根据自身需要以观察、访问、调查、交往等活动方式，在获得、运用知识技能的同时，其情感、道德、创造、审美等得到全面的发展。

"小橘灯"课程属半结构性的课程，教师的活动计划是弹性的，具有一定的开放性。同时，活动过程也是开放的、互动的。通过课程的计划、实施、跟踪、评价、反馈等过程，孩子在"乐玩、品玩、趣玩、寻玩"中体验家乡的风土人情，并构建具有自主性、乡土化、园本化的特色主题，真正感受乡土、体验乡土、回归乡土。

三、课程目标

"小橘灯"课程旨在让孩子们真切感受瞿溪的地域风貌和历史文化，了解家乡的古迹特产，知道瞿溪是一个有自己独特文化的魅力古镇；探寻、发现和欣赏瞿溪生活中特有的事物，提升表现和创造古镇独特美的综合能力；体验家乡风土人情，加深对家乡独特文化的喜爱，逐步萌发热爱瞿溪古镇的美好情感。各年段分目标见表5-1-1。

表5-1-1 "小橘灯"课程各年段分目标表

班级	感 受	体 验	表 现
小班	对家乡的事物感兴趣，会渐渐地关注、走近它，提出问题了解它。	喜欢摆弄和操作物品，对感兴趣的东西能反复尝试，百玩不厌。	能通过简单的说、画等形式表达感兴趣事物。

续 表

班级	感 受	体 验	表 现
中班	对家乡特色的自然风光、民俗风情有一定的了解与掌握。	能运用各种感官感知所关注的事物，提问次数增多、好触摸，在成人的帮助下积极寻求答案。	对贴近生活的乡土内容产生关注，会通过说、画、唱等形式表达出对它的喜欢。表达时热情高、注意力集中。
大班	在已有经验基础之上，对熟悉的乡土内容能产生长期关注，对新发现的事物有强烈的好奇心与求知欲。	积极地运用各种感官大胆地进行探索活动，且有持续性行为，还会用标记符号记录探索情况，展开交流寻找答案。	主动地观察、记录、收集整理相关材料，会用图画、歌舞来表达对这些事物的喜欢，显得积极、主动。

四、课程特点

"小橘灯"课程是一种绿色的、自然的、创造的课程，它将幼儿置身于真实的场景、情景之中，让幼儿根据自身的需要以观察、访问、交往、游戏等活动形式，在获得、运用知识技能的同时，全面发展情感、道德、创造、审美等。

（一）注重学习环境的设计

我们在幼儿园附近开辟种植园地，每班负责一块种植地，根据季节特点种植一些常见的蔬果，引导幼儿在劳动过程中有意识地观察植物，了解一些常见植物生长的常识，积累一些相关经验；同时我们还利用自然角创设乡野教育环境，内容投放根据季节特点不断变化，如春天饲养小蝌蚪、蚕，种子播种发芽等，让幼儿通过亲身经历观察、探索，了解蝌蚪变成青蛙的全过程（卵—蝌蚪—长出后腿—长出前腿—脱掉尾巴—青蛙），知道"种子—播种—发芽—开花—结果"的成长过程。

（二）注重多种资源的开发和利用

幼儿、教师、家长以及本地教育资源都包括在课程资源网中，让幼儿充分与环境中的人、事、物产生有意义的互动，通过参观、调查、操作、发现等，从不同的资源中获得不同的信息，促进幼儿的探索兴趣，使幼儿不断积累丰富的感性知识与经验。如幼儿在参观"田野收割"的过程中，获得有关收割稻草的"割—脱粒—装—运—晒"的经验；在橘子红了的季节里，幼儿来到了枝头挂满硕果的果园，获得了采摘橘子的"爬—剪摘—装—搬运—过秤—储存"的经验。

（三）注重幼儿真实的学习

激励幼儿通过亲身实践体验并从中获得直接经验是开展乡野活动的主要特点，因此课程更多的是提供幼儿在现场中学习的机会，提供幼儿与真实材料直接互动的机会和条件，而不只是在虚拟的情境中模拟学习，如：在飘香的果园里，师生共同生成了"水果丰收了""果树妈妈本领大""水果的旅行""水果变成了什么""水果为什么是酸的""好喝的果汁"等一系列活动。果园的活动为幼儿提供了在现场中学习、与真实材料互动的机会，让幼儿身临其境地学习、体验真实感受，获得直接体验，生成主题活动。

（四）注重教师的支持者、引导者身份

在活动中，幼儿与教师一起参与课程内容与方式的讨论、设计，活动中，教师以同伴的身份参与活动，观察了解幼儿的活动动态，尽可能地给幼儿提供空间、时间、材料的保证，使幼儿有足够的条件进行感兴趣的自主学习。因此，教师更多的是激发幼儿的兴趣，依靠班级的实际情况而非完全依照事先的预设来组织活动，如在"田野趣事"这个主题活动中，教师在区域内提供牙签、小棒、剪刀、玉米、马铃薯、番薯、花生等工具和材料，由幼儿自己利用

材料自制玩具,而教师则在一旁观察:幼儿喜欢哪种材料? 对这种材料的特性他们了解多少? 我要关注孩子哪方面的经验? 下一步的探索应该向哪个方向发展?

五、课程内容

(一)课程框架

瞿溪的乡土资源充沛而厚重,需要我们进行挖掘、归纳和梳理。从幼儿的年龄特点出发,既要保持乡镇资源的原色、原味、原点,又要充分考虑生活性、趣味性和对幼儿发展的价值。我们设定"观乡景、察乡情、品乡味、玩乡趣、寻乡俗、听乡音"六方面的内容,具体框架如图 5-1-1 所示。

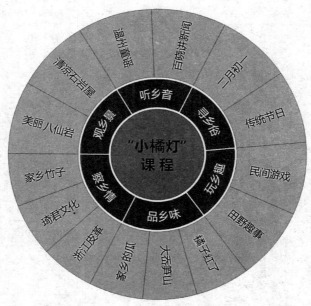

图 5-1-1 "小橘灯"课程框架图

（二）课程设置

围绕课程目标，根据课程框架，从幼儿的实际情况出发，我们将课程的主要学习内容细化，具体课程设置见表 5-1-2。

表 5-1-2 "小橘灯"课程内容表

内容	主题	主 题 目 标	活动形式	活动名称（举例）
观乡景	美丽八仙岩	1. 说一说，了解八仙岩的由来。 2. 玩一玩，感受八仙岩的文化、建筑。 3. 感受八仙岩的美丽，能大胆表达自己的见解。	集体教学	八仙岩的由来
			小组实践	游览八仙岩
			区域活动	五彩壁画
			社会实践	仙岩泉
	清凉石岩屋	1. 说一说，了解石岩屋的由来。 2. 通过贴一贴、画一画、做一做，表达对石岩屋的喜爱。 3. 通过亲子游览的方式体验石岩屋悠远的历史文化，感受原始的自然美。	亲子实践	清凉石岩屋
			区域活动	有趣的小路
			户外写生	美丽的枫叶
			集体教学	奇形怪异的石头
察乡情	浙江皮革	1. 了解皮革制品的多样性及用途。 2. 初步了解用皮革做鞋子的制作过程。 3. 在参观、访问、制作及快乐的游戏中，了解家乡的周围环境，充分感受瞿溪的魅力。	集体教学	皮鞋推车
			区域活动	不同的皮革
			微课堂	妈妈的包
			实践活动	参观皮革市场
	琦君文化	1. 了解琦君散文作品，感受其作品的优美以及丰富的想象创作。 2. 愿意用语言、身体动作、美术创作来表达自己对散文作品的感受。 3. 体会亲子之间的更亲密、更柔美情感。	集体教学	桂花雨
			区域活动	桂花林
			集体教学	坑姑娘
			小组实践	琦君文学馆
	家乡竹子	1. 通过各种竹子游戏了解竹子。 2. 对制作各种竹器具感兴趣，体验制作玩具的快乐。 3. 了解家乡的周围环境，充分感受瞿溪的魅力。	集体教学	竹筒乐
			晨锻游戏	勇敢的小兵
			亲子实践	竹林探秘
			户外游戏	竹子小车

内容	主题	主 题 目 标	活动形式	活动名称（举例）
品乡味	橘子红了	1. 有参观、讨论、动手操作的好奇心和兴趣。 2. 初步懂得从多种途径收集资料并对资料进行分类、研究，从而获得所需的知识的学习方法。 3. 通过各种艺术表现手段来展示丰收的场景，体验丰收的喜悦。	区域活动	橘子和柚子
			集体活动	秋日画橘
			微课堂	橘子灯
			小组实践	摘橘子
	大岙笋山	1. 通过活动了解笋的外形特征、生长环境及笋的多种吃法、作用。 2. 能通过各种艺术表现手段来展示丰收的场景，体验丰收的喜悦，培养爱家乡的情感。	集体教学	笋娃
			小组合作	好吃的笋
			区域活动	青青竹林
			亲子实践	挖笋乐
	家乡的瓜	1. 能积极、主动地参与主题活动，乐于进行尝试和探索，大胆质疑。 2. 能根据问题搜索、整理有关的资料。 3. 了解各种瓜的名称、形状，感受种类的多样性，学习分类。	实践活动	美丽的瓜园
			集体教学	瓜瓜会
			区域活动	冬瓜和南瓜
			区域活动	打扮瓜家族
玩乡趣	田野趣事	1. 通过游玩田野等活动，了解秋天田野中的一些变化，感受秋天田野的美。 2. 喜欢参加野外活动，培养热爱大自然的情感。	集体教学	春天的田野
			区域活动	漂亮的野花
			集体教学	花儿来排队
			小组实践	走田埂
	民间游戏	1. 乐玩民间游戏，体验民间游戏带来的乐趣。 2. 会创造性地游戏，并能初步改造材料。 3. 乐于与伙伴合作玩民间游戏，体验游戏带来的快乐。	晨锻活动	老鹰捉小鸡
			体育游戏	炒黄豆
			午后活动	丢手绢
			户外游戏	揪尾巴
寻乡俗	二月初一	1. 了解瞿溪传统节日"二月初一"会市的来历及有关习俗，萌发热爱家乡的情感。 2. 亲身体验"二月初一"传统文化，提升表现和创造古镇独特美的综合能力。 3. 在参观、访问、制作、品尝及快乐的游戏中，充分感受家乡小吃的魅力，了解传统的饮食文化。	集体教学	挖土机找工作
			区域活动	画彩蛋
			小组活动	叫卖
			亲子实践	游玩"二月初一"
	传统节日	1. 感受节日的气氛，理解传统节日的意义。 2. 挖掘深厚的文化内涵，进行启蒙教育。 3. 体验到传统节日的风俗人情，并在参与实践操作中多方面能力得到提高。	集体教学	春节"十二生肖"
			区域活动	清明"做青团"
			户外活动	端午"划龙舟"
			自主活动	冬至"搓汤圆"

内容	主题	主　题　目　标	活动形式	活动名称(举例)
听乡音	温州童谣	1. 在了解温州童谣的基础上,愿意听、说、唱温州童谣,掌握8—10首童谣。 2. 能用说、唱、画、演等方式创造性地表现温州童谣。 3. 在颂唱童谣的过程中提升对温州方言的审美力,培养热爱温州的情感。	集体教学	十二月令
			微课堂	叮叮当
			集体教学	送松糕
			微课堂	问姓谣
	百晓讲新闻	1. 在看一看、说一说、演一演的过程中,激发学说温州话的兴趣。 2. 学会用温州话向大家播报简短的新闻。	集体教学	今天的新闻
			集体教学	百晓讲新闻
			社会实践	百晓大讲台
			小组活动	我是主持人

六、课程实施

在课程实施活动中,"主题"处于核心的位置,起着统帅的作用,通过师幼互动合作,设计符合幼儿的主题方案,编制主题网络图,以社会实践、集体教学、小组活动的形式让幼儿参与其中,使幼儿在游戏中学会交往、合作、发现和探索。

(一)生成课程主题

"小橘灯"课程是一组有利于幼儿全面、和谐发展的经验整合,主题内容来源于幼儿,包括家庭生活、幼儿园生活、社区生活。主题生发可根据幼儿的兴趣、能力与教师的经验,以及园内外的教育资源状况,由师生共同选择。如:从儿童关注的话题(谈话或疑问)中寻找主题;从吸引儿童的事件中寻找主题;从儿童的角色行为中寻找主题;从儿童感兴趣的艺术作品和文学作品中寻找主题。

主题是教育的核心架构，是围绕中心话题形成的一组有利于幼儿全面和谐发展的多领域经验的整合，它提供了幼儿开展探究性活动的多种线索和可能性。在开展活动时，一般根据幼儿兴趣、能力，以及教师的经验，依托园内外自然教育资源状况等，由教师或师生共同选择生成。这种生成性课程的产生和良好发展既不是由教师，也不是由孩子来控制的，而是教师和幼儿互动合作的结果，是师生在共同亲近自然、体验自然后的"有感而发""有情创作"，是通过自由地发展想象、建设、提出问题、讨论、相互启发，并在思维的碰撞中产生新的火花、新的主题。

如"橘子红了"的主题方案就是在一群孩子和老师的讨论声中逐渐形成的。橘子是我们家乡孩子的美食，但他们对橘子除了好吃的印象外，其他的知识却知之甚少。"什么样的外表的橘子才是最甜的呢？橘子有哪些营养呢？"带着疑问和各种假设，老师带幼儿来到雄溪橘子果园，鼓励幼儿比较、置疑、发现、释疑。为什么有些橘子肚子凹进去，有些橘子肚子凸出来呢？为什么有些橘子皮很厚，有些橘子皮很薄呢？橘子皮可以做什么？橘子又有什么营养？一天吃几个最适合？孩子和老师在你一言我一语中，互相启发，跳动的思维不断产生新的灵感和创意，"橘子红了"主题就在讨论声中诞生了。

（二）设计主题活动

在实施主题活动时，采用主题网络的形式开展实施，如图5-1-2所示。

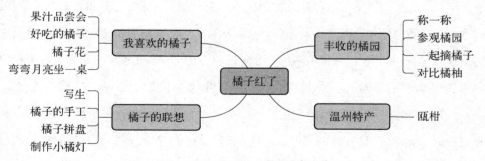

图5-1-2　"橘子红了"主题网络图

139

主题网络的编制可以明确活动探讨的范围。主题网络的生发，可以由教师和幼儿通过"小问号"共同完成，一般先由教师在实施中根据幼儿经验、认知进行调整和补充，因为并非主题网络的每个要素都适合幼儿做进一步探索，所以应让幼儿对主题充分发表自己的看法，并通过谈话、绘画等途径，让幼儿表达自己已有的经验和提出自己想了解的问题，教师根据幼儿的反馈情况补充、修改自己的网络。如在进行"清凉石岩屋"主题时，幼儿在讨论中对石岩屋的由来很感兴趣，许多人提到了"为什么会有石岩屋"，但对它的了解并不十分清楚，因此，教师修改了主题网，增加了有关"美丽的传说"的内容，使它更符合孩子的兴趣和认知水平。

随着主题网络的层层展开，每一级要素也逐步细化。将主题网中的要素"放大"，并以某一要素为新的主题发展成为一个新的主题网络，这是本课程中常用的一种策略，例如"二月初一"这一主题网络中，"集市"是一个要素，由于幼儿对它感兴趣，使其不断"放大"，引出"叫卖、游玩'二月初一'、画彩蛋"等活动。

主题网络在课程中起到了平衡的作用，由于主题网开展的线索是多方面的，因此，从主题网中生发的各个要素及活动所涉的领域是非常广泛的，幼儿在对主题的探究中，能获得各领域中许多有益的经验。

（三）组织主题活动

组织主题活动主要是教师针对主题核心经验所进行的相对稳定的、集中的、以教师为主导的教育活动，它以"小问号"创设情境激发幼儿兴趣，引发活动线索，使活动变得更加有趣，让幼儿在问题情境中通过大胆设想、积极尝试，在解决问题的过程中获得知识、技能与情感策略的发展，以在大组和全班开展为主要形式。如在组织大班艺术活动"橘子丰收了"的过程中，就利用孩子的主动性先去橘园体验采摘橘子的乐趣，再通过提问引导幼儿回忆摘橘子的过程，这样孩子们一下就融入到了采摘的快乐情境中，从而更加快速地熟悉乐曲旋律，创编动作也更加富有想象、更加丰满。

（四）分享主题活动

分享是快乐的，大班"橘子红了"主题下的"温州特产——瓯柑"的项目活动，给孩子们带来无限的收获和快乐。这个活动是由孩子们自己决定活动的进程与发展方向的，通过前期的资料查询，围绕瓯柑的生长过程、瓯柑的用途、瓯柑未来的发展前景三方面，分组进行实地探查，并将实践成果进行分享和推广。实践中，孩子们收获的不仅仅是瓯柑的知识，更是一种与人沟通、学习的能力。

七、课程评价

在幼儿实践体验的学习过程中，我们尝试故事式评价、采访式评价、展示式评价、跟踪式评价等多种评价方式，对孩子参与探究活动过程中的认知水平、思维状态、学习品质、社会行为进行科学的、适当的、全面的评价。

1. 故事式评价

教师根据课程目标和实施方案，与孩子共同进行区域环境的布置，使孩子在区域体验活动中自由自主、快乐主动地游戏。而教师作为观察者，利用照片和文字描述性记录下幼儿在活动过程中发生的有趣的故事或是有意义的事件，从而进行针对性的评价。

2. 采访式评价

采访式评价即采访者与被采访者进行自评和互评的方式。教师借助采访预设任务单的形式，组织幼儿展开采访活动，同时通过笑脸、哭脸来完成分享互评式的评价单。主要的特点是要用温州话进行交流。

如在开设的"百晓讲新闻"主题活动中，我们利用电视、广播、网络等媒介潜移默化地让孩子去熟悉温州话，会听温州话，进而会讲温州话。接着将《百晓讲新闻》栏目搬到班级的活动区域，让温州话进入孩子的公共领域，并让孩子一起设计任务单，以小记者的身份去采访身边的同伴、老师及家长。

3. 展示式评价

随着主题内容的不断深入和探究，孩子们也在学习中不断思考着、探索着，他们活动的每一个环节都是学习过程的展示。活动的开展是一个真正开放的过程，幼儿可以自己决定活动的进程与发展方向，教师以同伴和合作者的身份加入其中，以适时建议的方式进行指导，及时抓住教育的契机，毫不吝啬地给予肯定和鼓励，使孩子不断获得自信与成功的体验。如"橘子红了"主题下的"温州特产——瓯柑"活动，通过小组介绍，采用不记名的打星的方式进行推选打分，既丰富了孩子的视野，又提升了孩子的语言表达能力。

4. 跟踪式评价

跟踪式评价即为孩子建立成长档案。以家园合作的方式，通过亲子谈话了解孩子对家乡的了解程度；通过亲子互动，评价孩子在主题教学中对活动内容的掌握；以个案跟踪的方式，记录孩子在课程活动中的表现，形成跟踪式评价。如在"田野趣事"中，用看一看、说一说、画一画、记一记、玩一玩去记录孩子的学习故事，发现孩子的惊喜时刻，并附上情感的激励话语，用孩子的视角去书写每一次的经历和成长。这使得我们的课程评价不是孤立的、阶段性的，而是延续和传承的。

八、课程成效

通过课程的计划、实施、跟踪、评价、反馈等过程，孩子在"乐玩、品玩、趣玩、寻玩"中体验家乡的风土人情，并构建具有自主性、乡土化、园本化的特色主题，真正感受乡土、体验乡土、回归乡土，形成具有本园特色的园本文化。

(一)自主探究:在收集材料的过程中提高认知能力

孩子获得知识经验并不仅靠教学活动,在收集材料的过程中,他们所获得的感受和体验往往会更加丰富。如,在"秋天的种子"活动中,为了拓宽孩子们对种子的认识,我们发动孩子与家长在双休日共同收集种子。他们带来的种子无论数量还是种类都非常丰富,令教师和幼儿大开眼界:苦瓜、绿豆、辣椒、花生、桂圆、太阳花籽、狗尾巴草籽……"这是什么?""咦?花生也是种子呀?""这个种子能吃吗?"在收集种子的过程中,孩子们对种子的认识逐渐丰富起来,同时通过交流与分享,个体经验也变成了集体经验。

(二)多元体验:在操作材料的过程中增强解决问题能力

在"田里的泥巴"活动中,孩子们体验和感受到了泥巴的特性。活动开始,孩子们每人拿了一小块泥土玩了起来。有的用泥疙瘩敲敲打打,有的拿着小土块儿在地上涂涂画画,还有的在寻找合适的土块组合成各种形状……可如何将这些泥块变软呢?他们想到了用水浸泡。可是,大泥块泡在水里半天也没有变软,怎么办?孩子犯愁了。这时,教师提出了一个建议:可以先把它们弄碎,然后再来泡。

于是,孩子们都用手来砸泥,可他们发现泥块不容易碎。有孩子就提议找一些工具来。他们找来树枝、积木、小铲子等敲打起来。泥是敲碎了,新的问题又产生了:怎样从已敲碎的泥土中清除杂质呢?孩子们想出了各种办法:用篮子晃一晃,用小筐抖一抖,用窗纱或其他有洞眼的东西来回地筛。在筛的过程中孩子又发现:用筐来回颠动很容易将泥土撒出来。于是,他们就想到将两个小筐对扣来回摇动。而使用窗纱的孩子则发现靠自己一人很难完成筛土动作,必须寻找同伴共同来完成。在玩的过程中,孩子们发现了问题,也解决了问题,既有了对泥土特性的感知与体验,也获得了无穷的乐趣。

（三）激发创造：在操作运用材料的过程中提升创造能力

随着探索活动的深入，幼儿选择和使用材料的范围拓宽了，因为自然界中的一草一木、一土一石都可成为激发创作灵感的有用之材。尖尖的竹笋、橘红的橘子、绿绿的丝瓜等在孩子的眼中不仅是美味的食品，更是大自然赐予的艺术品。在孩子们的手中，橘子变成了有趣的橘子灯，笋皮可以制作成娃娃的裙子，各种不同的瓜瓜可以变成不同胖瘦的小人。在创作、想象的过程中，孩子们沉浸在自己亲手编织的世界里，不仅获得了美的体验，更享受到了创作的乐趣。在各主题的开展中，我们始终坚持实践性、开放性、创造性、自主性、互动性等原则，使孩子们的能力在原来的基础上都得以不同程度的突破。

此外，在一次次的实践、体验中，老师们把触角伸向了一块块未曾深入过的领域，尝试着把自己对课程的独到见解转化成行为。他们用自己的眼睛观察，用自己的心灵感悟，在与孩子们的对话中总结了经验，不仅乐于参与课程的实践，也学会在实践中思考，一篇篇案例分析、观察记录表、论文都凝聚了老师们的汗水和智慧，一张张证书激励着老师们的前行与成长。

在活动中，家长更是积极配合幼儿园，带着孩子去探索和发现，切切实实做了一回孩子的引路人。实践中，他们的观念不断地在改变，意识到了什么才是孩子喜欢的，什么才是对孩子有益的，家长们发现原来生活就是教育。

九、课程回望

通过开发"小橘灯"课程，教师们认识到过去被视为"老土"的东西，其实蕴涵着丰富而深厚的教育和文化价值。与此同时，教师还要更加善于思考、发现问题，如：开展乡土课程时我们如何从多个角度、不同层面去挖掘这些乡土资源？对于一些有关乡土资源的活动，我们如何因地制宜、对孩子进行适时教育，让乡土课程走进孩子的心里，让乡土材料走进幼儿园的各个角落？

总之，"小橘灯"课程让教育回归真实的生活，让幼儿回归自然的环境。带孩子走进乡野，亲近自然吧！那是孩子探究的乐土，创新的乐园。

（开发者：陈媛媛　夏妮婷　支乐燕　翁彬彬　周春洁）

第二节 "小白鹭"课程：从这里自由飞翔

瓯海区三垟第一幼儿园地处号称"绿肺"的三垟湿地，此地盛产菱角、瓯柑、鲫鱼，这里河流密布、小桥流水。幼儿园对面就是三垟湿地公园，有专门的瓯越文化展示区、科普教育区、湿地保育繁育区、文化创意区等，这些自然资源与文化优势成了幼儿园得天独厚的资源。我园在"自然、生态、野趣"的地域文化中，充分整合自然环境、社区环境等各种物质资源，以儿童为中心、以自然的生活为基础、以自主行动为途径构建了"小白鹭"课程，通过多通道整合开启儿童的思维，鼓励儿童大胆尝试与思考；带儿童走出课堂，与自然为伴，对大自然、大社会进行观察和分析，了解在地资源的风韵；在自主的实践中培养儿童良好的观察能力、分析和解决问题的能力，培养幼儿创作的乐趣，张扬幼儿的个性和创意，启迪幼儿的智慧。

一、课程背景

立足"生于斯，长于斯"的本土生态背景，幼儿园推崇"生态教育"，并以此作为幼儿园的教育哲学。把自然、自由、自主整合在教育中，提出"自由呼吸，诗意绽放"的办园理念，希望在园的所有教师能遵循儿童的自然成长规律，让所有的幼儿在自然、自由、自主的教育环境中自由呼吸、绽放。幼儿园立足本土文化开展"行走在南仙堤"园本小课程，该小课程还荣获了温州市精品课程一等奖；开发的微课程"家乡的菱角"荣获浙江省一等奖。这些优势都给我园课程文化建设提供了良好的条件支持。

幼儿园虽然有着较为厚实的课程建设优势，但也存在许多不足之处，需要在课程建设过程中予以克服与改进：一是"生态教育"课程理念需要进一步深化诠释与渗透实践；二是课程资源的开发与建构还需要进一步系统梳理与丰富；三是教师的园本课程建设能力还需要进一步培训与提升。在未来的课程建设过程中，我们将会不断深入研究，努力构建资源系统，使其为课程建设和幼儿园育人工作服务，并为课程深化研究提供发展空间与生长点。

二、课程理念

我园基于地域特点，遵循幼儿发展规律而确立教育理念，其核心内涵是自然、自由、自主，要义有三：一是与自然为友，倡导幼儿接触自然，教师应带孩子行走在真实的世界，培养幼儿对真实的自然环境及生活的依赖与认同，借助生活及大自然中的知识材料，协助幼儿学习，促进幼儿身心的自然发展；二是顺应幼儿的天性，给予幼儿自由，把自由还给幼儿，使教育回归幼儿的自然本性，强调幼儿的自主体验；三是追求自主生活，释放每一位幼儿的成长的内心动力，从而主动参与挖掘生态资源，幼儿可以在其中自主探索、学习、成长，实现幼儿作为学习主体在教育中享受真正的选择权和自主权。

三垟岛屿边常见小白鹭鸟，幼儿园以其跟孩子天性接近的嬉戏、玩耍，步履轻盈、稳健的特点来呼应办园理念，将课程命名为"小白鹭"课程，提出"小白鹭，从这里自由飞翔"的课程理念。坚信每一只小白鹭都是那样的自由与快乐；坚信"道法自然"是幼儿教育最艺术、最智慧的法则；坚信自由呼吸、诗意栖居是教育最美、最舒展的姿态。

课程即个性的张扬。每个孩子都是独一无二的个体，我们的教育关注每个幼儿，为每个幼儿的全面发展、个性发展和终身发展服务。"小白鹭"课程鼓励解放孩子的个性和思想，保护孩子的童真、童趣和童心，涵养孩子的天性与个性，帮助其发挥自身的潜能；为每一位幼儿创造学习的机会、提供拓展的平台，使其个性特长得以充分鲜明的发展，让他们拥有自己的独特成长模式。

课程即诗意的栖居。课程建设以幼儿全面发展为本，建构民主、开放、科学、平等、对话与协商的环境，使其充满人性与灵气，成为诗意的栖居地，让每一个孩子在自由自在的状态中去寻求、体味、创造生活的意义和诗意，感悟生命的价值，提升生命境界，自由自在地获得全面发展。

课程即美好的情愫。教育不能没有感情、没有爱，如同池塘不能没有水一样。"小白鹭"课程必须以真诚的情感为支柱，始终伴随美的激赏，以美的语言、美的思想、美的形象感染幼儿，让孩子们在一个轻松快乐的成长时间与成长空间中，经历"感美、立美与创美"的过程。让孩子在玩耍、游戏中，以美和自由启迪心灵；在自然、诗意中，去生活、学习；使孩子成为具有审美感觉、生命意识和爱的情怀的人。

课程即生命的旅程。"小白鹭"课程提倡行走学习，引导幼儿知行合一，身体力行，在发现问题、探究问题、交流分享等过程中收获知识、开阔视野。通过多通道的整合，以开放的姿态提升儿童生命的潜能，让儿童在创造中体验生活的美好，在实践中悦享生命的快乐。

三、课程目标

三垟一幼立足儿童天性和兴趣，遵循《幼儿园教育指导纲要（试行）》（以下简称《纲要》）及《3—6岁儿童学习与发展指南》（以下简称《指南》）精神，基于幼儿园办园理念及幼儿发展需求，以培养"会玩、能讲、乐学、亲和、创造"的智慧儿童为目的来制定目标，以小、中、大一贯整体设计。课程标准在"总目标"之下提出了"具体目标"，体现了"小白鹭"课程的整体性和针对性。

（一）总目标

表 5-2-1 "小白鹭"课程总目标表

内　容	课　程　目　标
自在好玩	在运动及任何活动中能大胆尝试、乐于挑战,激发创造创新的意愿。
喜阅能讲	喜欢阅读,乐意表达自己的想法,激发想说、愿意说的欲望。
乐学善思	对周围生活中的人、事充满好奇心和求知欲,能大胆质疑、勤于思考,形成敏锐感知的品质,体验主动探索的乐趣。
亲和自然	能关心真实情境中的生命、环境,并充满友善,萌发热爱自然、热爱生命的情感。
自主创造	乐意发现、感受生活中的美,能够用自己喜欢的方式表现美和创造美。

（二）具体目标

合宜、理想的课程与教材是达成教育目标和学习效果的重要媒介与工具,"小白鹭"课程结合幼儿年龄特点和身心发展规律,确立各年段课程目标(见表 5-2-2)。

表 5-2-2 "小白鹭"课程具体目标表

内容	小　班	中　班	大　班
自在好玩	在成人的安抚下保持基本稳定的情绪;愿意参加各种户外活动,锻炼身体的协调性;能在较热或较冷的户外环境中愉快地活动。	情绪基本稳定、愉快;喜欢参加户外活动,锻炼身体灵活性及手臂、腿部肌肉力量;能在高温与低温下进行户外活动,初步培养勇敢的品质。	尝试控制、调整自己的情绪,能用适宜的方式表达情绪;能主动、积极参加各种户外活动,提升综合动作的协调性与灵活性;培养坚强的意志品质和竞争意识,挑战富有野性的运动。
喜阅能讲	主动要求成人讲故事、读图书;喜欢跟读韵律感强的儿歌、童谣;能听懂短小的儿歌或故事;会看画面,能根据画面说出图中有什么,发生了什么事等;能理解图书上的文字是和画面对应的,是用	反复看自己喜欢的图书;喜欢把听过的故事或看过的图书讲给别人听;对生活中常见的标识、符号感兴趣,知道它们表示一定的意义。能大体讲出所听故事的主要内容;能根据连续画面提供的	专注地阅读图书;喜欢与他人一起谈论图书和故事的有关内容;对图书和生活情境中的文字符号感兴趣,知道文字表示一定的意义。能说出所阅读的幼儿文学作品的主要内容;能根据故事的部分情节或图书画

内容	小　班	中　班	大　班
喜阅能讲	来表达画面意义的。	信息，大致说出故事的情节；能随着作品的展开产生喜悦、担忧等相应的情绪反应，体会作品所表达的情绪情感；愿意用图画和符号表达自己的愿望和想法。	面的线索猜想故事情节的发展，或续编、创编故事；对看过的图书、听过的故事能说出自己的看法；能初步感受文学语言的美；愿意用图画和符号表现事物或故事。
乐学善思	喜欢接触大自然，喜欢亲近花草树木，接触泥土砂石，能运用各种感官或动作感知周围事物及现象；初步感知环境对自己生活和活动的影响，初步了解和体会动植物和人们生活的关系。	乐意在大自然中动手动脑进行探索，感知动植物的生长变化；能对自然物或自然现象进行观察比较，发现其相同与不同之处，能根据观察结果提出问题，并大胆猜测答案；感知不同季节的特点，体验季节对动植物和人的影响。	能对自己感兴趣的自然物与自然现象产生好奇；能通过观察比较，分析不同种类物体的特征或某个事物前后的变化；能用数字、图画、语言或其他符号记录自己的探究过程和结果；感知并了解季节变化的周期性，知道自然变化的顺序，初步了解人的生活与自然环境的密切关系。
亲和自然	喜欢群体活动，对幼儿园的生活好奇，喜欢上幼儿园；知道和自己一起生活的家庭成员及与自己的关系，体会到自己是家庭的一员，能感受到家庭生活的温暖，爱父母，亲近与信赖。	愿意并主动参加群体活动；愿意与家长、同伴一起参加社区的一些群体活动；喜欢自己所在的幼儿园和班级，积极参加集体活动；能说出自己家所在地的省、市、县（区）名称，知道当地有代表性的物产或景观。	在群体活动中表现积极、快乐；对小学生活有好奇和向往；愿意为集体做事，为集体的成绩感到高兴；能感受到家乡的发展变化并为此感到高兴；知道自己的民族，知道中国是一个多民族的大家庭，各民族之间要互相尊重，团结友爱。
自主创造	喜欢观看花草树木、日月星空等大自然中美的事物；喜欢听音乐或观看舞蹈、戏剧等表演；乐于观看绘画、泥塑或其他艺术形式的作品；经常自哼自唱或模仿有趣的动作、表情和声调；经常涂涂画画、粘粘贴贴并乐在其中。	在欣赏自然界和生活环境中美的事物时，关注其色彩、形态等特征；能够专心地观看自己喜欢的文艺演出或艺术品，有模仿和参与的愿望；欣赏艺术作品时会产生相应的联想和情绪反应；经常唱唱跳跳，愿意参加歌唱、律动、舞蹈、表演等活动；经常用绘画、捏泥、手工制作等多种方式表现自己的所见所想。	乐于收集美的物品或向别人介绍所发现的美的事物；乐于模仿自然界和生活环境中有特点的声音，并产生相应的联想；艺术欣赏时常常用表情、动作、语言等方式表达自己的理解；愿意和别人分享、交流自己喜爱的艺术作品和美感体验；积极参与艺术活动，有自己比较喜欢的活动形式；能用多种工具、材料或不同的表现手法表达自己的感受和想象；艺术活动中能与他人相互配合，也能独立表现。

四、课程内容

　　幼儿园课程结构的设计对幼儿园课程实施具有导向作用，是幼儿园课程的总体框架，也是指导幼儿园课程实施的指南。"小白鹭"课程力图了解、唤醒、增强每一个生命的内在力量，在儿童一日生活中构建最适宜的生长平台，支持每一个生命以最适宜的方式生长；在课程中实现儿童、教师、家长、社区成员的共同生长。

（一）"小白鹭"课程框架

　　幼儿园课程从幼儿身心发展的特点和特定的社会文化背景出发，有目的地选择、组织和提供综合性、有益的经验。"小白鹭"课程遵循《纲要》《指南》《幼儿园工作规程》，从幼儿园整体资源及幼儿园课程开发现状出发，建构具有园本特色的课程结构。框架如图5-2-1所示。

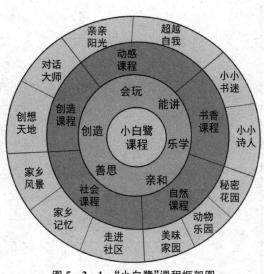

图5-2-1 "小白鹭"课程框架图

（二）"小白鹭"课程设置

　　为了帮助幼儿园教师和家长详细了解幼儿在本课程不同单元下参与的课程与活动，以及实施的科学保育和教育，我们将课程的主要学习内容细化，具体课程设置见表5-2-3。

生长性课程：看见儿童生长的力量

表 5-2-3 "小白鹭"课程各设置表格

总课程	课程类型	课程模块	年龄段	主 题 内 容
"小白鹭"课程	自然课程	秘密花园	中班	我的小菜园
			大班	湿地花园
		动物乐园	中班	动物大联欢
			大班	家乡的小白鹭
		美味家园	小班	甜甜蜜蜜
			中班	家乡的瓯柑
			大班	家乡的鲫鱼
				家乡的菱角
	社会课程	家乡风景	中班	家乡的桥
			大班	家乡的河
		家乡记忆	大班	家乡的游戏
				家乡的瓯剧
		走进社区	中班	小鬼当家
			大班	我要当小学生了
				我的秘密花园
				我是社区一员
	书香课程	小小诗人	小班	我喜欢的诗歌
		小小书迷	中班	幼儿园的书房
			大班	城市书房
	动感课程	亲亲阳光	小班	亲亲阳光
		超越自我	中班	快乐运动
			大班	我的地盘我做主
	创造课程	创想天地	小班	小手变变变
			中班	秘密花园
			大班	恐龙大世界
		对话大师	中班	我与大师的对话
			大班	会说话的建筑

152

五、课程实施

（一）设计"生态之旅"，落实研学旅行

俗话说"行万里路，读万卷书"，幼儿的学习是以直接经验为基础，教师与家长应该最大限度地支持和满足幼儿通过直接感知、实际操作和亲身体验获取经验的需要。在我们的"小白鹭"课程中，最有特色的就是行走研学。幼儿园根据幼儿的年龄特点和学习方式，形成行走研学的资源包，具体见表5-2-4。

表5-2-4 行走研学资源汇总表

年龄段	主 题	行走研学地点	具体内容指向
小班	我爱我的幼儿园	园内保安室	与保安对话，了解保安工作，观看保安室的摆设、保安的专用器械。
		园内食堂	与食堂人员对话，观看食堂人员的工作现场。
		园内保健室	参观保健室，与保健医生互动。
	甜蜜之家	水果店	与卖、买水果的人对话，了解水果店内的各种水果。以小组为单位购买水果。
		便利店	参观便利店，每人5元钱尝试购买活动。
		同学家	去同伴家做客，能运用礼貌用语跟人沟通。
中班	家乡的瓯柑	瓯柑地	参观瓯柑地，运用各种感官感知瓯柑的外形，了解采摘和剥皮的方法，乐于食用瓯柑。
	家乡的桥和水	湿地公园	深入实地观察家乡的桥及河水，感知桥的不同材质以及河水的不同特性
	我是安全小卫士	消防局	参观消防局，能大胆地与人沟通，初步了解消防设施。
		派出所	设计问卷表，就自己感兴趣的问题到派出所中与警察叔叔对话沟通。

续　表

年龄段	主　题	行走研学地点	具体内容指向
中班	小鬼当家	大型超市	参观大型超市，与超市工作人员对话，了解超市物品的摆放、广告措施等，并进行采购。
		社区医院	参观社区医院，并自己寻找一个科室进行检查。
		我的社区	与社区人员对话，了解、记录社区里的各种设施设备。
大班	家乡的菱角	菱角地	深入实地，了解菱角的外形和它的生长环境，掌握采摘菱角的具体方法。
	家乡的鲫鱼	鲫鱼池	实地了解鲫鱼的外形和它的生长环境，尝试运用鱼竿来钓鲫鱼。
	家乡的瓯剧	瓯剧团	参观瓯剧团，乐意模仿着唱一唱、画一画。
	秘密花园	三垟湿地	参观三垟湿地的植物园，了解各种昆虫、植物的形态以及它们的生长环境。
	走进小学	南仙实验小学	参观小学，走进小学课堂，与小学生、教师对话。
	小书迷	城市书房	参观城市书房。
	我是社区一员	温州银行	参观银行，了解货币存储过程，办理存折，现场存钱。
		公共自行车租赁点	了解公共自行车的租赁方式。

将幼儿的学习场所从闭塞的教室转向绿色、广垠的大自然和生活，孩子们经历了一个体验、发现、学习的过程。这是一种感受，是人生的体验，体验了行走带来的快乐。

（二）推动"生态学习"，创新活动方式

"小白鹭"课程的推进采取的学习方式有很多种，具体有指尖学习、围坐学习、游戏学习、赛事学习、展示学习。

1. 指尖学习，现代技术引发展

我们将课程中相关的视频做成素材包放在网站或公众号上，孩子可以在家里跟父母、在园内跟老师通过二维码扫描进行在线观看学习。比如：在"家乡的菱角"主题

中,我们发现三垟的菱角地在湖的中央,孩子坐上黄菱屿有一定的危险性。于是我们就拍了微视频,让幼儿在围坐学习时学习,动动指尖就可以让幼儿直观、形象地了解到菱角的生长过程、形状和味道。微视频突破了场地、学习的难点,在课程实施过程中经常会运用到。像上面所说的这个菱角主题,我们就拍摄了8个视频,放在公众号上,让家长在闲暇时间,带着幼儿一起观看,欣赏他们利用菱角制作的美工作品,观看菱角沙拉的制作过程以及菱角的游戏,看一看、玩一玩,让孩子们爱上菱角,激发幼儿热爱家乡的情感,推进主题活动的进展。其实这一学习方式还有个优点,就是打破空间的限制,将教育资源与家长共享,避免了幼儿在幼儿园和在家知识链断接的现象。

2. 围坐学习,紧扣要点推课程

幼儿对课程的学习还是离不开集体教学,课程中我们通过幼儿围坐学习的形式实施。根据施教者的不同,还可细分为教师课堂、家长课堂以及小老师课堂。幼儿园与家长建立长期合作,邀请有相关特长的家长走进园所,走进班级,为幼儿带来实打实的"干货"。如在课程"家乡的瓯柑"中,我们联系有种植和贩卖瓯柑经验的幼儿家长,请他来和幼儿传授挑选好的瓯柑的方法与技巧。在家长的一番示范后,多数幼儿都能在一筐瓯柑中挑出上乘的几个来,效果极佳。而小老师课堂则是给幼儿一个大胆表达与表现的机会。在科学活动"小河弯弯"中,就有很多幼儿自己报名上前分享自己与家乡的河的故事。在不断的锻炼中,幼儿的胆量以及语言表达能力都有了很大的提升。

3. 游戏学习,动手操练齐进步

游戏是幼儿最喜欢,也最能够接受的。在"小白鹭"课程中,我们采用计划、实施、回顾三部曲,让孩子们不断地去创新,在游戏中产生深度学习。比如,在"家乡的桥"主题下,让幼儿去搭建家乡的桥时,从三个层次去推进:第一次游戏,让孩子们自由搭建自己眼中的桥;第二次游戏,让幼儿以竞赛的形式比较桥的承重,鼓励孩子们开始探索结构和承重的关系;第三次游戏,让幼儿探索同样的结构、材质与承重的关系等。让孩子们在不断的游戏和操作中,获得经验、发现问题、解决问题、获得知识,提升他们的思维和创新能力。把课程与游戏进行紧密的融合,给幼儿足够的探索时间。

4. 赛事学习，良性竞争促上升

在课程中，我们会穿插很多比赛，如"我爱家乡"主题绘画比赛。比赛要求以亲子合作或幼儿自主创作的形式开展主题绘画比赛，可从本课程的五大单元内容中任意选择一项进行绘画。绘画作品上交后，进行专业教师评选和公开投票评选，根据两者结果选出"最佳小画家"。此类赛事活动能够塑造幼儿的参与意识，培养幼儿对学习的积极性和主动性。比赛活动重在参与，幼儿参与其中，会为了有好的结果而积极准备，从而培养幼儿做事积极主动的性格。其次，赛事学习是进行挫折教育的最好方法。对幼儿适当地进行挫折教育，能优化幼儿成长后面对人生挫折的心态和自理方法，帮助幼儿养成"面对失败，重新再来"的不屈不挠的顽强个性。最后，幼儿能够在赛事学习中受到鼓励，学会分享。比赛过程很重要，但比赛的结果对幼儿而言便是肯定与鼓励。分享荣誉，会让幼儿有一定的成就感，从而产生自信心。而信心，是幼儿成长中必须具备和保持的一种积极的心态！

5. 展示学习，创造平台树信心

展示活动不仅是幼儿将成果做公众性汇报的平台，更是一个让幼儿学会欣赏、发现自身、寻找不足的平台。懂得欣赏的目的是对美好事物和人的理解，展示学习培养幼儿健康的心性，宽广的胸怀，使其懂得不要产生嫉妒心理，成长后做一个大度、善于理解人的人。而在不断的欣赏中，幼儿相互学习交流，知道自己不足之处，知道自己优秀的地方；不足的要改进，不要找借口，优秀的一面要保持，逐步完善。如上述的"我爱家乡"主题绘画比赛结束后，教师再将幼儿作品进行装饰，在幼儿园大厅进行展示活动。展示幼儿的作品，让幼儿在展示和评价的过程中树立自己的信心。

（三）多维节日活动，主动浸润体验

"小白鹭"课程珍惜节日，节日不仅是具体的、可触摸的表象活动，而且有着深层次的文化内涵。节日在人类生长的过程中留下了深刻的烙印，对儿童的发展特别是其社会化的发展具有重要价值。"小白鹭"课程下的节日活动是指：幼儿园提取符合儿童兴趣、儿童发展需要的节日活动，保留其特有的氛围与文化，让儿童以快乐、愉悦的方式沉浸于其中，潜移默化地感受节日文化的特质。在"小白鹭"课程中，节日活动是学习的一种主要途径。

节日活动组织形式包括园级节日活动、年级组节日活动、班级节日活动，真正做到依据儿童成长需要、儿童兴趣而展开。

1. 园级节日活动

园级节日活动是指全园儿童围绕同一节日开展活动，这一类型的节日活动通常具有以下特点：是幼儿园经典节日活动的保留，能吸引各层面儿童的兴趣。比如"生态环境保护节"，我们鼓励全园幼儿参与，跟家长一起制作环境保护宣传海报；开设"环保小达人"的评选，放在幼儿园"小白鹭广播台"进行海选，以微信投票等方法，选出小达人；走进社区发放环保倡议书，让更多的人参与到环境保护的行动中来。类似的活动还包括：小白鹭阅读节、小白鹭合唱节、年之味、端午乐翻天等。

2. 年级组节日活动

年级组节日活动是指同一年级就本年龄段儿童的兴趣、发展需要所开展的节日活动，它与主题紧密结合。这类型活动通常具有以下特点：年级组资源可得到最大化共享；节日真正符合本年龄段的兴趣和生长需要。比如，小班年级组在"甜甜蜜蜜"主题下开展节日活动"糖果节"，它很好地结合小班儿童喜爱糖果的心理特点，同时在节日活动中各个班级可以根据糖果的特点分别以"糖果工厂游""现代糖果、过去糖果对对碰""糖果游乐场"来实施课程，实现年级组资源的最大共享。类似的节日包括中班在"小鬼当家"主题下开展的节日活动"睡衣趴"，大班在"家乡的瓯剧"主题下开展"瓯剧秀"等。

3. 班级节日活动

班级节日是某一班级教师、儿童就自己班级儿童的兴趣、资源开展的班级节日活动。这类节日活动具有以下特点：真正体现班级的特点和风格，与行进的主题紧密结合。比如中班主题"家乡的瓯柑"，因为班级里的孩子对瓯柑的立体造型非常感兴趣，且班级里就有一位家长是小学美术老师，对立体造型非常喜欢。于是班级老师抓住这个点，开展了一次"立体造型"活动，并进行了节日活动"瓯柑造型秀"，凝聚全班家长的力量满足了班级对立体造型了解的愿望。

六、课程评价

本课程评价注重幼儿的学习过程，注重评价的多元化。每一个主题从社会情感、身体素质、认知发展水平、表达创造能力、探索动手能力等五方面有重点地对幼儿进行评价。具体评价的方式分为星级性评价、六小家评价、叙事性评价以及档案袋评价四种形式。

1. 星级性评价

在每次活动之后，我们都会进行星级性评价。评价表由幼儿自己、同伴、教师共同完成，评价主体通过对评价对象在活动中的表现结合评价标准以涂星星的方式进行，满意度越高，星星越多。与此同时，教师还会在表格最下方将幼儿在本次活动中的表现做出正面表扬或是建议。

2. 六小家评价

我们不仅在每一次活动后会有个评价，在主题单元结束后，还会以集星的形式评定六小家，分别是：行走家、美食家、探索家、语言家、艺术家、大玩家。每次主题单元结束后，只要在星级评价中幼儿有一项星星集得 50 颗，就可以获得一个称号，如个别幼儿在"大胆表述"这一项获得 50 颗星星，那么就相应得到"语言家"的称号并得到一定的奖励。我们通过以上方式激发幼儿参与的积极性，并提高幼儿的活动成效。

3. 叙事性评价

课程故事是一种新的叙事性评价方式，它能渗透到主题活动评价、区域活动评价、生成活动评价中，使活动评价更为真实、科学、有据可依。从浅层次看，课程故事是教师对幼儿活动的记录，就像保存经验的"备忘录"。从深层次看，课程故事需要走进幼儿生活,关注每一次教学事件,倾听幼儿心声,共同建构幼儿的成长故事。课程故事可以跨越教学的时空,采撷幼儿生活中的浪花,可以是一次对话,也可以是幼儿成长过程中的小插曲。总之,时时皆能涌现教育的思考,处处都可演绎教育的故事。当然,课程故事的记录方式有很多,表格、日记、回忆录、照片等,它们让课程故事更为生动丰满。

4. 档案袋评价

在对幼儿实施评价的过程中,通过建立书面的"幼儿成长档案",从中寻找幼儿的成长轨迹,包括对幼儿在较长时间内的发展进行观察记录,以反映幼儿在一段时间内的学习过程与成长轨迹。评价主体是教师、家长和幼儿自己。"幼儿成长档案"是以主题教育为主线进行观察、记录和评价的,反映了幼儿在主题教育系列活动中的表现,教师以正面评价为主,记载幼儿取得的进步,对幼儿在发展过程中出现的情况与家长沟通,并提出教育建议。家长对幼儿在家表现也要进行记录和评价,与幼儿园及时交流。幼儿的自我评价采取幼儿口述、绘画,教师、家长记录等方式。

七、课程成效

(一)"小白鹭"课程开发——幼儿快乐成长

1. 行走学习,激发幼儿探索欲望

"小白鹭"课程,提供更多的机会让幼儿在现实的场景中学习,创设幼儿与自然直接互动的机会和条件,激励我们的幼儿通过自身实践和真实感受体验,从中获得直接经验,吸取最需要、最生动、最形象的知识与营养。如"家乡的桥"主题中,孩子们走在家乡的桥上,是多么的自由,运用身体来测量桥时,有的用脚步来测量,有的用手臂来测量,不需要老师过多的语言引导,他们能自发地去探索自然测量的方法和秘密,在与同伴的交流中发现:为什么用不同的身体部位来测量,得出的结果却是不一样的? 行走课程就是这样让孩子们不断地与大自然亲身接触、发现秘密，这个过程中，幼儿始终是个积极主动的探索者，他们主动性越高，探索欲望也越强。

三垟自然、人文资源丰富多彩，千姿百态，有取之不尽的科学素材，通过行走课程的开发，扩大幼儿的视野，丰富幼儿的知识。幼儿在和大自然的亲密接触中，去发现，去观察，去体验，激发探索科学的兴趣。

2. 创意表达，诱发幼儿想象创造力

《纲要》中明确指出："引导幼儿接触周围环境和生活中美好的人、事、物，丰富他们的感性经验和审美情趣，激发他们表现美、创造美的情趣。"在"小白鹭"课程中，我们注重孩子的生活经验，让幼儿用合适的方法表达自己的想法。如孩子们会尝试用水墨画来表达家乡的河水流动的特点，会用瓯柑肉和其他水果或者蔬菜创意拼搭，拼出橘子灯笼、椰子树、菊花，能用瓯柑皮来制作瓯柑娃娃等，孩子们沉浸在自己创意表现的世界里，不仅获得了美的体验，更享受到了创作的乐趣。

在各主题的开展中，我们始终坚持实践性、开放性、创造性、自主性、互动性等原则，使孩子们在原来的基础上都得以不同程度的突破。

3. 拓展渠道，激发幼儿爱家乡的情怀

"小白鹭"课程实施过程中，幼儿用舌尖品味了三垟的三宝——瓯柑、菱角和鲫鱼；亲身体验了家乡的美景和文化。比如，在"家乡的小白鹭"主题中，亲子行走学习，拿起相机捕捉小白鹭的身影，孩子们在拍照的过程中，发现白鹭张开翅膀飞翔时喜欢缩一下脑袋，每只小白鹭的翅膀都是不一样的。活动中教师巧妙的问题设计激发了孩子活跃的思维，使孩子通过亲身体验，获得了丰富的感性知识。除了把课堂搬到园外、走进社区，我们还把艺人请进幼儿园，让他们走进课堂，教孩子们唱社戏……看着一群群围在老艺人身边的小家伙笑得那么开心，教师心中多了份畅快与惬意。我们深知，只有拓展教育渠道，使孩子们获得感性的知识和情感体验，才能使本土文化在孩子们身上得到传承。

拓展幼儿园课程的内容，使幼儿关心社会，了解家乡，关注家乡的发展，在了解社会生活的过程中，自然而然、轻松愉快地融入社会，从中体验到一种被社会接纳、重视的感受，形成对家乡的美好情感。

（二）"小白鹭"课程开发——教师智慧成长

1. 课程的有效实施，转变了教师的教学方式

"小白鹭"课程提倡自然、自由、自主，在实施的半年中，教师就改变了"课堂就是教室"的想法，转变了课堂的主体地位，把更多的空间留给孩子自主去发现和探索。比如，在"家乡的鲫鱼"这个主题中，教师发现孩子们对钓鱼非常感兴趣，于是老师不仅开展了行走学习，更是把鱼塘老板请到了教室进行围坐学习，跟孩子们一起探讨钓鱼的方法，充分发挥幼儿的主体性，把课堂交回了幼儿，充分体现以幼儿为主的教学新理念。

2. 课程的有效实施，提高了教师的科研意识和教育实践能力

开展"小白鹭"课程三年，教师的工作热情被激发了，全园教师人人都自愿参与。在课程行进时，教师要全面了解本地区的物产资源、生态环境、民俗民风等，要挖掘适合幼儿学习的内容；在编写园本课程时，教师需要更多的理论知识，这就促进了教师理论素养的提高。同时在课程不断挖掘和整理下，广大教师更深层次地接受了三垟的文化，认识到挖掘乡土资源对儿童发展的教育价值，从而进一步提高了教师的素质，开展"行走在南仙堤"课程促进幼儿的身心健康发展。

3. 课程有效的实施，培养了一支强有力的骨干教师队伍

三年里，我们深切地感受到课题研究就是一个学习提高的过程，在这个过程中，大多数教师能够不断反思自己的教育教学行为，总结得失与成败，自我学习、自我提高、自我发展的动力得到了加强，教师整体素质得到提高，一批骨干教师脱颖而出：两位老师获得了市教坛新秀称号，一位获得了市学科骨干教师称号，五位教师在市区级研讨活动中承担公开课，全园参与经验交流达55人次；五位老师撰写了二十余篇颇有探讨性价值的教学论文，分别获得市区一、二、三等奖。教师的教科研成绩可谓硕果累累。

一支草根型的课程开发专家教师队伍在逐渐形成，推动着幼儿园的发展，更大强度地促进幼儿的进步。

八、课程回望

通过"小白鹭"课程的构建与实施，老师们能较好地理清幼儿学习与发展的核心经验、必备经历和重要资源，以及基于此而生成的幼儿课程主题学习的目标和路径。但我们从中看到，教师还是要善于去发现问题，比如：学习困难在哪里？老师心中目标预定与幼儿的已有经验水平的偏差在哪里？如何选取适合这个年龄阶段的具体学习方式？我们还要不断聚焦儿童的学习风格和学习特点，不断激发教师再思考如何提供相应的支架给幼儿，提高教师对幼儿产生的问题进行调整和推进的能力。

与此同时，在资源开发和利用上，我们还只是挖掘了三垟的一小部分资源，还有很多资源需要我们去挖掘和开发，比如：幼儿园附近的南仙堤公园就有单独的"月季园""水培植物园"；等三垟湿地公园建造后，有专门的瓯越文化展示区、科普教育区、湿地保育繁育区、文化创意区等。

总而言之，园本课程是一门底蕴深厚的科学，必须要有科学的理论和方法来开发；园本课程是一门内涵丰富的艺术，需要灵活地与在地文化相融共生，才能彼此成就，走向理念与梦想的实现、共生共长。

（开发者：胡元俏　陈璐璐　李洁洁　黄玛丽　魏少敏）

第六章

阅读，唤醒其所蕴藏的伟大和神奇

　　每一个生命都是一粒神奇的种子，蕴藏着不为人知的神秘。阅读，则给予种子以美好滋养，唤醒其所蕴藏的伟大和神奇。孩子与书本互动，就像迈向新世界去旅行，充满好奇、充满想象、充满力量。成人用自己的口，将这些文字一句一句地说给孩子听，就像一粒一粒地播种种子。当一粒种子在孩子的心中扎根时，师生之间就建立起亲密无间的关系。相信种子，相信岁月，一起阅读，静待花开。

第一节　"诗画融合"课程：一起寻觅诗画的美妙世界

　　细细品读一首首儿童诗，浅近且富有童趣，生动却不失哲理，极具生长的力量。诗歌课程能给幼儿的绝对不只是学会一首简单的诗歌，而是带领幼儿走进一个无限辽阔的诗意天地，让他们自由发挥想象。怎样让诗歌的意境生动地展现出来？"诗"与"画"两种艺术形式相结合，更符合幼儿的具体形象思维。诗是无形画，画是有形诗。用画面展现一首诗，用诗歌诠释一幅画。可以说，画是"见的艺术"，而诗则是"感的艺术"。好的诗画课程，能让孩子只读诗，便可以想象图画的样子；只看画，便可以想象诗歌的语言。于是，瓯海区瞿溪延川幼儿园形成了"诗画融合"课程。

一、课程背景

　　瓯海区瞿溪延川幼儿园地处瓯海区百年古镇，此地有着独特的地域文化：琦君文化馆、石岩屋的古道红枫、幼儿园的桂花园……诗意的生活，滋养着我们的幼儿园和每一位幼儿。瞿溪延川幼儿园从文化视角出发，让幼儿在多样化的教育活动中感受文化的丰富和诗意。本课程的实施，旨在让儿童在真实的生活体验中认识周围世界，在体验、探究与创造中感受诗歌的魅力，累积生活经验。"诗画融合"课程以主题形式开展，满足儿童个人发展需求，表现个性，展露风采，发展幼儿的人文素养，丰富幼儿的文化底蕴，为幼儿的终身发展打下坚实的基础。

二、课程理念

《3—6 岁儿童学习与发展指南》中提出："理解幼儿的学习方式和特点。幼儿的学习是以直接经验为基础，在游戏和日常生活中进行的。"诗画课程将真实的生活和幼儿天真的想象画作巧妙地结合，有助于孩子了解世界的美。"诗画融合"课程以儿童视角为切入点，寻觅美妙的儿童诗画世界。课程核心就是用画面展现一首诗，用诗歌诠释一幅画，是儿童诗歌和绘画的融合，其要义就是"融"和"合"。

"融"，是融通、和谐，即美美与共、与美相携："诗画融合"课程让儿童对诗歌"视之有物，闻之有声"，在诗情画意之中，感受诗与画的融通，幼儿与诗与画和谐相处。以创新的幼儿园诗歌教育活动模式，使幼儿在课程中提升语言表达能力、培养文学素养、提高审美能力、发展想象力和丰富情感体验。

"合"是联合、合作，即妙趣横生、与趣为伴：兴趣能使幼儿意专心诚，借助幼儿喜欢的绘画媒介，培养幼儿对诗歌的兴趣，带孩子走入诗歌的世界，促进其对诗性的理解。课程以儿童乐趣所在关注幼儿的成长需要，运用多维方式促进儿童之间的合作，注重课程类型的多样化和体验的深刻性，设计符合幼儿年龄特点的多种活动，让幼儿去参与、去体验，相映成趣。

"诗画融合"是幼儿主动探求文学知识的过程，是孩子们生命中一次独特的精神旅程，让幼儿在有限的学习时间里感受文化的无限魅力。延川幼儿园的孩子在诗画的世界中寻觅美好快乐、体验成长。相信美的教育、融合的教育是幼儿诗性绽放、文学成长最舒适的途径。

三、课程目标

　　"诗画融合"课程旨在引导幼儿在诗与画的融合情境中，理解诗歌内容，感受诗歌中所蕴含的深意；在朗读诗歌的活动中，充分感受诗歌的韵律美、语言美、意境美，提高幼儿朗读诗歌的水平；在诗画融合的欣赏活动中，培养幼儿健康的审美情趣，提高幼儿的审美能力。课程各阶段分目标见表6-1-1。

表6-1-1 "诗画融合"课程各阶段分目标

目标 年龄段	情 感 态 度	认 知 经 验	能 力 发 展
小班	通过品画读诗，萌发对诗歌朗诵的兴趣，感受诗画融合的趣味性。	喜欢观察四季的变化，对感兴趣的东西能反复尝试，在诗画中了解四季的不同。	结合画作，反复倾听诗歌，喜欢跟着成人去读诗。能根据画面说说诗歌的内容，并愿意用画画的形式表达出来。能通过简单的说、画等形式表达对诗歌的喜爱。
中班	通过诗歌和绘画不同形式的融合，对表达各时令的诗歌产生学习兴趣。	能运用各种感官感知四季，愿意提出问题，尝试在成人的帮助下积极寻求答案。	能比较连贯地讲述画作传达的内容，并愿意用诗画融合形式表达出对它的喜欢，表达儿童诗歌的美，表达时热情高、注意力集中。
大班	对诗画融合学习诗歌有强烈的好奇和探究欲，愿意主动参与诗歌学习。	积极主动地运用各种信息了解四季的情况，会和同伴交流探索、寻找答案。	会清晰地表达自己对诗画的理解。愿意用合作等形式，在众人面前表现诗歌的内容。愿意与他人讨论诗画内容，能积极表达自己的想法。愿意猜想诗歌中的情节发展，初步感知文学语言的美妙。

四、课程内容

本课程围绕"品画读诗"这个中心议题，以欣赏一幅画、品读一首诗为要点，依时令而选材，分"春意生""夏荫浓""秋风起""冬寒至"四个主题，包含节日、景色、生活、温州童谣四个课程序列。具体内容见表6-1-2。

表6-1-2 "诗画融合"课程内容安排表

主题	主 题 分 析	主题分类	主题课例
春意生	春天的诗歌描绘的是一幅幅欣欣向荣、春意盎然的春季图，所写的景物是那样的温馨和美好，令人心旷神怡。春天的诗歌是小清新、小欢快的。	春天的节日	清明
		春天的景色	春晓
			春天的颜色
			小草醒来了
		春天的生活	放风筝
		春天的温州童谣	燕儿
夏荫浓	夏天的天气变化是最丰富的，既有难忍的燥热，又有瓢泼的大雨。夏天的生活是最冰爽的，既有游泳的畅快、又有冰镇西瓜的美味。夏天的诗歌活泼生动。	夏天的节日	端午
		夏天的景色	夏天的歌
			小池
			夏天的太阳真顽皮
		夏天的生活	夏天来了
			夏天的风
		夏天的温州童谣	十二月谣
秋风起	秋天的色彩是最斑斓的，秋天的画作生动含蓄地描绘了一幅色彩绚烂，香气四溢的丰收图。秋天的诗歌是最温暖动情的。	秋天的节日	中秋
		秋天的景色	秋风
			秋天
			落叶
		秋天的生活	丰收的秋天
		秋天的温州童谣	姆姆，你真早

续　表

主题	主 题 分 析	主题分类	主题课例
冬寒至	冬天的诗歌形象地描述了雪花漫天飞舞的场景。冬天的雪是冷静的，冬天的树是冷静的，冬天是个令人思考的季节。冬天的诗歌是令人无限遐思的。	冬天的节日	冬至
		冬天的景色	梅花
			积雪
			如果我是一片雪花
		冬天的生活	羽绒被
		冬天的温州童谣	正月初一头

五、课程实施

　　探究性诗歌项目化实施模式的提炼已经在课程实践中取得了较好的效果，该模式按基于经验寻找主题、基于情境探究主题、基于表达回顾主题的顺序层层递进，始终从儿童中心的立场出发，形成开放、多元、直观、动态的教育组织形式（见图 6-1-1）。

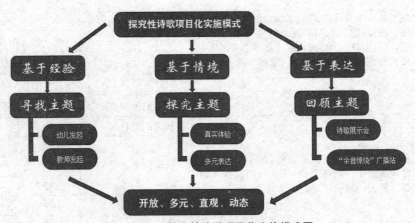

图 6-1-1　探究性诗歌项目化实施模式图

在"诗画融合"课程中，我们选取春、夏、秋、冬四个季节为主题课程，内容包含生活、景色、节日、温州童谣四个课程序列，开展诗歌教学活动。虽然主题活动结构严谨、资源丰富，但我们也发现教师执行的是一成不变的主题计划以及固定模式的诗歌教学，活动进程完全由教师主导与控制，忽略了幼儿在活动中的自主权。在对诗歌教学不断的反思和审视中，我们希望能够找到一种更加开放、自主、有效的教学组织形式，以支持幼儿更好地自主学习。通过对社会建构主义理论的再学习，以及对瑞吉欧方案教学的深入研究，我们大胆地进行了组织形式的探索与尝试。我们以一种小组的、实践的、探索的组织形式，让幼儿在情境中感受诗歌，在合作中体验诗歌，在探究中建构自己的诗歌学习方式。

1. 课程主题由"被动参与"走向"主动创生"

"诗画融合"活动的主题可以由幼儿发起，也可以由教师发起，教师通过引入相关资源，以集体探访或亲子探访的形式，追随儿童兴趣，发展幼儿的共同经验，确定探究的主题。秋天来临时，老师和幼儿通过发现秋天风景的变化、记录秋天中人和动物的生活变化、探访周围人对秋天的感受、欣赏秋天主题的绘画观察，积累丰富的经验，之后再寻找秋天的诗歌内容。幼儿尝试用一两句话语表达对秋天的感受，用短短的话来描述自己眼中的秋天。老师以多数幼儿感兴趣的、有探究空间的、有潜在教育价值的为选择依据，通过对照《3—6岁儿童学习与发展指南》目标，以网络提纲的方式呈现幼儿对诗歌的兴趣点，以便在探究过程中对资源各要素进行及时提取（见表6-1-3）。

表6-1-3 寻找主题表

	调　查	分　析		
		作品类别	作品来源	日常迁移与渗透
幼儿	中班：1. 你喜欢听诗歌吗？2. 你喜欢听什么诗歌？3. 这些诗歌从哪里听到的？ 大班：1. 你喜欢听诗歌吗？为什么？2. 什么诗歌你最喜欢听？3. 你从哪里能听到你喜欢的诗歌？			

续　表

调　　查	分　　析		
	作品 类别	作品 来源	日常迁移 与渗透
家长　1. 你的孩子喜欢诗歌吗？从什么时候开始喜欢的？孩子 　　最初的喜欢是什么引起的？ 2. 你孩子喜欢听哪类的诗歌？这些诗歌给孩子哪些方面 　　带来了帮助？ 3. 你提供给孩子故事的来源有哪些？			
教师　1. 你认为幼儿喜欢的诗歌易渗透于日常的教育教学活动 中吗？2. 你通常通过哪些途径收集幼儿故事？			

2. 课程结构由"单一学科"走向"综合学科探究"

在"诗画融合"课程实践中，我们发现幼儿的诗歌与绘画学习是可以有机结合的。根据幼教界中"学习兴趣、学习方式是幼儿学习过程的基本要素"，以及"学习阶段由不同的学习任务和幼儿运用的多种学习方式有机组合而成"的观点，我们假设，诗歌与绘画整合学习活动中，诗歌学习"意境感受—语言感受—语言习得—诗歌创编"的过程与绘画学习"审美感觉—审美直觉—审美想象—审美创造"的过程有机互动、相互穿插，形成了"融入审美感觉的诗歌意境创造、贯穿审美直觉的诗歌语言感受、渗透审美形象的诗歌语言习得、汇集审美创造的诗歌创编"四个阶段。幼儿在经历层层推进的四个阶段中，提高了学习兴趣，改善了学习方式，获得了创造性思维及各方面能力的提升。

① 诗画融合，由画解意，促进学习兴趣的保持与升华。在诗歌教学过程中，让幼儿理解诗歌意境是难点。有人说："诗画原本相通，相通之处在于追求意境。"在诗歌意境感受阶段联合绘画审美感觉，让幼儿有更多机会去感受外界事物的形状、线条、色彩、构图等信息。当幼儿欣赏一幅画时，会将已有的经验、情绪、兴趣融入其中，随即在脑海中形成想要表达的语句，这与诗歌学习之间产生了感性与理性的进一步结合，推动了思维的流畅性和学习兴趣的延展。渗透审美形象的诗歌语言习得阶段，给予了幼儿更多"异想天开"的自由思考并与现实建立联系的

机会。

　　② 诗画融合,由画入境,促进个性化学习与合作学习的融合。蔡元培说过:"凡是学校所有的课程,都没有与美育无关的。"美无处不在,在传统意义的美育课程之外,学校还应将美育渗透到各个学习环节中,实现学科课程的审美化改造。传统的诗歌教学立足语言发展,整个活动都是在问答与思考中进行的,幼儿的学习相对独立。我们会关注到有些幼儿虽然能理解诗歌内容却不擅长表达,但是在绘画方面非常有兴趣和能力,以画为媒,这些幼儿也能愉快地感受、接受、理解诗歌内容。因此,诗画融合提高了活动中幼儿之间、师幼之间的交流与合作,加强了幼儿参与意识、合作意识与合作交流能力的培养。在诗画融合中融入各种知识、技能、情感,幼儿的思维也得到了发展,这样既拓展了诗歌学习又丰厚了语言积累,同时也改善了幼儿的学习方式,促进幼儿个性化学习与合作学习的融合。

　　③ 诗画融合,由画悟情,促进创造性思维发展和创造力提升。在诗画整合的学习情境中,周围自然、丰富而又充满诗意的环境和事物引发了幼儿的兴趣,并引起了幼儿思维和行动的自我发动,因而其注意力集中,行动积极而且能够坚持完成活动,这是创造性思维产生的前提和动力。"诗画融合"课程将幼儿的诗歌创编以"天真者的告白"的诗画形式呈现,我们多数看到的仅仅是稚嫩的画笔配以三言两语诗句,尽管如此,每个孩子都是天生的诗人,亲近诗歌,热爱诗歌,诗歌创作就会像破土而出的春笋一样。通过师幼互动,思想碰撞,心灵交流,幼儿对诗歌的感悟和创造思维能力就会越来越好。

　　案例:大班古诗《小池》的教学实录片段

　　片段一:如何让大班幼儿理解诗句"泉眼无声惜细流"? 教师在几次试教之后,决定用诗画融合的方式开展活动。

　　师:"泉眼无声惜细流",诗人想要表达的意思是:泉眼似乎很珍惜泉水,所以水流得很细很慢,静悄悄的!"泉眼无声惜细流",你觉得泉眼里流出的水会是什么样的呢?思考一下,拿出座位底下的纸和笔,来画一画吧。(见表6-1-4)

表 6-1-4　幼儿创意画表达汇总表

幼儿创意画表达	泉眼无声惜细流
	幼儿讲述：泉眼里流出来的水是平平的，好像躺在池塘里。
	幼儿讲述：泉眼里流出来的水是断断续续的，一点一点流出来，太舍不得这些流水了。
	幼儿讲述：泉眼里流出来的水像一颗颗米饭，撒在小池塘里。
	幼儿讲述：泉眼里流出来的水，有的向这边流，有的向那边流。它们是分开来流的，流得很细很细。
	教师评价："泉眼无声惜细流"，泉眼似乎很珍惜泉水，所以水流得很细很慢，静悄悄的！每位小朋友都想象了泉眼里流出来的水，并用画画的方式记录了下来。

　　片段二：如何让大班幼儿理解诗句"小荷才露尖尖角，早有蜻蜓立上头"？教师引导幼儿先观察图片理解诗歌内容，用情境表演的方式表达诗歌内容，然后以儿童视角解读画家笔下的荷花，最后孩子们亲手制作荷花，再次感受满池荷花的美感。（见表6-1-5）

表 6-1-5　情境再现记录表

师幼共同进入诗画融合的情境	小荷才露尖尖角,早有蜻蜓立上头
	幼儿观察教师画的荷花图,感受含苞待放的荷花,以及蜻蜓立上头的情景。 教师提问:你看到了什么? 这是一朵怎样的荷花? 蜻蜓停在哪里? 情境表演:两个小朋友合作表演,一人当荷花,一人当蜻蜓。
	教师讲述:让我们走进画家笔下的荷花。 师:画家笔下的荷花是什么样子的? 我们一起来欣赏一下。(出示名家画作) 提问:你喜欢哪一幅画? 这幅画给你什么样的感觉? 幼1:花瓣特别美丽。 回应:花瓣是什么样子的? 幼1:花瓣特别多。 回应:对呀! 像搭积木一样一层一层的。 幼2:这些花瓣的颜色不一样,有的是红的,有的是粉红的。 回应:荷花花瓣的色彩有了深深浅浅的层次变化,画面就会显得丰富多彩,更加立体。 幼3:我喜欢最上面那多荷花,它是三角形的。 回应:这是一朵含苞待放的花骨朵儿,还没有盛开的荷花都是这样的。 幼4:我喜欢这幅画,这幅画左边的荷花有好几朵紧紧靠在一起,右边的荷花只有一朵高高地开着。 回应:你注意到这幅画的构图了。这样的画面很有层次感,有的密,花朵多;有的疏,花朵少。 幼5:我喜欢中间这幅荷花,天黑黑的,是在晚上。 回应:月光下的荷花,在流动的河水中静静地开放。 …… 教师选取一位画家的作品:画这幅荷花的画家,这一辈子画了很多很美的荷花,他说,一个人如果能做自己喜欢的事情,那就会很幸福!

师幼共同进入诗画融合的情境	小荷才露尖尖角，早有蜻蜓立上头
	幼儿操作：制作心中最美的荷花。 教师启发幼儿用诗一样的语言赞美荷花。 幼儿：朵朵荷花穿粉衣，漂在池塘里。 ……

3. 课程空间由"静态教室"走向"动态环境"

① 走向社区草地上的诗歌《落叶》。在"秋天"主题中，大部分儿童对纷纷飘落的叶子很感兴趣，老师在开展诗歌《落叶》的学习活动之前，让幼儿分成多个探究小组前往社区捡落叶。幼儿通过观察、体验、调查等不同的活动方式亲身体验、实践操作，分享自己的见闻，并尝试用天真的语言大胆地表达。有的孩子说："风儿吹来，叶子跳着圆圈舞，一点一点地来到小草的头顶上。"有的孩子说："我捡到了一片叶子，硬硬的，我用力握在手里，就碎了。"有的孩子说："我捡到的那片叶子，好像烧焦一样，颜色黑黑的。"

在幼儿探究的同时,教师通过"倾听—观察—反思—回应",不断给予幼儿学习的支持。诗歌《落叶》中的句式有:"小动物们把落叶当成×××。"于是老师问孩子们:"你们捡了那么多的落叶,你会把落叶当什么?"孩子们纷纷表达自己的想法:小女生把落叶放在耳朵上当耳环;小男孩把落叶当成火车,手掌握空拳,火车就从隧道里经过了。对于落叶的想象,孩子们还有很多的创意:有的说落叶变成一串钥匙,挂在爷爷的裤腰上;有的说落叶变成一把扫帚,正在帮忙打扫卫生;还有的说落叶变成了一条条可爱的小鱼,正在和钓鱼的娃娃捉迷藏呢……孩子们将自己的诗歌创编融入自己的画中,诗中有画、画中有诗。幼儿在经历这些真实的情境和情意后,他们的表达才会更加接地气,才能转化为语言素养。

② 走向幼儿园桂花林的诗歌《咏桂》。幼儿园的小山坡和小菜园旁边是幼儿园的桂花林。秋天的时候,满树的桂花,让整个幼儿园都弥漫在花香中。老师带着孩子来到树下,沁人心脾的桂花香启发幼儿探索怎么样才能采到桂花,孩子们纷纷将自己的设想画出来:有搬梯子的;有请小动物帮忙的;有拿竹竿敲,撑一条小黄布,摇一摇桂花枝的……老师带着孩子们将他们的想法逐一实践,黄色的小花簌簌下落,桂花雨就这样下了起来。在与桂花的亲密接触中,杨万里的《咏桂》诗歌教学就顺其自然地开展了。"不是人间种,移从月中来。广寒香一点,吹得满山开。"简短的语句,将赞美桂花的情感紧紧包含在其中。孩子们通过课前与桂花树的互动,在诗歌的学习过程中更能理解诗人对桂花的赞美之情。学完诗歌后,孩子们通过剪贴画的方式,将不同形态的桂花装进画中,也装进他们的课程故事里。

4. 课程形式由"学习诗歌"走向"创玩诗歌"

"诗画融合"课程的活动形式是多元的。课程通过师幼共诵、同悟,将研、诵、赏三者相结合,突出孩子的主体地位。当孩子学习完一首儿童诗歌后,让孩子把感悟体会记录下来,并引发他们创作。如孩子学了诗歌《丰收的秋天》,陈小朋友说:"秋天到,香香的玉米成熟了,金黄的小麦点点头,它在和玉米问好。"黄小朋友说:"天空中下起了金黄色的小麦雨,玉米正露出脑袋去迎接它们。"或长或短的表述语句加上稚嫩的笔触画出的儿童画,构成了最精彩的表达。我们将孩子们的表达记录成文、装订成册,慢慢累积后，我们发现，他们的创作并不亚于名句名画，最天真的话、最真实的表达更让人回味无穷。一位家长是这样和我交流的："我们家孩子不仅会念更多的诗歌了，居然也会自己编一首诗歌了，像个小小诗人。"

这样的课程架构完全打破了传统意义上的教育活动，它是开放的、多元的、直观的、动态的，幼儿的探索活动完全是基于经验、基于情境、基于项目的，幼儿的学习是主动的、有趣的，也是充满未知的。在一个个追随儿童的探索活动中，在一幅幅趣味盎然的绘画作品中，我们看到了一个个有能力、会学习的儿童形象。

六、课程评价

本课程可采取多样的评价方法，重视学习结果的评价，重视过程的评价，重视开展幼儿之间的互评和自评，鼓励幼儿通过活动充分表现自己。本课程提出注重全面发展与潜能发展相结合的评价标准、过程和结果相结合的评价体系、自评和互评相结合的评价方式，综合运用多种评价的方法。

① 积分制评价。根据幼儿平时上课的状态（是否投入、是否深入思考、是否积极表达）给予相应的积分。积分评价由幼儿自己、同伴、教师共同完成，评价主体通过对评价对象在活动中的表现进行分值累计。与此同时，教师还会在表格最下方将幼儿在本次活动中的表现做出正面表扬或是建议。

② 展示性评价。本课程在不断的实施中会产生很多的幼儿作品，比如孩子的诗歌朗诵、诗画融合作品。为了对幼儿的学习效果做简单的检验，更为了让幼儿有一个自我展示的机会与平台，我们会将幼儿的学习成果通过两种形式进行展示。一为诗诵会：可以通过节日，比如中秋、端午等开展诗诵会，也可以在公众号、晨会和"余音缭绕"广播站展示孩子的诗朗诵作品。其二，通过画展、班级主题墙展示孩子的诗画融合作品。

七、课程成效

（一）幼儿的成长——语言核心素养得到提升

通过课程的实施，教师不断优化诗歌教学课堂的组织形式，帮助幼儿感知学习各种文学语言符号和概念，提升幼儿的文学鉴赏能力，幼儿的表达因此更加丰富多元。幼儿园因此创设了更多关于诗歌表达表现的平台。

1. "余音缭绕"广播站——记录幼儿每天"为你读诗"精彩 15 分钟

幼儿的语言是通过在生活中积极主动地运用而发展起来的，单靠教师直接的"教"是难以掌握的。教师应充分利用各种机会，引导幼儿积极运用语言进行交往。而教育的非正式活动正是通过一个比较宽松、自然的环境，让幼儿在贴近生活的状态下，自发自主地运用语言进行学习、交往。"余音缭绕"广播站为幼儿们创设了一个崭新的语言学习环境。为了培养幼儿的语言表达能力，每天午间幼儿饭后散步的悠闲时光，孩子们可以听到两位主播为大家播报精彩内容。广播站以儿童为中心，说孩子的话，讲孩子的事，唱孩子的歌，由老师、家长、小朋友共同来编辑广播节目，它是开启孩子心灵的一扇窗户，是鼓励孩子们展示的一个舞台。为了更好地运行广播站，使节目更丰富、面向全体孩子，根据孩子的年龄特点、展示需求及幼儿园相关活动等各项基础条件，经调查、讨论、尝试，广播站启动了多个栏目，"甜嘴巴诗歌会、小故事大道理、我主持我做主"等，深受孩子们的喜爱。

2. 诗画融合画展——记录幼儿品画读诗的成长

我园的画展每年举办一次，全园参加，每位幼儿的作品都有展示机会。"诗画融合"画展选取的诗歌内容是根据 3—6 岁幼儿身心发展特点和生活经验，选取教材里的诗歌内容，或自选主题健康的优秀诗歌，或挑选幼儿根据生活经验创造的诗歌作品，利用多元的诗歌教学策略，丰富幼儿的审美经验，引发幼儿的创作灵感。在这一过程中，我们邀请温州大学教授林琛琛老师进行专题讲座，让老师和家长树立正确的儿童观，能够以儿童视角看待幼儿对诗歌的自我感受与独特的创作表达。"诗画融合"画展让幼儿再次品读一首首生动活泼的诗歌，欣赏一幅幅充满儿童气息的画作，从而发挥了启智辅德、怡美育人的价值，弥补了诗歌教学为单纯的语言教学的不足。"诗画融合"画展部分作品见表6-1-6。

表6-1-6　小(2)班部分幼儿诗画作品展示表

幼儿诗画融合作品	诗 歌 内 容	作　者
	小星星 一闪一闪亮晶晶， 满天都是小星星。	小(2)班 高小朋友
	小螃蟹 小螃蟹，海边走，东看看， 西瞅瞅，身穿铠甲举大钳， 站岗巡逻把海守。	小(2)班 王小朋友
	望庐山瀑布 日照香炉生紫烟， 遥看瀑布挂前川。 飞流直下三千尺， 疑是银河落九天。	中(2)班 何小朋友

幼儿诗画融合作品	诗 歌 内 容	作　者
	丝瓜娃娃 丝瓜娃娃练爬高， 爬上阳台咧嘴笑， 它冲爷爷把手招， 乐得爷爷胡子翘。	大（2）班 徐小朋友

（二）教师的成长——专业素养得以提升

开展"诗画融合"课程，全园教师探索诗歌教学的有效途径，开展"突破学科边界，形成领域融合"的课堂行动研究。经过几年的实践，我园在区级层面开展"诗画融合"主题的区级原创课例 4 节，区级讲座 4 次，发言报告 2 次；撰写诗歌教学主题论文区一等奖一篇，区二等奖一篇，"诗画融合"主题研修案例区二等奖两篇。在一系列的实践与探索中，教师自身素养、教学观念、教学实践能力得到发展，教师基于核心素养的教育力得到显著提升。"诗画融合"课程的开展，建立了"领域＋"课堂建构模式，提升了诗歌教学课堂的质量。

（三）幼儿园课程发展——课程园本化得以提升

幼儿园根据四季变化开发了一系列课例，并把这些课例经过分析梳理编写成《"诗画融合"教师指导建议用书》，为当下老师开展"诗画融合"课堂实施提供了帮助。指导建议用书里的每一个主题课例完整地体现了教师的指导过程和幼儿的实践过程，为教师提供课堂实践活动具体实施的经验；教师还可以根据需要对指导用书中的主题案例稍加处理，即可转化为儿童再实施的主题活动。

八、课程回望

"诗画融合"课程开启了我园诗歌课堂教学的研究之路。探究性诗画融合的课堂实践是我们在对诗歌教学不断审视、反思的基础上所进行的优化和重构的过程。活动的形式从恪守转变为开放，从教师主讲转变为师幼共学，从单一转变为多元，探究的实践过程反映了我园对教育理念的进化。然而，课题虽然对幼儿的诗歌学习进行了深入的研究，提出了相应的教学策略，但是对幼儿的个性化全面发展还是有所欠缺的。对此，课题在下一步研究中将深入探究学生的个性化发展，分析如何利用分层教学或开放式的教学方法，转化"教师主导"的教学模式，形成"学生主导，教师扶持"的教学逻辑。下一步，将不断从成人与儿童的关系进行一系列思考与追问，将从探究性活动价值的再追问、主题资源的再审视做进一步的实践与思考。

在实践过程中，我们深深地感受到诗画融合的价值，它不仅转变了枯燥的诗词学习模式，而且受到孩子们的喜爱。"诗画融合"是美的教育，是幼儿与教师共同成长、相融共生的途径。一幅幅画，丰富了教室中的自然角；一首首诗，藏在了孩子们的心中。孩子正慢慢被诗情画意所熏陶。这样浸润的教育价值不在当下，而在于孩子不断增长的兴趣和持之以恒的积累。将"诗画融合"课程做到尽善尽美，和孩子一起寻觅最美的世界，是我园不变的初心。

（开发者：林胜绿　丁跃雷　陈春露　季洁）

第二节 "三味五剧"课程：一起发现书本中的大世界

瓯海区第三幼儿园地处瓯海中心区，坐落在美丽的白云山脚下，园内环境优美，雅致童趣。幼儿园以"润教育"为办园理念，坚持让儿童在游戏中学习，在体验中成长；创设多元途径整合课程资源，让课程融入幼儿的一日生活中、环境创设中、游戏活动中；努力把幼儿园打造成儿童喜欢的样子。自2017年10月开园以来，幼儿园就提出以故事表演为载体的园本课程，园内创设了功能各异、特色鲜明的"四区八坊"，让幼儿通过表演来充分感受、懂得欣赏、善于表达、乐于创造、提高胆量、增强自信，获得个性化发展；让幼儿的童年生活注入健康、书香、优雅、快乐、灵动。

一、课程背景

（一）基于"儿童为本"理念的思考

根据《幼儿园工作规程》中"实施德、智、体、美等方面全面发展的教育"具体要求，我们以培养全面均衡发展的完整儿童为目标，基于儿童发展需要，提出了"三味五剧"课程。何谓"三味五剧"课程？它是基于幼儿主动学习的理念，以优质绘本为故事表演创作素材，三味元素（戏味、童味、育味）结合，以"儿童故事剧、模拟情景剧、小喇叭广播剧、家庭剧、默默哑剧"五个剧种为基本的表演形式，并拟定每个剧种性质、功能与活动时间安排的表演类课程。我们在课程中尊重幼儿是活动的主体，让他们用自己喜欢的方式学习、表演、创造。

（二）基于"转变幼儿学习方式"的思考

我们为幼儿创设了与表演相结合的游戏场景，每个班级都设有表演区；每个幼儿都有一本记录自己表演游戏过程的游戏故事册；每一间教室、每一条走廊、每一个角落都是幼儿游戏的场景。孩子在表演游戏中可自主选择角色、自己选择表演方式、自己确定主题，一切行动都是为了证明幼儿是游戏的"主人"。我们认为，只有清晰地认识到园本课程活动的主体是幼儿，只有尊重幼儿、相信幼儿，才能做到"转变幼儿学习方式"，才能让幼儿在课程的实践过程中释放自己的力量，让幼儿成为课程的最终受益者，才能让"儿童为本"理念得到落实。而我们研发的园本课程就是基于儿童发展的立场，让幼儿成为健康、优雅、快乐、灵动的完整儿童。

二、课程理念

幼儿园基于园所文化，遵循幼儿爱表演的天性，以教育理念为支撑，设置"三昧五剧"课程的核心内涵为"童演童享、悦润成长"。其一，通过演与享，让孩子们发出自己的声音，让每一个生命都实现自由绽放。以"演"为特色，"享"为方式，形成以"演"为核心的园本文化。"演"是特色的彰显，成长的方式；"享"是文化的氛围，育人的方法。其二，通过悦纳与润养，将"润物细无声"升华为"化无声为有声"，让幼儿在表演中获得心灵感知和人生经验，认识自我、与人沟通、体验社会。以演为载体，润进教育，润进心灵，润进生命，润物无声演有声，自由绽放皆成长。

课程即生长。一百个孩子就有一百种语言，我们关注每位幼儿，在表演中发掘每一个幼儿的特点，满足他们想成为"人物"的愿望，发展儿童的社会交往能力，提高儿童语言与非语言的表达与交流能力，丰富儿童的生活体验，使每一个幼儿都能找到自己的生长点,以适合自己的方式成长。

课程即自主。聚焦幼儿自发的日常生活,让幼儿热衷于发起并参与有角色、有情节的表演游戏活动,表现着自我、肯定着自我,清晰感受到"自己天生就是一个表演家";让幼儿与生俱来的表演天赋与需求得到持续与发展,使选择性活动在实施中体现出价值与意义。

课程即体验。体验是表演的生命,是幼儿创意表达表现的源泉。课程创设可供幼儿体验的活动和机会,使幼儿能通过自己的直觉感知、表达表现等方式感受各种事物的美,使幼儿的科学与艺术、认知与情感、身体与精神达到和谐统一,从而使各个方面的发展汇聚成一个儿童的完整发展。

三、课程目标

幼儿园立足儿童表演兴趣,遵循《幼儿园教育指导纲要(试行)》及《3—6岁儿童学习与发展指南》精神,基于幼儿园办园理念及幼儿发展需求,将目标分为认知、技能(能力)和情感态度三个方面,让幼儿在"学说、乐说、约说、演说"中体验表演的乐趣,进一步提高幼儿语言的发展,给孩子创设一个多元的表演环境,激发幼儿的表演欲望,让孩子更积极、快乐地表演。

(一)课程总目标

表6-2-1 "三味五剧"课程总目标表

认知	角色、情节、场景、装扮、剧本、剧场、表演样式、表演话题	
	理解表演对话的相关知识	
技能(能力)	思考能力	想象与描述各种角色、情节、价值和态度;思考、评价他人或自己的表演

续　表

技能（能力）	表达能力	语言与声音 肢体与表情	模仿、造型、控制、情感	
	表演能力	意义交流：角色之间、演员与观众之间 舞台空间：上下场、站位等		
	合作能力	想法协商	角色配合	分工与合作
情感态度	参与活动	兴趣	开放性	责任感　习惯
	角色情感	体验与理解	共鸣与表现	

（二）课程层次目标

根据课程总目标及幼儿多元潜能发展的阶段性与差异性，我们对总目标中的三大方面分解细化为三级层次目标，增强教师在实践活动中的可操作性。

表6-2-2　"三味五剧"课程层次目标

	小　班	中　班	大　班
认知	1. 角色：知道表演是有角色的。 2. 情节：知道表演是有故事情节的。 3. 场景：知道表演是在一定的场景中发生的。 4. 装扮：知道能用多种材料进行装扮。 5. 表演样式：初步认识故事剧的戏剧样式。 6. 表演话题：初步了解自己较为熟悉的表演话题的相关知识。	1. 角色：知道表演中的角色可以有多个。 2. 情节：知道表演的情节有开端、发展和结局。 3. 场景：知道不同场景的空间位置。 4. 装扮：知道可以用服装、道具进行简单装扮。 5. 剧本：知道表演需要剧本。 6. 剧场：知道剧场分表演区和观众区，知道一定的规则和礼仪。 7. 表演样式：初步认识木偶戏的戏剧样式。 8. 表演话题：初步了解表演话题的相关知识。	1. 角色：知道多种角色及其关联。 2. 情节：知道表演的情节有开端、发展、高潮和结局。 3. 场景：理解故事发生的多个场景，知道不同场景的空间位置及内容。 4. 装扮：知道使用服装、道具可以使角色的形象更加生动。 5. 剧本：知道表演需要剧本，剧本由若干幕组成。 6. 剧场：知道剧场分表演区和观众区，知道规则和礼仪制定的缘由。 7. 表演样式：进一步认识表演的不同样式。 8. 表演话题：较为深入地了解表演话题的相关知识。

	小　班	中　班	大　班
技能（能力）	**思考能力** 1. 角色想象：能够简单想象与描画角色的外貌和行为特征。 2. 情节创编：能够尝试创编简单的情节。 3. 价值判断：能够对表演主题做出初步的价值判断。 **表达能力** 1. 模仿：尝试用肢体和声音模仿熟悉的人和动物的典型形态或行为。 2. 造型：能用简单的肢体动作做出简单的造型。 3. 控制：用动作来表现速度、重量、大小、长短，以及用声音表现音量。 4. 延伸性表达：能根据材料积极参与角色装扮或场景布置，或在合适的音乐中跟随教师律动。 **合作能力** 角色配合：能进行两个角色之间的呼应。	**思考能力** 1. 角色想象：想象与描画角色的典型外貌和形象特征。 2. 情节创编：能够想象情节的发生与发展，理解表演冲突，并尝试思考解决问题的办法，创编情节的高潮和结局，初步创编部分剧本。 3. 价值判断：能够就表演主题做出自己的判断，有初步的解释能力。 **表达能力** 1. 模仿：尝试用肢体和表情、语言和声音模仿常见的人和动物的形态。 2. 造型：能用较为丰富的肢体动作，单人或两两合作做出造型。 3. 控制：用动作来表现速度、重量、空间，以及控制声音的大小、粗细。 4. 延伸性表达：用合适的材料进行角色装扮或场景布置，或在合适的音乐中跟随教师创作简单的舞蹈动作。 **表演能力** 1. 动作较为鲜明，声音较为清楚，能够让其他角色理解。 2. 在教师的帮助下，能按合理顺序上下场。 **合作能力** 1. 想法协商：大胆表达自己的想法，能够与同伴协商想法。 2. 角色配合：能够进行多个角色的呼应。 3. 分工与合作：能按自己的意愿选择剧场工作，并努力与同伴合作完成剧场活动。	**思考能力** 1. 角色想象：大胆想象与描画角色外貌、行为特征、心理活动等。 2. 情节创编：能想象情节发生、发展、高潮与结局，创编完整的情节，积极参与表演冲突的讨论，寻求冲突办法，创编完整剧本。 3. 价值判断：能够对表演主题做出合理判断，并有一定的解释能力。 **表达能力** 1. 模仿：用肢体表情、语言和声音模仿常见的人和动物的形态。 2. 造型：能用较为丰富的肢体动作，单人或两两合作做出造型。 3. 控制：用动作来表现速度、重量、空间，以及控制声音的大小粗细。 4. 延伸性表达：用合适的材料进行角色装扮或场景布置，或在合适的音乐中跟随教师创作简单的舞蹈动作。 **表演能力** 1. 动作鲜明，声音清楚，能够让其他角色和观众理解。 2. 能按合理顺序上下场，在教师的提示下合理站位。 **合作能力** 1. 想法协商：耐心倾听同伴的想法，积极参与讨论，友好地与同伴协商各种想法。 2. 角色配合：能够较为自主地进行多个角色呼应。 3. 分工与合作：能根据活动的需要分工、合作完成表演活动。

	小 班	中 班	大 班
情感态度	1. 兴趣：初步体会扮演的快乐。 2. 开放性：愿意表达自己。 3. 责任感：能在教师指导下明确自己的角色。 4. 角色情感：能够体验并初步表现角色的情感，比如高兴、生气、伤心。	1. 兴趣：乐于参与戏剧的活动。 2. 开放性：敢于在集体面前表现自己。 3. 责任感：在教师的指导下明确并初步坚持自己的角色。 4. 角色情感：能够较为深入地体验和表现角色较为复杂的情感。	1. 兴趣：喜欢参与戏剧活动，产生主动创作表演的愿望。 2. 开放性：能在活动中大胆表达自己的想法，大方而自信。 3. 责任感：能明确自己和同伴的角色，并坚持做好自己的表演工作。 4. 角色情感：能较为深入地体验和表现角色复杂的情感及其变化。

四、课程内容

（一）"三味五剧"课程框架

"三味五剧"课程从幼儿身心发展的特点和社会文化背景出发，实现了表演作为拓展性课程与基础性课程相互融合，幼儿表演经验与主题经验的获取与积累相互融合，达到了课程教育资源的共享与有效利用，建构了具有园本特色的课程结构。

（二）"三味五剧"课程设置

本课程内容来源于幼儿的生活事件，有助于幼儿关注社会、关注自然、关注生活、传承传统和经典，同时促进幼儿更富有创造性地表现生活、展示生活。我们将课程的主要学习内容细化，具体课程设置见表 6-2-3。

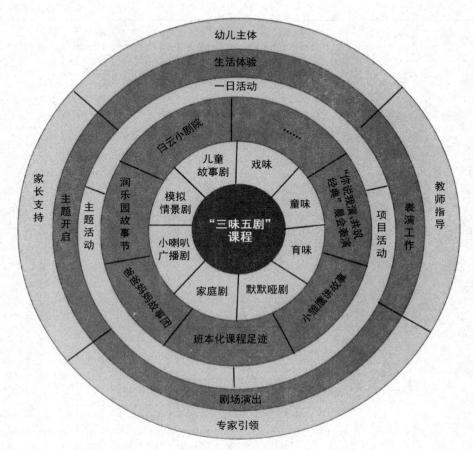

图 6‑2‑1 课程框架图

表 6‑2‑3 "三味五剧"课程的教学内容设置

总课程	课程类型	课程模块	课程形式	主题内容	活动安排
"三味五剧"课程	戏味	班本化课程足迹	小班班本化	大纸箱	每学期一次
			中班班本化	神奇糖果店	
			大班班本化	老鼠嫁女	
		白云小剧院	中班	森林狂欢节	每月一次
			大班	海底大世界	

续　表

总课程	课程类型	课程模块	课程形式	主题内容	活动安排
"三味五剧"课程	戏味	润乐园故事节	全园	儿童故事表演	每学年一次
				师幼故事表演	
				亲子故事表演	
	育味	爸爸妈妈故事团	家长助力	哲学绘本	每周三下午
		小雏鹰讲故事	全园教师	文学作品	每天一次
	童味	美食播报	全园幼儿	幼儿园食谱	每周一次
		"你说我演、共筑经典"晨会表演	小班	童话故事	每周一次
			中班	寓言故事	
			大班	神话故事	
	儿童故事剧	幼幼	小班	有朋友真好	2月一换
		师幼	中班	拔萝卜	
		亲子	大班	咕叽咕叽	
	模拟情景剧	老剧新编	小班	迷路的小蜜蜂	2月一换
			中班	司马光砸缸	
			大班	老鼠嫁女	
	小喇叭广播剧	焦点话题	小班	不上你的当	1月一换
			中班	我爸爸	
			大班	怪兽垃圾来了	
	家庭剧	亲子互动	小班	小蝌蚪找妈妈	2月一换
			中班	小马过河	
			大班	爱与梦想	
	默默哑剧	无声律动	小班	猜猜我有多爱你	2月一换
			中班	三只小猪	
			大班	一个干净的地球	

<h2 style="text-align:center;background:gray;">五、课程实施</h2>

　　课程从文本到实施的落实过程,是一个假设验证与调整完善的过程。我们经历分析问题、解决问题、反思调整的循环实践,从而逐步探索并形成了统整实施的总体策略,以主题统领,多途径渗透,预设与生成相结合、学习与游戏相融合的方式,让幼儿在表演的过程中实现各种经验的整合,各领域活动的整合,幼儿各种表演"工作"的整合,从而达成预设的目标。

(一) 主题统领,整体建构

　　主题统领,就是以幼儿表演经验的成长为表演课程实施的中心,围绕一个表演主

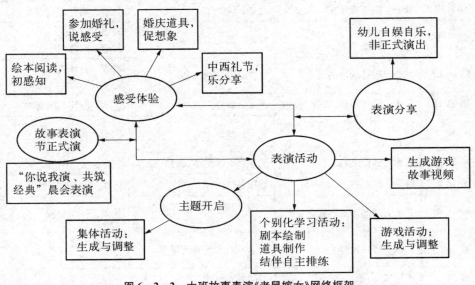

图6-2-2 大班故事表演《老鼠嫁女》网络框架

题内容,把课程各个部分与要素有机地组织在一起,形成一个整体。在课程实施中幼儿将经历"主题开启—感受体验—表演活动—分享表演"的过程,此过程离不开幼儿表演经验的积累,离不开教师的支持。因此,围绕表演课程目标,针对每一个表演主题,教师从素材剖析入手,分析幼儿现状、活动方案目标、资源支持三方面,进行活动方案的整体建构与预设,并按照表演主题经历的四环节,确定基本的网络图。

表6-2-4　大班段班本课程《老鼠嫁女》进度表

周　次	大　（1）　班	大　（2）　班	大　（3）　班
第3周	绘本：大风 游戏：捉老鼠	绘本解读：老鼠嫁女 游戏：田鼠偷瓜	童谣：老鼠嫁女 游戏：猫和老鼠
第4周	绘本：老鼠小心	童谣：老鼠嫁女 游戏：猫和老鼠	绘本解读：老鼠嫁女 游戏：田鼠偷瓜
第5周	绘本解读：老鼠嫁女 游戏：田鼠偷瓜	绘本：大风 游戏：捉老鼠	绘本：老鼠小心
第6周	童谣：老鼠嫁女 游戏：猫和老鼠	绘本：老鼠小心	绘本：大风 游戏：捉老鼠
第7周	科学：风来了	科学：台风天 艺术：剪纸	社会：婚礼的准备
第8周	社会：婚礼观后感	科学：风来了	社会：婚礼观后感
第9周	科学：台风天 艺术：剪纸	社会：婚礼观后感	科学：风来了 健康：抛绣球
第10周	社会：婚礼的准备	社会：婚礼的准备	科学：台风天 艺术：剪纸
第11周	艺术：设计婚纱、头饰、妆容	艺术：制作道具	艺术：制作表演海报
第12周	社会：中式婚礼 VS 西式婚礼	艺术：新娘妆容	艺术：制作道具
第13周	艺术：制作道具	艺术：设计婚纱、头饰、妆容	艺术：设计婚纱、头饰
第14周	健康：抬花轿	健康：抛绣球	健康：抛绣球
第15周	艺术：制作表演海报	社会：中式婚礼 VS 西式婚礼	艺术：新娘妆容
第16周	艺术：新娘妆容	艺术：制作表演海报	社会：中式婚礼 VS 西式婚礼
第17周	不同版本演出	不同版本演出	不同版本演出

在《老鼠嫁女》经典童话剧的表演中,幼儿对古代婚礼嫁娶、抛绣球等情节产生了浓厚的兴趣,但是不知道怎么去表达,教师就利用家长资源,让家长在家庭中为幼儿介绍相关的经验,带领幼儿参加婚礼,了解"新郎"与"新娘"的含义,收集古代婚礼仪式的图片、喜庆的服装等。在此基础上引导幼儿在集体中进行互相交流与分享,体验感知并制作唢呐、喇叭、花轿等婚庆道具,并提供了古代婚礼的音乐供幼儿自主"走秀",还请妈妈表演社团来园为幼儿展示"彩绘"化妆老鼠、猫等角色,从而使整个剧本充满了趣味。伴随着表演的进程,幼儿同时担任小导演、剧作家、音效师、道具制作师、舞台美术师与化妆师等工作。在毕业典礼上全班幼儿都根据自己的喜好参演了《老鼠嫁女》,这既满足了幼儿表演的愿望,又使幼儿能够自如地表达。

主题开启　是指表演活动内容的开始。主题开启的方式主要是文学作品的欣赏、生活情境的引发,主题开启的活动一般渗透在语言领域活动与日常的活动中。

生活体验　体验是表演必不可少的基础环节,在生活中与艺术欣赏中感受、理解并积累与此表演活动相关的角色与动作的经验、情感等。

表演活动　为剧场演出做准备,是幼儿创造性表达表现的主要环节,教师以游戏性的方式引导幼儿经历各种戏剧工作。

分享表演　引导幼儿展示自己的表演成果,同时在表演中,体验剧场演出中的合作意识、观众意识,展示自信。在此说明,模拟剧场演出并非是日常所见的正式演出,它只是幼儿自娱自乐的展示方式,模拟剧场演出主要设在中班后期及大班阶段进行。

(二) 整合经验,多途径渗透

著名教育学家陶行知指出:全部的课程包括全部的生活,一切课程都是生活,一切生活都是课程。在课程的开发与创设过程中,我们遵循以下的操作要求:

1. 打造"三味"环境

为了使幼儿园整体大环境体现园本课程的核心理念，我们致力于打造"演"的环境，注重创设丰富的审美环境与幼儿自主表演的材料环境。例如，利用"故事长廊""纸盒里的故事"等走廊布置环境，使幼儿在潜移默化中接受审美的熏陶；同时，又利用室内外环境，创设了各种表演的舞台，有中庭的露天舞台、小剧院工作坊、巧手坊、多功能厅舞台等，并提供了丰富的道具材料，使幼儿能够自主地选用并用个性化的表现欲创造。

2. 渗透于一日生活中

幼儿园一日活动以游戏为基本活动，寓教育于各项活动之中。时间安排应有相对的稳定性与灵活性，结构紧凑、衔接自然，体现宽松、和谐、井然有序的活动氛围和良好的人际关系，尽量避免拖沓、消极等待，确保幼儿积极有效地活动。教师直接指导的活动和间接指导的活动相结合，保证幼儿每天有适当的自主选择和自由活动时间，避免时间的隐性浪费。将游戏贯穿于一日生活之中，促进幼儿灵动生长，如每周一推的"美食播报"，将儿童营养学用幼儿的特有方式展示。

3. 渗透于各领域活动中

"三味五剧"作为一项综合性艺术课程，其间包含了对作品的理解、对角色的认知与表现、同伴间的协商与合作等，上述内容涉及了文学欣赏、科学探索、社会认知、艺术表现等领域，因此，我们有机地将具体的表演活动点渗透到各领域活动中，使之形成一个活动的整体，增加幼儿的生活体验与艺术感知，共同为幼儿表演经验的成长提供支持。如在《迷路的小蜜蜂》的表演节目中，教师发现幼儿对蜜蜂的认知与表达表现经验等比较缺乏。因此，教师就结合基础性主题活动"春天来了"，有机地将知识渗透到科学活动、音乐活动、美术活动中，并在个别化学习活动中提供了相关的阅读书籍等，引导幼儿观察了解蜜蜂的特性、飞的节奏旋律等，使幼儿对蜜蜂有一个完整形象的把握，提高幼儿的审美感知。

4. 渗透于家园社区活动中

我们充分整合幼儿园、社区、家庭中丰富的物质、人力、节日资源，为幼儿提供获得生活体验、自主排练、分享表演的机会，从而更好地促进幼儿表演的多元潜能的发展。在具体实施中，通过班级、幼儿园、社区活动，帮助家长了解幼儿园的课程，调动家长积极参加各项活动，充分发挥家长的个人特长、职业优势，丰富课程内容。

（三）剧本预设与师幼共建相结合

活动的预设和生成是形成表演课程的基本方式。而其中，剧本作为表现故事情节的文学样式，是师幼开展表演活动的根本出发点。如果没有剧本，幼儿的表演会陷入混乱与随意中，而由教师统一预设的剧本又将会框死幼儿的想象与创造，语言与动作的表现会呈现程序化，而师幼共建剧本，则将表演真正还给了儿童，使儿童成为表演的主人。

剧本预设，就是在表演主题开启之前，教师在仔细分析幼儿经验与素材的基础上，从角色、对话、情节等方面出发预设剧本框架，但是此剧本框架并不可行，只是作为表演主题开启的导引；在活动的行进中，教师引导幼儿一起想象创编并鼓励幼儿用自己的语言与非语言手段来表现情节、角色形象等，及时吸纳来自于幼儿生成的、有价值的内容调整到剧本中，剧本伴随幼儿的表演过程而创生。

从上述"老鼠嫁女"案例中可见，通过教师预设的改编与师幼共建剧本，有效避免了幼儿在表演中机械复述、程式化动作的出现，使幼儿的表演活动呈现生活化与个性化。目前，我们通过师幼共建剧本，使剧本元素置后，把剧本作为幼儿表演的文案记录，或只作为最后分享表演时的剧本。

（四）表演游戏与学习相融合

有学者认为：艺术的起源是游戏。而游戏是幼儿最基本的活动形式，由此可以说明，表演活动的游戏与学习应是相互融合的，表演的过程即是一个游戏的过程，也是学习的过程。为此，一方面我们积极开展低结构的表演游戏活动，如每周一次的表演游戏活动，并在自主性游戏中渗透。另一方面，我们在高、中结构活动中，积极探索幼儿学习的游戏化手段运用，以开放、整合的形式开展高、中、低三类活动结构，并努力体现"玩""做""说"。

①"玩"表演：将幼儿所要积累的角色动作、对话表达、情节展现等融于游戏活动中，尽可能给予幼儿自主想象、创造、表达的空间，并在尽可能的范围内帮助幼儿实现自己的想法。

②"做"表演：在表演活动中，强调人人都是演员，人人都是主角，通过教师"入戏"与"出戏"的方式，引导每个孩子"动"起来。

③"说"表演：在表演活动中，及时引导幼儿分享交流自己表演中的感受、想法、碰到的问题以及对他人表演的一些评价等，从而促进同伴间的相互学习、共同提高。

六、课程评价

幼儿园课程评价是幼儿园课程设计、开发和实施中的重要环节，它贯穿于课程发展的全过程。幼儿园课程评价的过程是对课程建设进行正确导向、促进幼儿园课程园本化的过程，是教师运用专业知识对教育实践分析、调整的过程，也是促进幼儿富有个性发展的过程。"三味五剧"课程以课程目标为导向，采取游戏故事、观察记录、课程故事等多元评价方式。

（一）游戏故事——指向幼儿学习

游戏故事是指幼儿将自己对表演开展的活动设想意愿，表演过程中的所见、所闻、所为、所想，或者活动后的自我感受和想法，通过绘画的方式进行记录与分享。这其中既有幼儿对表演前的设想、表演过程中的探索、表演后的心情等的自我评价，也有幼儿在小组表演的过程中对同伴行为的评价。如在故事表演"老鼠嫁女"活动中，幼儿分别从"我计划""我游戏""我回想"等方面进行了自我评价，梳理、反思后再实践、调整，从而以更好的状态投入下阶段的表演游戏中。幼儿绘画式游戏故事的评价主体是幼儿自己，通过评价，我们可以看到幼儿的真学习、真表达、真成长。

（二）观察记录——指向教学效果

教师通过对幼儿表演游戏行为的观察与分析，进行书面记录与反思，促进幼儿的游戏水平提升。

表 6-2-5 教师观察记录表示例

观察时间：2018.5.26			观察人：周老师	
观察区域：表演区			观察对象：张小朋友、翁小朋友、温小朋友	
观察背景	（　）幼儿发起 （√）教师发起	（√）新任务 （　）熟悉任务	（　）独立完成 （√）成人指导下完成 （　）与同伴一起完成	（　）用时 1—5 分钟 （√）用时 5—10 分钟 （　）用时 15 分钟以上
观察重点	参与情况（A） A 积极　B 愿意　C 随意　D 淡漠		规则意识（B） A 规则意识强　B 基本遵守　C 不守规则	
	注意程度（A） A 专注　B 较集中　C 偶尔注意 D 游离		同伴交往（B） A 控制　B 合作　C 平行　D 独自	
	情绪体验（B） A 兴奋　B 愉快　C 平静　D 低落		能力发展（B） A 出色　B 略进步　C 平行　D 无效	

续　表

精　彩　瞬　间	片　段　记　录
	当我跟孩子们说今天有表演区小剧场时，翁小朋友举起了小手示意我他想参加今天的表演，我朝他微微一笑点了点头。 今天的小舞台小朋友们决定表演魔法师，在布置场地时每个小演员们都参加了布置，相互合作帮助。表演时我发现当小老师的总是那么几个小朋友，却从没见过翁小朋友当小老师，我提议让每个小朋友都当一回小老师。轮到翁小朋友当小老师了，看得出他很高兴，也能很自然地带头参加表演，与小演员们沟通，调整表演的内容与形式。小演员们与小老师配合得很默契，整个过程也很愉快。

幼儿发展评价：
翁小朋友很喜欢表演活动，但是每次都是跟随其他小朋友的脚步进行表演。其实通过几天的观察我发现他完全有能力主动选择表演内容，只是他由于性格有点内向胆小而不怎么敢尝试。

调整措施：
当了解到这些时，我先采取了旁观式的观察，分析翁小朋友在角色表演时的表演能力，发现在参与活动时他很享受整个过程，也愿意表现自己。于是我介入幼儿的表演活动，通过与幼儿商量给翁小朋友提供一个展示自我表现自我的机会，从而增强其自信心和提高他在同伴中的印象，培养其与同伴相互沟通讨论、合作表演的能力。

表 6 - 2 - 6　表演区游戏过程评价记录表

班　　级： 游戏人数： 教　　师：		时　　间： 儿童姓名： 记录人：
序号	项　　目	描　　述
1	游戏的开始	
2	游戏中的角色	发起者： 游戏者： 游戏方式：
3	游戏中情节（事件）的顺序	1. 2. ……
4	象征	象征性的物品（以物代物） 象征性的行为（假装动作）

序号	项　　目	描　　述
5	使用真实的资源	服装： 道具： 场景：
6	游戏的结束	结束者： 游戏者： 结束方式：

表6-2-7　"白云小剧场"中儿童表演学习记录表

姓名： 名称：		班级： 时间：	
环节	记　录　项　目	是否出现	描　　述
热身 活动	1. 身体放松，进入表演情景		
	2. 开启对表演话题的思考		
角色 塑造	1. 思考与表现角色的身份、外形		
	2. 运用动作与表情、语言与声音塑造角色经典动作和言语		
	3. 以适当的方式体验与表现角色的情感		
	4. 能够两人或多人进行合作		
情节 创作	1. 能够围绕表演冲突合理思考问题，提出解决问题的方案		
	2. 做出自己的价值判断和思考		
	3. 能用适宜的表演方式表现情节发展，并通过协商来确定		
	4. 能够专注于表演创作，并乐于表达与回应		
分享 交流	1. 能够对表演话题反思		
	2. 能对所创作的情节再思考与评价		
	3. 对自己所扮演的角色反思		
	4. 对他人所扮演的角色评价		
	5. 专注于彼此的分享与交流		

说明：1. 如果出现该项目，请打"√"
2. 在"描述"一栏中，请根据评价对象的典型行为加以描述，尤其针对没有出现的项目要加以客观描述

（三）课程故事——指向课程完善

　　课程故事是老师用文字和图片的形式把幼儿最感兴趣的活动以及在活动中的所看、所想、所做记录下来，时刻用心去观察，发现幼儿的奇妙之处，发现儿童的创新之处，发现儿童在表演游戏中遇到的问题。老师通过对幼儿课程故事的撰写，分析幼儿的学习兴趣、困惑、已有经验及学习收获、成效等，并作为改进教育教学的重要依据。

七、课程成效

　　经过三年的实践研究，我们真切地感受到"三味五剧"课程的实施深化了幼儿园园本课程建设，促进了幼儿多方面的发展，提升了教师的专业化水平，获得了多赢的成效。

（一）促进了幼儿的"完整发展"

　　1. 有爱成长：热爱生活，自信乐观

　　在整个表演活动过程中，儿童既是观众又是演员、剧作家。他们在一个虚构的世界里建构同他人的各种关系，借用表演的表现形式积极地表达自己内心的想法。在表演中，孩子们自信乐观，乐于表达自己的想法，有良好积极的自我意识和自我评价能力，在与剧本的对话中，学会了爱自己、爱他人、关心周围世界，促进了自我的情绪情感和社会交往能力的发展。

　　2. 有力成长：人人参与，各有所亮

　　"三味五剧"课程融合了五大领域内容，设计了多种形式、多种层次的内容，为不同能力的幼儿都提供了平台，让他们有展现自我的空间。在课程实施的过程中，幼儿的阅读能力、表达能力、表演能力、合作能力、沟通能力、创造能力等均得到了充分的发展，同时他们将多方能力迁移到其他活动中，使课程的成果得以延伸。在课程中，爱表演的幼儿成为戏剧小演员，爱阅读善思考的幼儿成为小小剧作家，善沟通组织能力强的幼儿成为了舞台领袖，含蓄但心灵手巧的孩子成为了个性设计师……课程最大的魅力在于大大激发儿童本身的能力与特质，人人参与，找到各自的个性化特长与优势。

3. 有质成长：主动学习，敢于创想

课程的实施改变了传统教学中的师幼关系，表演课程为幼儿的主动学习创造了更加自由和宽广的空间，幼儿在教师的追随下，在表演主题的项目推动下，显露出更多的创意，促进了学习品质的提升。在表演活动中，幼儿主动发问，敢于质疑，并主动发起探索和创想创作，在表演活动中促进良好的学习品质提升。

（二）促进了教师的"专业发展"

1. 凝炼出了"幼儿先行＋教师追随"的教育理念

课程将课程设计和基层实践紧密联系，并通过教研活动滚动调整，使课程理念落地，真正地实现了在理念指导下开展教学实践，让一线教师真切地在实践案例的触动中发现儿童，继而观察儿童，有意识地调整教育教学行为，并在课程实施的过程中，逐渐转变理念。在实施中，我们梳理出了表演的教学理念，即："你先想，我等着；你先说，我听着；你先做，我看着；你需要，我们一起来！"

2. 锻凿出了"真实课堂＋质朴研究"的教科研能力

幼儿园立足故事表演课程，引导全体教师参与课程的活动设计与备课、子课题的教学研究等，贯彻研究思路，开展自上而下的课程管理及自下而上的课题成效反馈。在教科研方面成长迅速，仅三年时间，江亦舒老师负责的教科规划课题《三味五剧：幼儿园表演课程的建构与实施》荣获温州市一等奖并推送至省级评审，柯雅靖老师负责的微课程《大纸箱》荣获浙江省三等奖，季小曼老师负责的园本化课程《"童演童享·悦润成长"课程实施方案》在温州市获奖；本园教师开展课题研究结题、获奖共 3 项，教师论文、案例获奖 11 篇,教师公开课、经验交流 11 项,等等。在研究过程中实现了教师以及团队的研究能力的提升与收获。

（三）促进了园所的"文化发展"

1. 课程步入新阶段

"三味五剧"课程的建构与实施,让幼儿园由特色课程走向园本化课程,在表演的引领下,幼儿的表演走向新的高度,具体表现为对细节的把握更深刻,表演更加紧密并联系生活,对故事的创作手法领悟更独到。

2. 课程资源更丰实

从课程实施至今,本园在实践过程中不断梳理和优化,目前已经形成了"大纸箱""神奇糖果店""老鼠嫁女"等多个班本化表演课程,分别适用于小、中、大班各年龄段。每一个剧目按照规定的顺序整理,归入教材库,为接下来的课程教学提供了充沛的资源素材。

八、课程回望

① 从幼儿成长发展的角度,如何科学有效地验证表演对幼儿的影响,还需进一步开展个案研究。

② 从课程的推广与后续研究角度,如何更科学地开展课程评价活动,验证其课程的实效性,还需进一步开展研究。

总而言之,园本课程实践的路一直在前进,愿与孩子一起,以"润物无声演有声,自由绽放皆精彩"的理念唤醒童真,为儿童创造一个悦润童年!

（开发者：季小曼　江亦舒　林翔翔　孙侠　刘慧慧）

第七章

探究，最奇妙的打开世界的方式

抬头仰望，地球是人类的天使；低头凝视，一花一叶是大自然的馈赠。科学探索是孩子们认识周围世界、探索世界最美好的打开方式。在孩子们眼中，一切都是那么美好、那么神奇，充满了无穷的魅力，探究课程看见儿童独特的兴趣爱好和学习方式，照亮孩子脚下的思维之路，为孩子们天马行空的创想保驾护航，指引孩子们到达成功的彼岸。

第一节 "小蜗牛"课程：与孩子一起发现

山水名都幼儿园坐落于温州市瓯海区新桥街道山水名都住宅小区内，是一所配套公办幼儿园，也是瓯海职业中专集团校学前教育专业实训基地。园区严格按照省一级幼儿园标准投资打造，周边拥有得天独厚的社区资源：小区内绿化面积覆盖率达到40％且物种丰富；配套设施完善，游泳馆、大型超市、社区医院、艺术小学、十八湾公园、动物园、植物园等应有尽有。丰富的社区资源，既能拓宽孩子的视野，又为我园园本课程提供了大量科学素材。

一、课程背景

《3—6岁儿童学习与发展指南》中提出科学教育的核心是"激发探究兴趣，体验探究过程，发展初步的探究能力"。《幼儿园教育指导纲要（试行）》中对幼儿科学领域的要求有"提供丰富的可操作的材料，为每个幼儿都能运用多种感官、多种方式进行探索提供活动的条件"。STEAM教育提倡让孩子自己动手完成他们感兴趣的，并且和他们生活相关的项目，从过程中学习各种学科及其跨学科的知识。这些描述都是新课程背景下对幼儿科学教育的新要求。

四季轮回，日月交辉，动植物的生长，天气的变幻，是大自然给人类最好的礼物。这些现象对于孩子们来说，是多么神秘、多么新奇。我园幼儿好奇、爱问，有较强烈的探索周围事物和现象的愿望，具备一定的动手操作能力和表达探究结果的能力，他们迫不及待地想要了解更多。"兴趣是最好的老师"，因此，我们要千方百计地引导孩子接触世界，创造条件让他们实际参加探究活动，感受科学探究的过程和方法，体验发现的乐趣。

二、课程理念

"小蜗牛"课程的理念是"玩转科学，体验探究"。"小蜗牛"课程以幼儿感兴趣的问题或话题为中心，以科学探究为主，整合多学科内容，支持儿童主动、深入地研究，亲历自主观察、形成问题、建立假设、制定研究方案、检验假设、得出结论等活动过程；是教师适时、适度地予以支持和引导，幼儿以一种类似于科学研究的方式进行学习的活动。科学探究是教师带领孩子们玩科学的过程，也是他们快乐成长的过程。

"小蜗牛"吃苦耐劳、坚毅勇敢、乐观向上，可他们的成长缓慢，需要静心等待。我们要学会牵着"蜗牛"慢慢散步，欣赏一路的风光美景，静待花开，收获成长的喜悦。我们的"小蜗牛"课程秉承这一理念：追随孩子的脚步，与孩子一起发现、一起探究，在"小课堂大自然"里做中玩、玩中学，培养"山水"儿童，彰显我们幼儿特有的刚强、坚毅、活泼、灵动。

三、课程目标

"小蜗牛"课程是以幼儿感兴趣的问题或话题为中心，以科学领域为主，整合多学科内容，支持儿童主动、深入地研究，亲历"激趣—探究—发现"的全过程，培养善尝试、善求异、善创造的"三善儿童"。

根据我园课程实施理念，我们从"尝试、求异、创造"三方面根据年龄区分制定了具体的分目标，具体见表7-1-1。

表 7-1-1　各年龄段目标表格

	尝　试	求　异	创　造
小班	1. 知道通过看看、听听、摸摸能了解很多事情。 2. 常常摆弄一些物品或玩具，学习用感觉器官对外界事物进行感知。 3. 对周围生活和现象充满新鲜感和好奇心，喜欢问一问、看一看、听一听、摸一摸。对周围生活和现象有自己动手探究的愿望。	1. 知道事情的表达方式、解决办法是多种多样的。 2. 学习用不同的语词和动作描述一个简单的现象。 3. 愿意表达自己的想法和意思。乐于发问，常问"为什么"等。	1. 知道周围生活中很多事物都是可以改变的。 2. 会拆卸结构简单的东西，并在大人指导下学习拼装。 3. 喜欢摆弄感兴趣的东西，喜欢拆卸玩具并自行拼好。
中班	1. 知道探索周围事物的过程是很有趣并具挑战性的。 2. 学习探索周围事物和现象的方法，能借助一些工具进行探究活动，表述感知后的体验。 3. 愿意参与探索过程，希望获得新知识和新经验，能经常提出"让我试一试"的要求。	1. 知道解决问题的途径和方法不是唯一的，发现与同伴不同的方法并提出不同的意见。知道解决问题的方法不同会得到不同或相同的结果。 2. 能用与同伴不同的方法解决问题。 3. 愿意并敢于提出不同的意见和想法。喜欢说："我和他（她）想法不一样。"乐意想办法发现新的玩法。	1. 知道在操作中要想多种办法，在活动中要想各种花样。 2. 能独立拆卸、拼装和重建玩具，去寻找新的拼法。学习用多种方式、材料构建物品。 3. 爱动脑、动手，经常向老师提出："这样做可以变成……"喜欢联想，经常向大人提出一连串新奇的想法和做法。
大班	1. 知道解决问题的办法是反复地试，不断地做。 2. 敢于探索不会做或没做过的事，碰到困难能想办法克服。寻找合适的工具或物品帮助自己完成探索过程。 3. 有较强烈的探索周围事物和现象的愿望，对探索的过程和结果充满期待和兴奋。	1. 懂得从不同的角度去观察事物。懂得对已有的答案提出疑问。 2. 能从不同的角度解释某一现象。学习运用逆向思维的方法考虑问题。 3. 学习寻找解决问题的各种可能性。对自己能提出不同的意见和想法感到自豪。	1. 认真倾听别人的操作、创作经验。懂得只有不怕创造中的"失败"才能最后获得成功。 2. 学习修改、补充已有方法或方案，使之更合理。学习一些创造性思维的方法、实验操作的方法。 3. 有强烈的发现问题的意识，并能提出创造意向。能运用各种方式表达自己的创造意向。

四、课程内容

（一）课程结构

我园课程结构以科学领域教育为突破口,整合五大领域内容,创造条件使幼儿感受科学探究的过程和方法,体验发现的乐趣,促进幼儿身心和谐发展。课程结构如图7-1-1所示。

图7-1-1 "小蜗牛"课程框架图

科学教育渗透于一日生活中,五大领域于一周内至少涉及一次集体教学活动,其中科学领域活动作为突破口安排每天、每周、每月、每学期不同类型的活动。

（二）课程设置

课程内容根据幼儿的不同学习方式划分为三大板块：主题探究学习、项目体验活动、游戏学习活动。

1. 主题探究学习

幼儿围绕一个主题，经历自主观察、形成问题、建立假设、制定研究方案、检验假设、得出结论等过程，以一种类似于科学研究的方式进行学习活动。主题探究学习的内容划分为"生命科学、物质科学、地球与宇宙科学"三部分，具体内容见表7-1-2。

表7-1-2 "小蜗牛"课程主题探究学习安排表

生 命 科 学		
主题	次主题	主 题 目 标
动物	野趣蜗牛	1. 观察蜗牛的外部特征和运动方式。 2. 饲养蜗牛，了解蜗牛住、行、食的生活习性特点。 3. 养成善于观察小动物的习惯。
	奇妙蚯蚓	1. 观察蚯蚓的外部特征和运动方式。 2. 学习用各种方法探究蚯蚓，并能将记录的结果与同伴交流。 3. 知道要保护蚯蚓，形成初步的环保意识。
	可爱蚕宝	1. 了解蚕的外形特征、生活习性及用途。 2. 饲养蚕，进一步了解并记录蚕的生长、变化过程。 3. 萌发关心和保护蚕的意识。
	蚂蚁世界	1. 对周围生活的蚂蚁产生探究兴趣，并调动各种感官，在自由的氛围中了解蚂蚁的外形特征、生活习性以及其他相关知识。 2. 通过观察、记录、查阅资料等方式探索关于蚂蚁的种类、信息传递的知识，激发幼儿探究的欲望。 3. 尝试把观察的事物现象用自己的方式讲述、记录，培养有顺序、细致的观察能力，提高细致观察事物现象的能力，激发探索的兴趣。
植物	好玩的树叶	1. 对树叶产生探究兴趣，在玩玩、看看、说说、做做中了解树叶的基本特征及其他相关知识。 2. 在探究过程中发展观察、比较以及语言表达能力，激发探索兴趣。 3. 产生热爱自然、喜欢亲近大自然的情感。
	蔬菜花儿	1. 了解蔬菜开花结果的自然生长过程，知道不同蔬菜种植期花朵的形、色、食用部分的名称及蔬菜果实在泥土中的所在位置。 2. 能参与蔬菜种植的全过程，并尝试用简单的记录表方式记录自己的发现。 3. 对蔬菜的生长过程感兴趣。

续 表

主题	次主题	主 题 目 标
植物	柚子大联欢	1. 对柚子产生探究兴趣，并调动各种感官，在自由的氛围中了解柚子的品种、作用、生长环境以及其他相关知识。 2. 通过观察、记录、查阅资料等方式探索关于柚子的种类、信息传递的知识，激发探究的欲望。 3. 尝试把观察的事物现象用自己的方式讲述、记录，培养有顺序、细致的观察能力，提高细致观察事物现象的能力，激发探索的兴趣。
物 质 科 学		
自然物	石头对对碰	1. 与老师一起去山上、石堆、河滩等地方采集石头，回家清洗干净后共同制作简单的石头工艺品。在小标签上注明石头的采集地、名字，如果知道石头的特性也可以写上去。 2. 和老师上网或去图书馆查阅有关石头的图片、图书，了解各种各样的石头，扩展经验。 3. 和老师一起收集不同色彩的石子，清洗干净并放进罐内。罐里加水，再加一茶勺漂白粉，以保证水质清澈。将罐置于阳关可以照到的地方，观察反射的颜色。
	好玩的泥土	1. 知道泥土的一般特征和用途。 2. 学习运用捏、团、压、拉长、分离和粘合泥土的技能。 3. 形成初步的环保意识。
水	好玩的水	1. 通过活动了解水的基本特征，感知水与我们生活的密切关系。 2. 能通过自己的努力，完成各种实验及操作活动。 3. 在活动中增强对人类生存资源的认识，体验游戏和自由创造的乐趣，萌发对自然界及生命的热爱。 4. 在活动中尝试与同伴合作，有对事物和现象探究的欲望，初步感知水的特性。 5. 在探索比较的基础上用绘画、游戏等方式表达对水的喜爱。 6. 有了解水的多种玩法的兴趣，并进行大胆的想象与发明创造，用多种形式进行表征。
运动与力	有趣的滚动	1. 在观察滚动物体的活动中，对物体的滚动现象产生兴趣，体验滚动带来的乐趣。 2. 了解滚动与日常生活的联系，关注滚动在日常生活中的运用。 3. 在操作活动中，发展探究意识和观察、操作能力。
	神奇的力	1. 乐于关注日常生活中的力学现象，对探索内在原因产生兴趣。 2. 在动手做的过程中探索各种力的特点，感受不同的力及其应用。 3. 能大胆交流用简单的力学原理制作的科学小制作、小游戏、小实验，体验科学的魅力。

主题	次主题	主题目标
电与磁	有趣的磁铁	1. 知道磁铁的基本性质，了解生活中磁铁的应用。 2. 能用简单器械做观察实验，并做实验记录。能选择自己擅长的方式表述研究的过程和结果。能倾听和尊重其他同学的不同观点和评议。 3. 在与他人合作学习和探究活动中体会合作交流的愉快。乐于探究和发现周围事物中的奥秘。意识到科学、技术和社会是密切联系的，增强学以致用的意识。
	奇妙的静电	1. 感知物体静电摩擦后产生静电的现象。 2. 体验大胆猜想和认真验证的科学探究过程。 3. 培养观察能力和操作能力。
光	光和影	1. 在玩影子游戏的过程中，丰富关于影子的经验，激发不断探究影子的愿望。 2. 在多样化的探究活动中，初步感知影子的产生与变化，尝试发现影子的一些小秘密。 3. 感受光影艺术的美，体验光影游戏与光影表演的乐趣。
	神秘的光	1. 感受光的神奇，了解光的反射、折射及散射等现象。 2. 通过观察、操作进一步了解光与影的关系，并能用记录的形式来呈现自己的发现。 3. 知道光在我们生活中起到的作用，并萌发节约用电的想法。
地球与宇宙科学		
主题	次主题	主题目标
宇宙探秘	地球的故事	1. 初步了解地球的大致概况，知道地球由陆地和海洋组成，认识七大洲。 2. 培养探索问题、独立思考和动手操作的能力。 3. 激发爱护地球、爱护生活环境和自然环境的情感。
	太阳	1. 通过观察，了解太阳是个大火球，能放射出光和热。 2. 能迁移生活经验进行交流与讨论，了解太阳与动植物及人类的关系，知道有了太阳，植物才能生长，动物和人才能生存。 3. 进一步激发探索宇宙的兴趣。
	月亮	1. 初步了解月亮的变化规律，尝试运用语言、动作及绘画的形式表现自己对月亮变化的理解。 2. 对生活中的自然现象感兴趣，激发探索宇宙奥秘的愿望。

2. 项目体验活动

幼儿园利用自有环境，设立专门供幼儿进行科学教育的活动场地——"小蜗牛体验馆"，并提供丰富的科学活动相关操作材料，创设允许幼儿自己摆弄、操作的物质环境，让幼儿在属于自己的小天地里发挥他们的聪明才智，从而促使幼儿理解生活中的科学现象和粗浅的科学知识，养成好奇、好问、爱思考的良好习惯。具体内容设置如表7-1-3所示。

表 7‑1‑3 项目体验活动主题目标表

序号	主 题	主 题 目 标	备 注
1	弹力空间	1. 初步感受力在生活中的多样性。 2. 通过各种力的实验游戏,感受力的奇妙。	
2	有趣的光影	1. 知道影子产生的条件及影子的特性。 2. 参与探索活动,感受科学探索的过程和方法,体验发现的乐趣。	
3	魔幻镜像	1. 感受不同镜子的成像特点。 2. 了解不同镜子组合带来的成像数量变化,通过组合不同数量的镜子改变成像的数量。	
4	小小木工坊	1. 提示使用锤、钉木块的安全事项及一些简单钉装技巧。 2. 知道可使用乳胶来贴木块,但要注意贴合后不能立刻移动,要将其风干。 3. 提出更多好玩的木工区建议,创造出各种多样的方法。	
5	滚动乐园	1. 在观察滚动物体的活动中对物体的滚动现象产生兴趣,体验滚动带来的乐趣。 2. 了解滚动与日常生活的联系,关注滚动在日常生活中的运用。 3. 在操作活动中发展探究能力。	
6	管子世界	1. 通过观察、比较,感受管子的多样性,了解它们与人们生活的关系。 2. 乐意大胆探索实验,并根据结果总结出管子的特性。	

3. 游戏学习活动

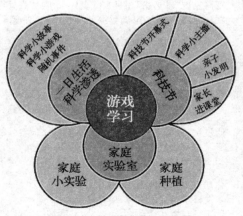

图 7‑1‑2 游戏学习网络图

209

具体活动列举见表7-1-4。

表7-1-4　游戏学习活动汇总表

年龄	游戏内容	游戏目标
小班	糖宝变身记	1. 尝试自己动手实验，并感受到实验的乐趣。 2. 能发现糖在水里会溶化，并体会整个过程。 3. 大胆地说出糖的变化过程。
	猜猜他是谁	1. 参与科学游戏，激发求知欲及对科学的探索精神。 2. 能从动物的局部判断出是哪种动物，并能合作将动物完整地拼出来。 3. 愿意与同伴交流自己的发现，进一步了解动物的外形特征，激发喜爱动物的情感。
	谁住在皮球里	1. 通过观察、比较，初步了解空气与皮球运动状态的关系。 2. 探索感知空气的存在。
	好玩的磁铁	1. 知道磁铁是有磁性的，能吸住含铁的物体。 2. 愿意参与磁铁探索，喜欢科学小游戏。 3. 能用图画记录自己的实验结果，并集体交流。
中班	吹球器	1. 尝试制作吹球器，让小球浮在空中跳动。 2. 感受气流推动小球转动的现象，初步了解力的平衡作用。
	神奇的镜子	初步了解两面镜子重复反射成像的现象，知道两面镜子的夹角大小会影响成像的多少。
	如影随形	1. 知道光沿着直线传播，物体挡住了阳光就会形成影子。 2. 通过游戏，了解阳光与物体、物体与影子的关系。 3. 能积极地参与游戏，体验影子游戏带来的快乐。
	月亮船里的秘密	1. 通过玩月亮船，知道船受水的吸附力会转动。 2. 观察发现"月亮船"在有水的垫板上，会从高处往低处又快又稳地转动。 3. 观察发现不同大小的"月亮船"向下转动时速度不一样。
大班	乌鸦喝水	1. 知道有水的瓶子中加入石子可以使水位升高。 2. 通过积极探索，发现乌鸦能否喝到水与水量的多少有关。 3. 学习合作探索，体验同伴合作学习、相互交流的乐趣。
	有趣的折射现象	1. 将吸管、筷子、勺子、硬币、小鱼等放入玻璃杯中，看看都有什么变化。 2. 用筷子玩"水中捞贝壳"游戏比赛，看谁先捞到贝壳。
	斜坡上开车	1. 通过玩"斜坡上开汽车"的游戏，学习比较实验的方法。 2. 激发游戏活动中进行比较实验的兴趣，体验合作的快乐。 3. 初步感知斜坡高度，体会玩具汽车的重量与速度的关系。
	巧移乒乓球	1. 感知重力与速度之间的关系。 2. 激发科学探究的兴趣，培养好奇心。 3. 乐于参与游戏活动，合作互助，共同解决问题。

五、课程实施

（一）主题探究学习的实施

　　"小蜗牛"课程的实施遵循选择与创造、多元与全面、灵活与融合的原则。经过不断地深思和修改，我们逐渐形成了一套较为全面、系统的探究指导步骤，使教师对科学主题探究活动有依可寻、有模可套，称为"主题探究四步骤指导模式"。如图 7－1－3 所示。

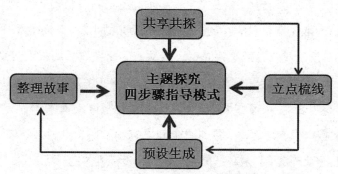

图 7－1－3　主题探究四步骤指导模式图

　　第一步：共享共探

　　"共享"指教师在一日生活中及时捕捉到幼儿的兴趣和需要，与幼儿共同发表看法，在交流互动中激发幼儿积极主动地探索、求知。"共探"就是教师调查与话题相关的幼儿前期经验与他们想要了解的问题，探究其中蕴含的教育价值、活动实施的可行性。因此，在开展主题探究活动初期，教师会组织幼儿开展关于"我知道、我还想知道"的大调查，来了解幼儿对主题的认知程度及兴趣方向，及时进行价值判断，梳理主题目标，同时准备相关的知识资源库备用。

第二步：立点梳线

"立"的方向是在遵循幼儿前期经验、学习兴趣和特点的基础上，教师整理相关信息并梳理主题脉络，同时考虑活动实施的途径与方式，有机整合各领域活动活动目标与内容，形成主题预设网络图后确定的。在主题探究活动的开展过程中，主题网络图的架构是整个活动的核心，它决定了主题探究活动的内容及实施途径。比如中班主题"蚂蚁世界"，我们根据"调查蚂蚁—寻找蚂蚁—探究蚂蚁"的线索，围绕"哪里有蚂蚁""蚂蚁长什么样""蚂蚁吃什么""蚂蚁的洞穴"等幼儿感兴趣的核心问题，通过集体（小组、个别）探究、日常饲养与观察、亲子小实验等途径开展。整个主题探究活动以幼儿的体验、感受、探究及直接经验的获得为主，使幼儿有一个完整的探究过程，从而建立起对生命的敬畏和尊重。

第三步：预设生成

"预设"指教师以幼儿的"关键经验"为活动目标，通过分析幼儿的现实状况与实际水平，在教学前做出计划和安排。"生成"指依据幼儿的兴趣、经验和需求，在与环境相互作用中幼儿自主生成或者师幼共同生成活动。主题探究活动很大程度上并不依靠教师预设的计划，而是预设与生成灵动结合，教师应基于主题探究的真实情境，及时观察捕捉幼儿的行为表现，跟随孩子的兴趣点转移探究视角，不断调整活动内容、教学形式，对已有方案进行再设计，引发幼儿根据自己的兴趣和疑惑扩展出更深层次的学习活动，以促进幼儿的动态发展。具体我们可以从三个步骤具体进行落实，见图7-1-4。

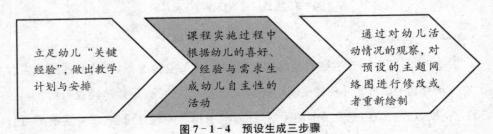

图7-1-4　预设生成三步骤

第四步：整理故事

每一次探究都是一个珍贵的故事，教师在和孩子亲历探究后会将孩子在主题活动中各种图文并茂的探究痕迹进行加工整理,形成属于孩子们自己独一无二的课程故事,使孩子们的经验可视、共享。同时,教师还会运用"学习故事"对幼儿探究过程中的"魔法时刻"进行客观的观察、记录、评价与支持,诱发幼儿产生新的探究行为,进而继续对幼儿的学习进行观察、评价与支持。如此循环前进,推动幼儿的学习在深度和广度上不断延续、不断发展。这不仅是一种形成性的评价手段,更是一种以幼儿为中心、师幼同步探究的思维和行为方式,教师也能从幼儿的学习和发展中看到自己教育工作的意义,并不断建构与深化自己对教育的理解,实现专业素养的提升。

(二)项目体验活动实施三部曲

1. 我计划

计划时间通常是 10—15 分钟。计划就是"有目的地选择",包括做什么、怎么做。自主选择伙伴、选择探究方向,给幼儿一个时间表达他们的探究计划和意图。计划的方式多样,有图示计划、语言计划等。根据探究的难度和幼儿兴趣,计划的类型可分为个人计划、小组计划。个人计划是指幼儿将自己下一步探究流程用图画或语言进行构思、表达;小组计划是 2 个以上小朋友为共同的探究内容自由组成一个小组,并共同讨论下一步的探究流程,用绘画方式表达。有时候小组计划也可能出现在单靠个人力量无法完成探究计划时,幼儿自发组队。

2. 我工作

工作是孩子们根据计划进行的具体探究行为。探究的内容有时是幼幼互动中生成的探究,有时是由教师根据幼儿的兴趣方向,及时捕捉的探究内容。

3. 我回想

这是对上一次探究的总结回顾和梳理,总结探究中存在的问题,在同伴、教师的帮助下梳理自己的新发现。回想伴随探究过程,根据需要及时进行。回想内容包括对探究前设定的问题、探究中产生的新问题、后续解决方案等方面。针对幼儿提出的新问题,教师首先应及时判断其是否具有探究价值,然后再决定是否继续深入探究。回想结束及时展示分享幼儿在探究过程中所获取的信息。这类信息可以是照片、绘画、实物、录音,其中绘画可以是在探究过程中画的,也可以是在探究结束后通过记忆描画的。

(三)游戏学习活动的实施

全园同时开展游戏化学习活动,主要在幼儿园的一日生活中渗透科学教育,并创设一定的家庭科学氛围。开发了"四个一"工程:一周一次科学小故事、一周一次科学发现室、一周一次科学小实验、一年一次科技节。其中"走进科学,走近梦想"科技节系列活动包括"科技小制作小发明、科学小主播、教师科学优质课、家长科学大讲坛、参观科技馆、绎风情·品百味亲子活动"等。在实施中结合跨学科的科学整合教育理念,在提升幼儿科学素养的同时,让他们感受科学就在身边,体验科学的奥秘,也让科学变得更加有趣,更加生活化。

六、课程评价

"小蜗牛"课程建立在幼儿自由自主操作、探索的基础上,在玩中学、学中玩,以丰富、多变的活动形式引发孩子参与活动的主动性与积极性,体现出孩子是探究的主人。因此,在对幼儿进行探究评价过程中,应遵循"观察为主、其他为辅,有主次的兼用结合"的原则,我们采用多元化、动态化的方法使评价全面、客观、科学、合理。

1. 故事记录式评价

我们的"小蜗牛"课程主要利用游戏故事、幼儿的绘画记录来进行游戏评价,教师借助日常观察记录，撰写游戏故事，并根据游戏故事记录分析判断，实施分析结果。通过解读游戏过程中在"我计划、我工作、我回想"这三个阶段的图画记录作品，了解幼儿的探究能力和发展水平。

2. 竞赛式评价

科技节系列活动之"环保时装秀"，小选手们与父母利用报纸、光碟、编织袋等各种废旧材料设计制作出个性独特的造型，最后由家长代表评选出"环保靓丽奖""最佳创意奖""最炫台风奖"等；"小制作大PK"活动让孩子们在做做玩玩中建立了初步的环保意识，体验了变废为宝的乐趣。

3. 游园式评价

六一儿童节是孩子们的节日，我们结合园本课程，开展了"快乐的科技"游园活动。当天每个班开放一个科学游戏项目，家长凭游园券入场，分组游戏，有"神奇的回形针、乒乓球站起来、会唱歌的瓶子、动力牙签"等项目。

4. 问卷式评价

运用统一设计的问卷对幼儿的学习活动进行评价，详见表7-1-5。

表7-1-5 "小蜗牛"主题探究学习活动幼儿评价表

活动内容：　　　　　班级：　　　　　姓名：　　　　　时间：

评价主体	评 价 内 容	评 价 标 准
家长评价	1. 您的孩子是否同你们讨论过他的活动主题	□经常 □很少 □不讨论
	2. 您的孩子对所参加的活动是否感兴趣	□很感兴趣 □一般 □不感兴趣
	3. 您的孩子在这项活动中投入的精力	□很多 □较多 □一般 □较少
	4. 您对孩子的成果有什么看法	□成果显著 □一般 □较少
	5. 您的孩子从参加活动后，各方面有没有进步	□进步大 □有进步 □基本没进步
幼儿自评	1. 你对你选择的活动主题是否一直感兴趣	□是 □有变化
	2. 你收集资料时是否感到很困难	□很容易 □有困难 □很困难
	3. 你是否经常与其他同伴合作研究	□经常 □不经常 □很少
	4. 你与其他同伴合作是否愉快	□愉快 □一般 □不愉快
	5. 你对你的活动成果是否满意	□满意 □不满意

续 表

评价主体	评 价 内 容	评 价 标 准
教师评价	1. 孩子对所选活动主题的兴趣是否持久	☐持久　☐不持久
	2. 孩子获取信息的多样性与合作性	☐好　☐较好　☐一般　☐较差
	3. 小组成员能否进行有效的合作与分工	☐能　☐基本能　☐不能
	4. 孩子是否经常请教教师	☐经常　☐不经常　☐很少
	5. 活动成果是否达到预定的目标	☐达到　☐基本达到　☐没达到
	6. 孩子是否有独创性的表现	☐有　☐没有

注：请在相应的栏中打"√"，幼儿自评部分教师带领孩子一起完成。

七、课程成效

在课程的有效实施下，教师观察解读幼儿的兴趣需要，支持幼儿自己发现问题、自己解决问题，让每一个孩子得到自主生长，孩子们逐步呈现出好提问、爱动脑、善思考、乐探究的外在表现。

1. 提高了幼儿的自主探究能力

大部分幼儿逐步改变了依赖教师获取知识的做法，学会了通过观察、调查、实验、收集信息等多种方式进行自主探究，从接受性学习转向了探索和解决问题的发现性、探究性学习，形成了一种积极、生动、自主探究的学习方式。

2. 促进了幼儿的表达能力

《幼儿园教育指导纲要（试行）》中科学领域的内容与要求中指出，引导幼儿学习用多种方式表现、交流、分享探索的过程和结果。"小蜗牛"课程在实施过程中，注重引导幼儿用图画、文字、符号、表格、口语等多种方式表现、交流自己的发现。不同的年龄段采用不同的交流方式，比如小班的孩子一般用口语表达自己的操作结果，而对于中、大班的孩子就可以选用图画、表格等形式来交流自己的探索过程和结果。这种随着孩子的年龄和能力的增长而不断变化的表达形式既符合幼儿的心理发展特点，也不同程度地锻炼了他们的表达能力，让他们在活动中发展了能力，体验了成就感。

3. 培养了幼儿的合作能力

探索活动不是一个人的事情，它讲究合作，所以在各类活动中，幼儿的合作能力得到了极大的培养。在科探活动中，幼儿愿意与同伴协商、谦让或合作，他们知道探索发现只靠一个人的力量是不够的，有些小实验需要一起合作，我们经常抓住这种时机，让孩子们探索合作的方法。如小班"好玩的传声筒"活动，在一次次操作、感知声音的过程中培养了幼儿大胆交往的能力，更重要的是让幼儿探索了合作的方法，享受了合作成功的喜悦。

此外，课程有效实施促进了教师专业化成长，教师对课程的执行能力明显提高。近3年，围绕课程的15篇论文在市、区获奖，30余篇专题报告、经验交流在市、区各研讨会上做分享。当然，课程也充实了幼儿园的园本课程，形成了一套较为全面、系统的探究步骤，使教师对主题探究有依可寻、有模可套。我园先后承办温州市学前教育区域特色工作推进会暨课程建设专场现场会等市、区级教学研讨活动，并多次向姊妹园开放展示，与大家共同分享，扩大了我园的社会声誉。

八、课程回望

"小蜗牛"课程的实践与研究至今已有8年，在幼儿园科学领域积累了一定的实践经验和成绩，其中《"小蜗牛"课程的建构与实施》荣获温州市精品课程一等奖。但随着研究的深入、课改的推进，我们试图找到一个以科学教育为切入点，整合多领域教学，在保持个性的同时，能促进幼儿全面发展的大课程。而STEAM教育鼓励幼儿自主探究、跨学科整合的特点与我们的办园理念、育人目标、课程资源"不谋而合"。因此，吸收国内外幼教关于 STEAM 教育的理念，借助园本化 STEAM 课程逐步推进幼儿园课程改革，让幼儿在游戏当中产生深度学习将是我们下一步努力的方向。

小小蜗牛学问大，小小蜗牛能量多。我们的"小蜗牛"课程给孩子们带来了快乐，也给我们的老师带来了成长。路漫漫其修远兮，吾将上下而求索。课程探究之路，累并快乐着，愿我们的"小蜗牛"课程越来越完善！

（开发者：金振丽　杨丹婵　林依丽　仇梦艳　陈雅）

第二节 "玩创 STEAM"课程：在玩耍中创造未来

温州大学附属茶山第二实验幼儿园背靠大罗山，近依大学城，风光旖旎，学脉悠长，有着高教园区优质的教育资源。我们以科技教育为特色，营造绿色和谐的教育生态，用智慧科技助力儿童的生命成长，用智能科技促进儿童的全面发展，致力于打造一所科技智能、绿色和谐的现代智慧校园。我们怀着"世界因玩而改变"的办园理念，遵循"玩在知新，学在日新"的园风，追求"智在童心，玩在创客"的精神，建构系列玩创课程，让孩子们在科技教育氛围中，形成充满灵感和创意的玩创之风，在互动体验中探究、创想、生长、发展。

一、课程背景

为全面落实《浙江省教育厅关于全面推进幼儿园课程改革的指导意见》《温州市教育局关于全面推进幼儿园课程改革的实施意见》和《温州市瓯海区教育局关于全面推进幼儿园课程改革的实施方案》文件精神，为了茶二幼的孩子们能够做"最是孩子"的孩子，我园确立了"玩创童年，畅想未来"的课程理念，依托高教园区优质的教育资源，结合环大罗山科创走廊的地域特色，我园构建了幼儿在玩中做、玩中学、玩中创造的"玩创 STEAM"课程。

近年来国际组织在推进课程改革的过程中发现课程变革的趋势指向了跨学科的、与真实世界相关的、项目化的学习。"玩创 STEAM"课程采用的项目化学习形式被教育专家认为是世界上可能最跨界的学习方式，能够调动儿童全脑参与，促进儿童大脑执行功能的发展，为其终身学习奠定良好的基础。为适应儿童终身学习为导向的课程改革趋势，响应温州市瓯海区教育改革的政策，实现幼儿园高起点、稳发展，研究团队一开始就积极行动，考察幼儿园周边资源，了解幼儿能力和兴趣，寻找幼儿园课程发展的方向，从幼儿全面发展与个性化发展相融的角度出发建构"玩创 STEAM"项目课程，把科学、技术、工程和数学融合在一起，通过项目设计等形式，促进幼儿的创造性、综合能力的发展。因此，我园将着眼点放在从现有的玩创课程向 STEAM 教育实践转型，以及项目化的幼儿 STEAM 教育实践，以建构一套兼顾我园幼儿全面发展与个性化发展的 STEAM 课程体系，以促进幼儿全面和谐发展，同时稳步推进基础课程的实施，带动幼儿园特色课程的萌芽、发展与逐渐成熟化。

二、课程理念

以"玩"激趣，"创"新童年。"玩"，不仅是游戏和玩耍，更是一种高层次的学习方式。以玩激趣是学习的开始，玩物"养志"是学习的最高境界。"创"即科创、创新、创意，培养幼儿的创造性思维、科学意识和创新精神。"玩创"即在玩中创造，玩如同人的血管，创则是时刻流淌的血液，玩创不止，生命不息。让幼儿在游戏和创造中获得能够适应未来、创造未来的思维能力、学习能力、创造能力。

STEAM 是跨学科的教育，是以数学为基础，通过工程和艺术来理解科学和技术的教育。它采用项目式教学法，以问题解决为引领，将幼儿探究活动贯穿于工程项目之中，通过直接感知、实际操作和游戏体验，使幼儿形成敢于探究与尝试、善于合作与创新、乐于创造与分享的良好学习品质，以成为未来创新人才。

STEAM 教育活动作为 STEAM 教育物化的载体，对 STEAM 教育价值的实现起着十分重要的作用。如何设计幼儿园活动？有学者认为幼儿园教育活动应遵循的步骤为"全局分析、确定目标、选择课程内容、方案设计与组织实施、课程的评价与改进"。也有学者认为幼儿园主题教育活动的设计应该包含以下几方面：选择与确定主题，设定活动目标,设计单元活动内容,设计单元主题活动的"区域活动""环境资源"等方面,设计具体的活动方案。本研究中,笔者在借鉴前人研究的基础上,综合了笔者在幼儿园实践过程中设计教育教学活动的经验,将 STEAM 教育活动的设计按如下步骤进行:STEAM 教育模式的选择;选择与确定主题;活动目标的设定;活动内容的选择;活动方案的编写;活动的实施。

三、课程目标

玩创即以玩激趣,以游戏为契机激发幼儿的创造性思维;以体验式学习促进儿童生长发展。聚焦于幼儿的活动方式,把幼儿的所感、所做、所思作为一个不可分割的整体,让幼儿在亲历中学习,在生活中学习,在游戏中学习。我们鼓励幼儿综合运用科学经验、技术经验、工程经验、艺术经验、数学经验解决实际生活中遇到的各种问题,培养幼儿主动探究的能力、创造性思维意识、专注力和坚持力,培养"玩出来的科学家,玩出来的数学家,玩出来的艺术家,玩出来的工程师"。为打造特色化 STEAM 项目课程,课程组设定了以下项目目标:

① 课程目标。将玩创与 STEAM 教育理念相融合,构建特色园本化的幼儿园 STEAM 教育课程体系与资源库。

② 幼儿目标。以项目活动为载体,通过"玩创 STEAM"教育,培养幼儿探究意识和创造精神,在游戏中发现问题、思考、解决问题,实现幼儿全面发展。

③ 教师目标。通过"学—做—思"模式构建"玩创 STEAM"教育模式,形成主动、创新、合作意识,打造团结、优秀,具有终身学习意识和能力的教师团队。

以《3—6 岁儿童学习与发展指南》为指导,结合本园幼儿的发展实际情况和教师队伍情况进行"玩创 STEAM"课程实践研究,以促使全园幼儿获得良好的发展,激励教师提升活动支持水平、科研素养。

表7-2-1 课程总目标表

课程总目标	通过玩创课程的实施，培养真正拥有创新思维、动手能力、实践精神的儿童。培养具有"智能、自主"素养的新时代小创客。
课程领域目标	健康：喜欢参与玩创，发展各项体能，学会生活自理。 科学：乐于科技探索，发现科学现象，发展科学素养。 语言：喜欢与人交流，愿意倾听表达，喜欢阅读图书。 社会：喜欢玩创活动，乐与同伴交往，关心热爱集体。 艺术：发现玩创之美，喜欢玩中创作，乐于大胆创想。

四、课程内容

我园课程分为基础课程和特色课程两类。基础课程以浙江省审定教材《幼儿园体验式学习与发展课程》为载体，以幼儿园实际情况为出发点，结合幼儿兴趣和身心发展特点而开展活动，包括主题教学活动、生活与游戏活动、运动与健康活动三大类别。特色"玩创 STEAM"课程分为"基础项目活动、专项活动、实践活动"三大板块。具体结构表见图7-2-1。

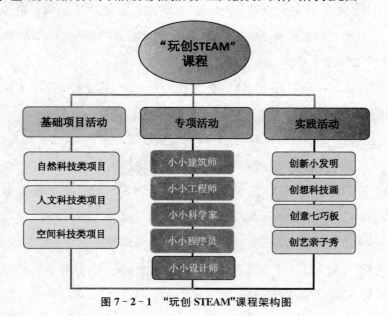

图7-2-1 "玩创 STEAM"课程架构图

根据幼儿的身心发展特点,基于项目学习和问题学习的课程设计模式更加适用于幼儿园。尽管现在的幼儿园课程模式强调幼儿的问题解决能力,并以项目活动或者主题活动形式开展,但在落地之时往往过分强调五大领域的界限。我园课程将多元的、零散的学习知识贯穿到各个领域的真实情境之中,各个领域之间相互交叉,围绕一个中心主题,师幼共同探究,开展相关活动(见图7-2-2)。

基于项目的班本教育活动	融合五大领域,强调问题解决;幼儿能够真正成为知识信息的主动建构者。
开展 STEAM 创客中心教育	幼儿在学习知识的同时,体验探索的乐趣,综合理解多元、零散的内容,培养合作精神。
基础课程、设计思维、图解教学	引入设计思维教学意识,根据不同文化的方式与方法开展创意设计与实践。按步骤图解数学、科学、艺术、技术与工程,帮助孩子深刻记忆科学知识。
面向未来科技	教学中运用最新智能化的科技成果和知识,引导幼儿深度体验探究科技。
创新课程评价	课程立足于培养未来人才,借助新兴物联网技术,面向完整儿童设置课程与评估标准。

图 7-2-2 课程设计模式图

因此,基于 STEAM 教育理念下的课程设计模式,课程组将 STEAM 教育在幼儿阶段可以开展的活动类型梳理为基础项目活动、专项活动、实践活动三大类。项目课程是玩创 STEAM 园本项目活动,以班级、年级段和混龄等形式开展适合幼儿的基础项目活动,通过游戏、科学探索、问题解决等形式,实现深度学习,达到培养幼儿科学素养的目的。

PBL 模式下的项目活动,既突出主题中的核心概念,也强调主概念下跨领域技能的应用,如数学逻辑思维能力与科学研究能力的整合。这种交叉、整合是 STEAM 教育的核心,也是本课程研究团队所推崇的。STEAM 项目活动开展的主题内容围绕着自然科技、人文科技和人工智能、航天航空等领域。项目来源于以下几类:主题教育活动生成的项目;日常生活中幼儿持续关注的话题;周围环境或生活中重大、热门的话题等。围绕着不同年龄阶段幼儿年龄的发展特点,我园开展的 STEAM 项目化学习活动如表 7-2-2 所示。

表 7-2-2　"玩创 STEAM"基础项目活动案例表

项 目 领 域	玩创项目名称	"玩创 STEAM"项目名称
自然科技类项目	番茄嘉年华 黄瓜慢慢长 土豆星球 藕然遇见你	你好！小蜗牛 橘子罐头 秋天的树叶 蚂蚁来了 亲亲水世界
人文科技类项目	扇子物语 瞧巧桥 玩转公交车 伞的故事 瓶罐总动员	做花灯 火箭探秘之旅 奇妙的线 传声筒
空间科技类项目	探秘纸飞机 飞行器的秘密 光影剧场	月球漫步 遨游太空 飞向太空 小小飞行员

　　活动课程以节日活动为载体，将 STEAM 项目活动延伸到社区中，结合家庭、社区、幼儿园三者的资源，通过横向的广泛接触，确定纵向的深度挖掘；专门设立 STEAM 活动中心，幼儿在探究、学习和解决问题的过程中寻找到热爱并适合自己的专项领域，发展兴趣与特长，在活动中心，孩子们可以在这里尽情地游戏，可以通过动手制作来解决问题，可以通过科学探究来整合认知经验，他们"像科学家工作般学习"，像"工程师工作般学习"，内容包括"小小科学家、小小工程师、小小建筑师、小小程序员、小小设计师"。

（一）"玩创 STEAM"基础项目活动

　　我园的"玩创 STEAM"基础项目活动是基于幼儿园周边环境资源，以各年龄段班级"玩创 STEAM"为主题，以项目化活动为载体开展的活动。每个学期每个班级至少开展一个 STEAM 基础项目活动。STEAM 基础项目是围绕着自然、人文和空间三个领域的基于儿童兴趣和发展需要的特色化 STEAM 项目化学习活动。其中自然科技类项目将开展动物、植物和非生命类等相关的项目活动；人文科技类项目将开展包括人文景观、传统节日等的项目活动；空间科技类项目将开展太空、宇宙等类型的项目活动。STEAM基础项目主题从幼儿的需求和兴趣出发，幼儿决定项目活动的时间，有的项目持续一个月，有的项目持续时间甚至超过一个学期，在这个过程中培养幼儿敢想敢做的品质，以及能坚持、深度学习和探究的精神。

第一，自然科技类项目。我们以主题为依托生成班本课程，以儿童感兴趣的问题为导向开展项目化主题活动。种植各种各样的植物，有利于幼儿的"爱护动植物，关心周围环境，亲近大自然珍惜自然资源"科学探究品质的形成。例如老师发现小朋友们对于黄瓜有浓浓的兴趣。于是，小（2）班就和黄瓜来了一次奇遇！以"黄瓜慢慢长"开展项目化主题活动。课程开始前，老师们根据幼儿园课程理念对项目活动做了一个初步的思维导图，围绕黄瓜生成了"黄瓜的初体验""寻找小芽芽""黄瓜比长短""虫虫大作战""黄瓜大家族""谁是黄瓜之王"等小活动，课程涵盖了科学、艺术、社会等领域。整个活动从认识黄瓜开始，通过投票选择了相对来说比较好种植的绿芯黄瓜和水果黄瓜，然后种植小黄瓜，在黄瓜慢慢长大的过程中，幼儿感受和黄瓜一起成长的快乐，激发对种植探究的兴趣，培养了细致观察的能力以及发现问题、解决问题的能力。最后，家园合作开展了黄瓜艺术创作活动，孩子们动手制作标记牌、给黄瓜做造型，还品尝了黄瓜制作的各种美食，感受到品尝成果的快乐。

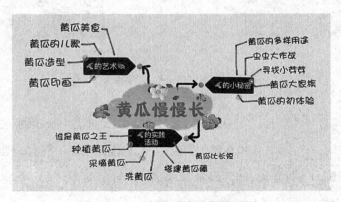

图7-2-3 "黄瓜慢慢长"项目活动

第二，人文科技类项目。人文科技类项目是中、大班孩子比较感兴趣的项目。中班段开展的"扇子物语"便是人文科技类项目活动的典型案例。历来中国有"制扇王国"之称，扇子集结了我们儿时夏日的记忆，蕴藏着深厚的文化底蕴。一次契机，幼儿园门口分发的广告扇引起了孩子强烈的好奇心和探索欲。为了拉近幼儿与扇子的距离，让扇子也能在现今大放异彩，我们开展了扇子项目活动。在尝试制作扇子阶段，以幼儿的问题为导入，以制作扇骨为切入点，通过家园联系、实地考察、视频图片等方式带幼儿了解竹子与扇骨的关系；通过打孔、组装等一系列木工活动，让幼儿亲身体验竹片变扇骨的过程；通过观察操作、讨论探索，习得测量、扇形等数和形的概念，让幼儿在与同伴交流模仿中学会主动思考，培养坚持到底的良好品质。

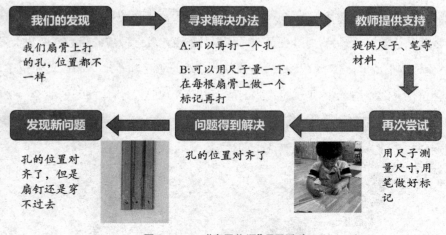

图 7-2-4 "扇子物语"项目活动

第三，空间科技类项目。"飞天火箭"项目活动中，幼儿在一次次的尝试、制作与探索和解决问题的过程中，培养和发展了探究精神。"探秘纸飞机"项目，通过探索多种方式测量纸飞机的飞行距离，幼儿探索了风、纸、抛射角度等对纸飞机飞行距离的影响，享受了探索的乐趣。

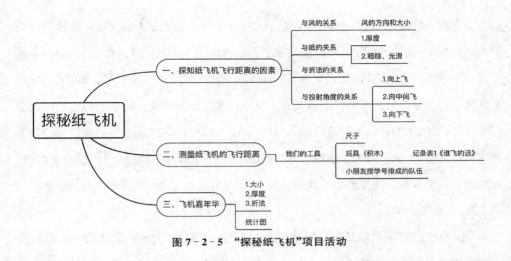

图 7 - 2 - 5 "探秘纸飞机"项目活动

(二)"玩创 STEAM"专项活动

我们将整个楼层联通,打造特色化 STEAM 活动中心,体现多元整合,打破传统科技室、建构室独立存在的概念,创设以工程为载体的多个并列存在、开放的空间,包括"创客工坊""小图灵之窝""建构室""编程小世界"。在活动中心孩子们可以尽情地游戏,孩子们可以通过科学探究和动手制作来解决问题,在这里他们"像科学家工作般学习",像"工程师工作般学习"。

1. 小小建筑师

随着课程的深入开展,幼儿的创造性思维意识和动手制作能力越来越强,日常的班本 STEAM 项目活动已经不足以满足幼儿强烈的好奇心和要求了。我们便在平时的户外活动中追随幼儿的兴趣,发现他们非常热衷于搭建、建构。有一次散步走到楼下池塘边时,一个大班小朋友说:"我们是大班的孩子比较高,跨过去很容易,小班和中班的弟弟妹妹会不小心摔下去的,我们可以在这里建一座安全的桥。"于是便有了以下案例。亚楠从材料框中拿来了较硬的雪弗板,然后拿了四个塑料瓶,和小朋友尝试起来。他刚开始使用双面胶进行桥墩和桥面的粘贴,很快发现了双面胶的黏性不够,在材料中他又加入了白胶，也没有什么作用，在不断尝试中，他发现海绵胶的黏性较强，选择了海绵胶。他用海绵胶粘接桥面和桥墩，桥站起来了。恺恺迫不及待地拿来塑料瓶和纸板，由于这些东西本身重量较轻，没有倒塌，于是郑老师引导他们去拿马克笔尝试，刚一放下不久桥就倒塌了。怎么办呢？小朋友马上反应过来：要加桥墩！最后他们给桥增加了桥墩，然后又用硬纸板和绒球给桥做了围栏，一个简易的桥就完成啦！类似这样的建筑类项目，几乎每个班级每个学期都会有，我们的"小小建筑师"功能室便开起来了，多样化的材料和情景化的环境给幼儿创造了条件，因此活动的主题也越来越丰富了。

2. 小小工程师

"小小工程师"项目活动的目的是让幼儿亲历一个较为完整的工程设计流程，综合运用所学的各种知识解决遇到的问题。例如，在搭建大桥项目中老师先让孩子设计绘制桥梁设计图并制定相应的搭建计划；接着利用各种废旧材料和工具进行实物的制作；搭建完成就进行测试，针对测试情况进行改善调整，美化装饰。

3. 小小科学家

科学家牛顿有句名言："没有大胆的猜想，就不可能有伟大的发明和发现。"在"小小科学家"专项活动中，我们非常注重幼儿科学思维能力的培养。其中特色活动"科学猜想"活动更是引导幼儿进入科学大门的金钥匙。我园幼儿猜想活动始终围绕"我猜—我做—我想"三步走形式进行；遵循"在猜想中探究，在实践中验证，在反思中获得"的活动轨迹；牢牢把握"大胆猜想、主动探究、回顾反思"这一理念，形成三个运作阶段。

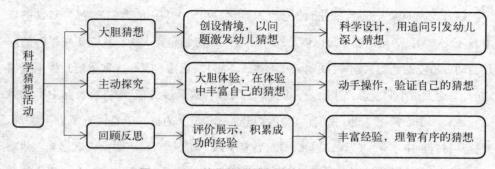

图 7-2-6 幼儿"科学猜想"活动运作示意图

4. 小小程序员

我园开设编程课程（如表7－2－3所示），课程循序渐进，由"基本准备，基础指令、基本逻辑、简单应用，复杂逻辑（顺序、循环、触发等）、综合应用，综合创新"组成。

表7－2－3　编程课程模块

课程模块	课程内容	目标
预备课	熟悉教学配套材料，初步尝试搭建机器人，熟悉APP界面及组成，了解指令分类，初步学会拖拽、连接、删除指令。	为正式课程的学习做准备。
编程探索课（指令新授＋指令应用）	编程基础指令，运用智能积木块搭建新模型，结合新授指令让新模型实现一定的功能。	掌握编程基础指令、基本逻辑，并能初步尝试应用知识创造新模型。
综合创新课	节能风扇、刷卡进站、扫地机器人、智能垃圾桶、龟兔赛跑等综合项目。	综合运用编程知识创造新产品模型，便捷生活，提高创造力。

5. 小小设计师

幼儿是天生的创造家。他们的感受力和欣赏能力远比我们成人想象的厉害。为了培养幼儿仔细观察、大胆想象和设计的能力，我园开设美工坊，为幼儿提供大胆探索、实践和创造的时间和空间，可以让幼儿充分发挥想象力。我们提供幼儿可操作的环境和各种材料，让幼儿在与环境的相互作用中主动得到发展。

（三）"玩创 STEAM"实践活动

"玩创 STEAM"实践活动是利用幼儿园的社会资源和人文资源形成的活动类型课程。"玩创 STEAM"实践活动包含了 STEAM 实践活动和玩创节日活动，以此丰富幼儿园的课程内容。

1. 创新小发明

我园鼓励本园教师、幼儿和家长共同积极参与创新小发明活动，培养幼儿具有创新精神和科学实践能力。每个班级的老师都做出一件创新的小发明展示在幼儿园展区供来往的幼儿和家长观看，激励亲子创造。不少家长和幼儿也备受鼓励，一起在家进行创造并将作品带入幼儿园供大家参观。有个做过小发明的幼儿说："其实我和爸爸就是有了小发现，动手做一做，真的很有趣。"

2. 创想科技画

为了推动我园"玩创 STEAM"课程的蓬勃开展，给幼儿提供更多的创造性学习机会，提高幼儿科学素质和科学精神，幼儿园积极开展一年一度科技绘画活动，连续两年来都有不少幼儿的作品获得瓯海区科幻绘画奖。

3. 创意七巧板

七巧板是我国古代劳动人民发明的一种传统幼儿益智玩具，由宋代的"燕几图"演变而来，结构简单，玩法多样，是与想象相结合的自由游戏，更是一种很好的陪伴幼儿成长的益智玩具。七巧板不仅让幼儿体验到了传统游戏的魅力，同时也能够培养幼儿的观察、动手能力，促进其形象思维和创造思维等多方面的发展。我们应寻找七巧板的教育契机，合理组织开展七巧板活动。

幼儿在"认识七巧板"当中，通过看、摸、数等游戏方式认识七巧板。他们不仅能够认识七巧板的每一块图形名称，还能够获得比较大小、按颜色分类、辨别方位、旋转、翻转等经验。教师构建七巧板游戏的基本框架，丰富内容、展开活动；从幼儿生理、心理特点出发，与五大领域课程相整合，形成具有开放性的七巧板游戏结构。

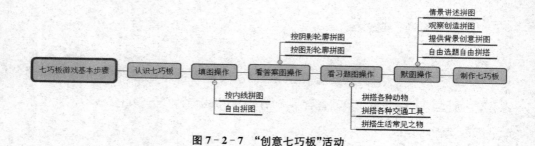

图 7-2-7 "创意七巧板"活动

4. 创艺亲子秀

为了提升幼儿的环保意识，培养其低碳生活的良好习惯，激发幼儿和家长的创新、创作灵感,我园分三个主题进行"玩创创艺亲子秀"主题活动"环保时装秀",分别是主题一"童话世界"、主题二"未来时尚"、主题三"七彩王国"。

五、课程实施

探索是幼儿天生的本能,作为教师要支持和尊重幼儿的自主探究,实现他们主动、积极、有效的发展。因此,研究组带领教师不断地实践、总结玩创项目活动实施的经验,得出两个方面。

(一)"以班为本,注重玩创": 形成项目课程实施策略

1. 建构自主探究的玩创项目活动范式

我们在研究的过程中,基于"玩创 STEAM"课程的特质,建构了"引导—探究—发现—分享"的项目活动范式,为儿童获取生活常识、生长游戏思维、培育探究精神塑造支架。

第一,基于生活情景的引导。STEAM 项目学习过程中对于核心知识、核心问题的学习是不容忽视的,然而幼儿阶段具体形象思维占主导地位,因此研究组会将项目活动中遇到的知识进行归类,并列举出适合幼儿项目化学习的知识。比如,针对程序性知识,在使用技术和探究方法过程中进行渗透;对于策略类知识和认知任务的知识则为幼儿创设适当的情景和条件,支持幼儿更好地理解和探究。

第二,基于项目活动的探究。"玩创 STEAM"项目化学习的重点在于通过不断的游戏化的探究和学习,让幼儿经历有意义的学习实践历程,而不是按部就班地完成探究流程。我们会为幼儿提供真实的观察和问题调查,让幼儿与同伴、教师在自由的环境和范围中提出问题、讨论、设计、实践并最终进行成果报告。

第三,基于问题解决的发现。项目活动中的问题是幼儿自己想知道的问题,幼儿

自己要解决的问题。幼儿的发现是在多样化的情景中收集、分析和综合信息，通过交流、沟通、合作、寻求帮助等的努力之后自然而然的结果，这种基于问题的发现是幼儿亲历的过程，就像种子一样会在他们的身体里生根发芽。

第四，基于玩创成果的分享。玩创项目活动的成果是需要分享的，分享者会以积极的、富有表现力的方式进行报告，我们的小小听众、观众们也会和小小创意家互动交流。这个环节总会有幼儿给大家带来惊喜。

2. 积累了自主探究的项目活动案例

在项目活动开展之初，教师需要考虑如何选择有价值的项目活动，既能够满足幼儿的兴趣、需要，又能够符合儿童的教育和发展价值。一般情况下项目活动来源于以下几个方面：主题教育活动延伸出的幼儿感兴趣的内容；日常活动中收集到的幼儿持续关注的话题；幼儿周围环境中有价值的事物及现象。项目是从关注生活、关注幼儿、关注环境入手而开启的项目活动。以"玩转公交车"项目活动案例为例：

（1）缘起

一次户外游戏中幼儿简单的问题："你们乘坐过公交车吗?"中（1）班的孩子们对这个话题感到相当有兴趣，于是笔者请乘坐过公交车的小朋友分享乘坐公交车的经历。很多小朋友都纷纷说自己也想去坐一坐公交车。因此中（1）班的幼儿带着各种问题，开启了公交车的奇妙发现之旅。

（2）项目设计与建构

在项目活动中，教师不是课程的预设者，而是与孩子在建构课程互动中的推进者。项目活动由问题开启，由项目价值牵引，根据幼儿的需求和兴趣及中班幼儿的年龄特征，笔者从科学、技术、工程、数学和艺术五个层次罗列了活动中幼儿可能达到的目标和习得的关键经验。如表 7-2-4 所示。

表 7-2-4 "玩转公交车"项目目标

项目目标	科学	生命科学：了解公交车站的外形特征、场地布置和公交车的构造 科学的观察
	技术	数码拍照、音频记录、视频记录

续 表

项目目标	工程	创设空间——利用教室里的家具或其他能够获取的材料结构进行空间场地布局 设计——利用不同的材料制作公交车站、公交车模型 影响建构物体稳定性的因素,如材料属性、受力面大小、连接情况等
	数学	测量:大小比较 几何:各种车辆的形状、结构,公交车站的形状、结构、构成要素 方位:公交车的位置(高、低、上面、下面、里面、顶部) 定量:公交车的车牌、路线图、站牌的数量
	艺术	结构的美、排列的美、对称美 创造和表现公交车的外形、公交车站的造型

(3) 项目学习可能性内容分析

基于上一次活动后的调查,师幼展开了与公交车相关的头脑风暴,公交车项目相关的关键经验产生了,图7-2-8是项目开展前教师和孩子们能够提前罗列的可能性

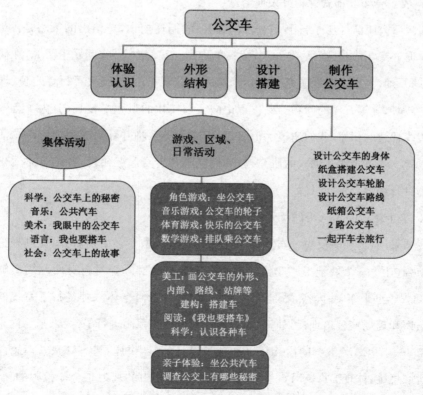

图7-2-8 项目学习的可能性内容

内容，但并不代表就要开展这些活动。

（4）项目活动过程与反思

在项目活动中，环境不再仅仅是物化的东西，而是富有灵性的教育力量。我们利用尽可能多的资源，大到整个幼儿园，小到教室的走廊、一面墙甚至一个角落，都作为孩子们探究、互动和成长的场景。灵动多元、互动多变的教育环境发挥着巨大的作用，孩子们走到哪儿，那个地方就会成为激发幼儿潜力的资源。

（二）"以点带面，互助共研"：形成项目课程推进策略

1. 成立合作互助式课程开发研究组

我园研究团队经历了自上而下、自下而上的循环探索，总结出的策略是：在解决问题中促进专业成长，在展示中寻找发展的支点。我们本着"在问题中研究，在研究中发展"的原则，将自主开展研究实践和专家理论引领相结合，解决了目标定位、课程融合、内容筛选等等方面的问题。课程理论向实践转化的过程是漫长的，为了有效支持教师实践智慧的积累，我们邀请了市级、区级教研员亲临并针对教师们组织的活动观摩和指导。通过合作互助式的研究，教师们能够从自身经验出发，并结合多元化的观点建构自身经验。

2. 基于体验的团队培训及分层实施

我园采用"培训—反思—实践"的团队培训方式，由专家引领研究，促进理论与实践相结合，让每一个处于不同职位的教职工结合自身实际针对自身问题提出解决策略。2020 年上半年，我园邀请了"葡萄编程"课程专家对全体教师进行了系统的线上课程培训和现场课程培训；另外，知名教育专家老师在我园进行了《为未来　向未来　创未来——STEAM 教育的内涵特征和项目设计》专题讲座，将 STEAM 理念注入教师的研修思维，体现 STEAM 课程在幼儿园课程改革中的魅力是全体教师的新课题，为幼儿园创新工作水平的提升灌注新的动力。

六、课程评价

在"玩创 STEAM"课程实施的过程中，全程完整的评价是助推幼儿深层次学习和理解的保障。因此，研究组成员学习并制定了适合本园项目化的实践过程评价和教师观察评价相结合的评价模式，其中又包含多种评价方式。

1. 项目化幼儿学习过程评价

我们以项目活动的方式开展玩创课程，那么项目活动中幼儿的态度、行为和能力是否能够获得我们预期的发展，项目活动如何与基础性课程融合，幼儿的全面发展是否能真正实现，是我们进行项目式幼儿学习过程评价的主要问题。因此我们将在每个项目进行过程中采用幼儿学习过程评价表来进行评价。

玩创项目活动的评价是多元而丰富的，评价指向学习的目标，具有"目标—实践—成果—评价"的一致性。课程组采用过程性评价和总结性评价策略及多元主体参与的评价方法以促进幼儿投入学习活动。表7-2-5是我园幼儿项目化学习评价类型表。

表7-2-5　项目化学习评价类型表

评价目标	多种类型的目标：核心概念，认知策略，学习实践，对驱动性问题的回应
评价内容	公开成果及学习成果呈现；过程中的各类学习实践
评价工具	档案袋；幼儿项目学习观察记录表
评价者来源	幼儿自己，同伴，教师，外部专家，公众
评价结果类型	多种等级、多维度、评语等质性反馈

幼儿年龄的特殊性决定了项目化学习的评价更加注重学习实践过程的评价。参考李克特量表，研究组在幼儿探究性实践、社会性实践、口头表达实践、审美性实践、情

感性实践、技术性实践和调控性实践等维度上进行了具体的水平表述，通过问答、图画和观察相结合的途径形成综合性评价维度。

表 7-2-6　项目活动幼儿学习表现维度

维　　度	初　　级	良　　好	优　　秀
专注与坚持			
技术操作			
寻求帮助			
讨论			
团队合作			
倾听与回应			
计划与反思			

2. 项目活动教师观察记录

在每一个项目进行中，教师都会整理项目环境布置记录表和区域材料记录表。这是园领导督查和教师自我评估的依据，能够为促进教师反思提供适宜的材料和教育价值，为接下来课程计划实施做基础和指引。

表 7-2-7　项目活动教师观察记录表

观察时间				观察地点			
现场情境				观察对象			
观察情境	（　）幼儿探究 （　）教师主导		（　）讨论 （　）合作 （　）独自		（　）新活动 （　）熟悉任务		（　）用时 1—10 分钟 （　）用时 10—20 分钟 （　）用时 20 分钟以上
观察维度	（　）探究性　（　）技术性　（　）社会性　（　）艺术性　（　）情感性						
项目活动材料							
精彩瞬间				故事片段			
分析与反思							
跟进措施							

3. 项目式课程评价

为确保"玩创STEAM"课程在正确的方向上实施和获得有效的发展,我园树立了"以课程评价促进发展"的项目课程评价理念。幼儿园课程管理小组形成课程评价制度,建立不同年级组"由教师、教研组长、园长、家委会代表组成的课程实施方案执行情况汇报点",在每月一次的课程管理小组会议上,汇总来自各方面的反馈信息,对每一个小项目、大项目的完成情况进行全方位的评价,从而分析课程的现状和问题,并进行改进。

为了促使我园课程建设和质量提升,追求有效的课程管理,我园设置了课程研发部、课程实践发展部和课程保障部,以"科学、切实、有效"为原则,通过培训、讲座等帮助教师们理解课程的内涵和目标,赋予教师合理的课程实施与班级管理的自主权,让教师在与幼儿的互动、教学中提升自身的专业素养,真正满足幼儿的需求,让幼儿在玩中做、玩中学、玩中创造。

七、课程成效

1. 放手幼儿开展项目活动,助推幼儿全面自主发展

幼儿主导的"玩创STEAM"课程使得孩子们的主动权得到了发挥,他们不再是等待教师告诉他们做什么,而是自己想要做什么并征求同意。在此过程中,幼儿面临的都是一个又一个真实的、需要解决的问题,他们能够真正地发现、思考和解决现有的难题,真正获得成功的体验。全面自主化的"玩创STEAM"教育模式能够真正培养孩子们解决真实问题的能力,未来社会正是需要这样的能力。

2. 提升家长对"玩创STEAM"课程认知度,重塑家长育儿观念

通过"玩创STEAM"课程的实施,家长们不仅感受到了幼儿园教师对孩子的用心,更相信幼儿是有能力的学习者。有很多家长从被动接受教师的指导转变为主动加入班级项目课程的行动中,并为我们提供各种课程资源,家长成为了"玩创STEAM"

课程的有效助力者,为孩子们新一轮 STEAM 活动的实践拓展了新方向。

3. 提高教师项目活动支持能力,促进教师专业成长

"玩创 STEAM"教育帮助教师重新学习和追随幼儿,放手幼儿,主动采用相应的支持策略来助力幼儿持续、深层次开展项目活动。教师们在"玩创 STEAM"课程实施过程中开展了多次教研活动,针对项目活动中遇到的具体问题进行研讨,这对于教师专业能力发展的影响是不可小觑的。我园教师撰写的 STEAM 教育案例获得市级奖项,STEAM 课程和项目活动实践论文获得瓯海区一等奖,同时团队教师的 STEAM 项目实践研究项目申报了温州大学基础教育中心课题。STEAM 教育是教师新的成长契机。

八、课程回望

研究开展已有一段时间,从方案的研讨、项目的实施到资料的收集,教师们不断学习、成长,在积累了项目化教育教学经验的同时,更是取得了一些成效。

"玩创 STEAM"课程中幼儿处于一种动态、开放的活动环境,他们能够用心去感受,尽情地享受探索、发现和创造的快乐。其中"玩转公交车""瞧巧桥"和"扇子物语"等项目的展示和分享,得到了幼儿、家长和教师们的高度评价。项目进行中遇到了很多问题和挑战,但经过不懈努力,研究团队带领教师们最终实现了教育理念由教师主导转变为幼儿主导,幼儿的学习由被动接受转变为主动探究,项目活动指导策略实现了由指导转为引导和支持;家长也由不断地询问转变为理解、等待和放手。这些是整个"玩创 STEAM"课程实施中整个学习共同体最难能可贵的成长。

建构"玩创 STEAM"课程像是栽下一棵小树苗,让课程理念渗透幼儿园一日日常教学的各个环节,是一棵树生根扎土发芽生长的过程。以儿童为中心,依托儿童生长的力量,聚焦游戏,玩创童年,通过项目化活动形成具有 STEAM 特色的园本课程,就

是我园特色生根扎土的过程。"玩创 STEAM"课程将幼儿的主体地位放在首位,让课程的价值在幼儿与教师、环境的互动中得到体现。作为新时代的幼教工作者,在今后的教育实践中要不断研究、探索,生发更多基于幼儿兴趣和需求的项目活动和课程,从而更好地助力幼儿的成长。

(开发者:朱若茹　夏娇祥　赵珍珍　吴艳艳)

后　记

　　初夏时节,万物生长。各种不同深浅的绿在光影的斑驳间跳跃着、交织着、闪耀着,多么轻盈、欢快。这几年,瓯海学前发展的速度与激情,总是激励着每一位为事业、为青春奋斗的幼教人,同时也带来一些困惑和挑战。师资的流动,骨干的稀释,我们在大量消耗、输出的同时也一定去考虑更好地摄取营养,更好地输入补充,于是,有了对教育、对课程更多的思考和实践。

　　儿童是真的,是善的,是美的。儿童的生长,总是期望着与这美好的世界相遇,他们都是这星球上独一无二的"玫瑰花",在浩瀚星空中倔强顽强地吐露着芬芳,闪烁着光芒。生长的世界是多么神秘啊,与儿童相处越久,你越会发现他们内在的力量。其实,儿童身上很多珍贵的东西是与生俱来的,只需要我们成人保护好,它们自然就会跟着孩子一起很好地生长起来。这种与儿童自然而然相处的方式,就好似"风在摇它的叶子,草在结它的种子,我们站着,不说话,就十分美好"!如此这般童心稚趣相伴,天真烂漫相随,我们也能变得美好起来吧!

　　与孩子共读、与孩子共玩、与孩子共乐,只有真正地看见孩子,才能走进孩子的内心,去挖掘他们无限的可能,生机勃勃的孩子激发我们的无限创造力和好奇心,在看见中与他亲密互动,在看见中与他建立情感的联结,在看见中传递积极的态度……当这一切成为教师的思维方式、专业自觉和教育智慧,相信我们就拥有了面对任何孩子生长的可能性,相信我们就拥有了与孩子心心相印的能力,相信我们就真真正正与孩子走在了一起,而当我们"在一起"时,我发现了幸福的价值。

　　今年的夏天是个会变脸的季节,它时而哭,时而笑,如同孩子的脸一般,没有征兆地变换着;更像是孩子的生长,你永远不知道他会有多少的可能。但是,我们需要做的,就是用善于观察的眼睛去发现儿童的生长,用温暖的双臂去拥抱儿童的生长,用阳光般灿烂的微笑去迎接儿童的生长,用炙热滚烫的心去悦纳儿童的生长。

　　看见儿童生长的力量,愿永远充满好奇心的我们,始终富有想象力的我们,能与孩子一样体味到生长的神奇和美好!

周慧静

写于 2020 年 6 月 5 日晚

课堂教学的 30 个微技术	978 - 7 - 5760 - 1043 - 5	52.00	2020 年 12 月
教学诠释学	978 - 7 - 5760 - 0394 - 9	42.00	2020 年 9 月
原点教学：提升区域育人质量的策略研究			
	978 - 7 - 5760 - 0212 - 6	56.00	2020 年 8 月

学校课程发展丛书

数学学科课程群	978 - 7 - 5675 - 9445 - 6	58.00	2019 年 8 月
科学学科课程群	978 - 7 - 5675 - 9593 - 4	34.00	2019 年 9 月
核心素养与课程设计	978 - 7 - 5675 - 9462 - 3	46.00	2019 年 9 月
语文学科课程群	978 - 7 - 5675 - 9441 - 8	56.00	2019 年 9 月
品牌培育与学校课程	978 - 7 - 5675 - 9372 - 5	39.00	2019 年 9 月
英语学科课程群	978 - 7 - 5675 - 9575 - 0	39.00	2019 年 10 月
体艺学科课程群	978 - 7 - 5675 - 9594 - 1	34.00	2019 年 10 月
跨学科课程的 20 个创意设计	978 - 7 - 5675 - 9576 - 7	34.00	2019 年 10 月
学校课程与文化变革	978 - 7 - 5675 - 9343 - 5	52.00	2019 年 10 月

品质课程实验研究丛书

学校课程框架的建构：HOME 课程的旨趣与架构			
	978 - 7 - 5675 - 9167 - 7	36.00	2019 年 9 月
聚焦育人目标的课程设计：红棉花季课程的愿景与追求			
	978 - 7 - 5675 - 9233 - 9	39.00	2019 年 10 月
核心素养导向的课程设计：花园式课程的文化与聚焦			
	978 - 7 - 5675 - 9037 - 3	48.00	2019 年 10 月
学校课程文化的实践脉络：百步梯课程的逻辑与架构			
	978 - 7 - 5675 - 9140 - 0	48.00	2019 年 11 月
学校课程发展策略：SMILE 课程的逻辑与深度			
	978 - 7 - 5675 - 9302 - 2	46.00	2019 年 12 月

聚焦内涵发展的课程探究：芳香式课程的理念与实施

　　　　　　　　　　978 - 7 - 5675 - 9509 - 5　48.00　2020 年 1 月

以儿童为中心的课程：欢乐谷课程的旨趣与维度

　　　　　　　　　　978 - 7 - 5675 - 9489 - 0　45.00　2020 年 1 月

学校课程体系的建构："小螺号课程"的架构与创生

　　　　　　　　　　978 - 7 - 5760 - 0445 - 8　45.00　2020 年 9 月

聚焦儿童发展的课程范式：暖记忆课程的理念与实施

　　　　　　　　　　978 - 7 - 5760 - 0508 - 6　38.00　2021 年 3 月

特色学校聚焦丛书

不一样的生命，一样的精彩	978 - 7 - 5675 - 8675 - 8	34.00	2019 年 3 月
童味正醇：特色学校的文化图谱	978 - 7 - 5675 - 8944 - 5	39.00	2019 年 8 月
特色普通高中课程建设探索	978 - 7 - 5675 - 9574 - 3	34.00	2019 年 10 月

儿童是天生的探索者：360°科学启蒙教育

　　　　　　　　　　978 - 7 - 5675 - 9273 - 5　36.00　2020 年 2 月

做精神灿烂的教师：教师自我成长的 5 个密码

　　　　　　　　　　978 - 7 - 5760 - 0367 - 3　34.00　2020 年 7 月

让教育温暖而芬芳	978 - 7 - 5760 - 0537 - 0	36.00	2020 年 9 月
快乐教育与内涵生长	978 - 7 - 5760 - 0517 - 2	46.00	2020 年 12 月
故事教育与儿童发展	978 - 7 - 5760 - 0671 - 1	39.00	2021 年 1 月
美好教育：学校内涵发展的循证研究	978 - 7 - 5760 - 0866 - 1	34.00	2021 年 3 月
把美好种进儿童心田	978 - 7 - 5760 - 0535 - 6	36.00	2021 年 3 月

跨学科课程丛书

大情境课程：主题设计与创意评价

　　　　　　　　　　978 - 7 - 5760 - 0210 - 2　44.00　2020 年 5 月

社会参与素养的培育模型与干预机制

| | 978 - 7 - 5760 - 0211 - 9 | 36.00 | 2020 年 5 月 |

大概念课程：幼儿园特色主题活动设计

| | 978 - 7 - 5760 - 0656 - 8 | 52.00 | 2020 年 8 月 |

项目学习：进入学科的课程智慧　978 - 7 - 5760 - 0578 - 3　38.00　2021 年 4 月

核心素养导向的课堂教学丛书

漾着诗性智慧的课堂教学　978 - 7 - 5675 - 9308 - 4　39.00　2019 年 7 月
转识成智的课堂教学：核心素养导向的历史教学

| | 978 - 7 - 5760 - 0164 - 8 | 40.00 | 2020 年 5 月 |

学导式教学：学会学习的教学范式

| | 978 - 7 - 5760 - 0278 - 2 | 42.00 | 2020 年 7 月 |

高阶思维教学的关键技术　978 - 7 - 5760 - 0526 - 4　42.00　2021 年 1 月

特色课程建设丛书

教师，生长的课程　978 - 7 - 5760 - 0609 - 4　34.00　2020 年 12 月
学校课程发展的实践范式　978 - 7 - 5760 - 0717 - 6　46.00　2020 年 12 月
丰富学习经历：如歌式课程的愿景与深度

| | 978 - 7 - 5760 - 0785 - 5 | 42.00 | 2020 年 12 月 |

学校课程群设计方法　978 - 7 - 5760 - 0579 - 0　44.00　2021 年 3 月
学校美育课程的立体建构：菁华园课程的逻辑与框架

| | 978 - 7 - 5760 - 0610 - 0 | 36.00 | 2021 年 3 月 |

关键学习素养与学科课程设计　978 - 7 - 5760 - 1208 - 8　34.00　2021 年 4 月
学校课程设计：愿景建构与深度实施

| | 978 - 7 - 5760 - 1429 - 7 | 52.00 | 2021 年 4 月 |

生长性课程：看见儿童生长的力量　978 - 7 - 5760 - 1430 - 3　52.00　2021 年 4 月